삼국유사와
신비로운 이야기

삼국유사와 신비로운 이야기

2022년 12월 12일 초판 1쇄 발행

지은이 | 최희수·이문영·이상호
편집 | 이만옥
디자인 | 지화경
펴낸이 | 이문수
펴낸곳 | 바오출판사

등록 | 2004년 1월 9일 제313-2004-000004호
주소 | 서울시 마포구 신수동 448-6 한국출판콘텐츠센터 422-7호
전화 | 02)323-0518 / 문서전송 02)323-0590
전자우편 | baobooks@naver.com

ISBN 978-89-91428-39-3 03910

＊ 이 책은 경상북도 군위군이 지원하고,
   한국국학진흥원이 기획하여 출간한 도서입니다.

삼국유사의 인물, 신령, 괴물들

삼국유사와 신비로운 이야기

최희수
이문영
이상호
지음

1

『삼국유사』에는 단군 신화를 비롯해서 신비로운 이야기가 많이 실려 있다. 이 이야기들은 고대인들이 자신들의 삶에서 만난 이해할 수 없는 일들을 상상력으로 채워놓은 것이다. 과학이 지배하는 오늘날에는 이와 같은 상상력을 키우기가 쉽지 않다. 우리는 오래된 글들을 읽으며 먼 옛날의 사람들이 펼쳐놓은 엉뚱하고 즐거운, 때론 무섭기도 한 세계를 엿볼 수 있다. 이런 이야기는 우리에게서 멀리 있는 것이 아니다. 오랜 세월 동안 입에서 입으로 되풀이되면서 새로운 이야기가 되었고, 때로는 시를 짓는 원동력이 되었고, 때로는 소설의 소재가 되기도 했다.

　『삼국유사』는 그 형식적인 요소로 볼 때 설화집이라고 할 수 있다. 설화에는 여러 가지 요소들이 들어 있지만 무엇보다 주인공이 중요하다. 주인공이 사람이기도 하지만 때로는 귀신이기도 하고, 때로는 동물이기도 하다.

『삼국유사』에는 신령스러운 존재와 소름끼치는 존재들이 모두 있다. 인간이 아니지만, 마치 인간처럼 감정과 지능을 가지고 있는 존재들이기도 하다. 그러니까 신이(神異)한 존재, 영괴(靈怪)이다. '영괴'라는 말은 여기서 새롭게 쓰인 단어다. 옛이야기에 나오는 신비한 존재들은 영적이거나 물질적이거나, 신령스럽거나 사악하거나, 경이롭거나 괴이하다. 이런 존재들을 '괴물'이라고 부르기도 어렵고 '영물'이라고 부르기도 어렵다. 신령스럽기도 하고 괴이하기도 한 이들을 '영괴'라 부를 수 있지 않을까 한다.

영괴란 어떤 존재일까? 어떤 영괴는 우리가 익히 아는 모습이다. 또 우리의 세계 말고 우리가 닿지 못하는 다른 세계에 존재하기도 한다. 하지만 우리의 뱃속, 우리의 저 깊은 마음 속에서 수천 년을 묵어온 영괴들로 인해 우리는 다른 세계로 나가는 문을 열 수 있다. 우리의 상상력의 원천을 깨달을 때, 우리는 우주 너머로 나아갈 수 있는 힘을 얻게 된다. 그것은 저 다른 세계의 사람들은 모르는 것, 우리만이 가진 힘의 근원이다. 그것은 아마도 연대기와 제도적인 기록을 대부분이 채워진 『삼국사기』와 달리 이야기를 바탕으로 서술된 『삼국유사』의 특성 때문일 것이다.

『삼국유사』는 그 시간적 대상이 고조선부터 고려시대에까지 이른다. 『삼국사기』가 신라, 고구려, 백제의 시기만을 다룬 것과 달리 그 시간적 상한을 고조선까지 끌어올린 것이다. 그것은 아마도 몽골의 침입으로 인한 고려의 극한 상황에서 저술되었기 때문에 민족의 단합과 역사의 유구성을 내세워 국난을 극복하고자 하는 저자의 입장이 투영되었기 때문일 것이다. 그로 인해 우리는 삼국 이전의 여러 가지 역사적 상황에 대해서 알 수 있는 계기를 마련했다. 즉 한국고대사를 더욱 풍부하게 읽을 수 있게 된 것이다.

역사는 과거를 살았던 사람들의 이야기이다. 사람들은 여러 가지 유형이 있을 수 있다. 우리가 역사상의 주인공으로 인정하는 영웅들이 있는 반면에, 존재감이 잘 드러나지 않는 사람들도 있다. 상식적인 입장에서 충과 효를 도모하는 사람들이 있는 반면, 그렇지 않은 사람들도 있다. 기존의 사회질서를 유지하면서 강화하려는 사람이 있는 반면, 고정관념에 사로잡히지 않고 새로운 트렌드를 창출해내고자 하는 인물들도 있다. 마치 오늘날의 사람들을 보는 것처럼.

『삼국유사』에 등장하는 인물들은 영괴들보다도 훨씬 많다. 여기서 소개하는 인물은 비범하고 출중한 능력을 바탕으로 역사상의 주인공으로 등장했거나, 주인공의 그늘아래 이야기 속에서는 크게 주목받지 못했지만 주인공의 성공에 결정적인 기여를 했거나, 우리의 상식을 뛰어넘는 특이한 행동과 노력을 바탕으로 이야기의 주인공이 되고, 또는 주인공이 되기 위해 노력했지만 끝내 주인공이 되지 못했던 사람들이다. 이들은 자신의 시대에 부딪친 문제를 해결하고자 노력했던 사람들이다. 그들의 노력을 살피는 것이 고전 읽기의 한 가지 목표라 할 수 있다.

　역사책을 읽을 때 역사적 사건을 중심으로 한 교과서적인 이야기보다는 사람들의 이야기들을 읽는 것이 훨씬 재미있다. 그 사람들은 사건들을 만들어 간 주인공들이기 때문에 사람들의 이야기를 통해 해당 사건을 이해하는 방식이 더욱 바람직하다. 영괴들의 이야기 역시 근본은 사람이다. 영괴란 사람들의 상상력이 빚은 존재이기 때문이다.

　'인물 사전'에서 나온 신비로운 존재가 '영괴 사전'에서 되풀이 될 수도 있는데, 이럴 때 역사학자의 해석과 소설가의 상상력이 어떻게 서로 다른 세계를 열어보이는지 알 수 있는 흥미로운 경험이 될 것이라 생각한다. 연오랑과 세오녀의 이야기, 거문고 갑을 쏘는 이야기 등이 색다르게 전달될 것이다. 이 책을 통해『삼국유사』가 우리에게 주는 상상과 영감의 세계를 모두 흠뻑 누려보기를 바란다.

2

이 책은『삼국유사』의 유네스코 세계기록유산 등재 추진을 기념하고, 독자들이『삼국유사』에 대해 좀 더 쉽게 접근할 수 있도록 하기 위해 만든 것이다. 세계기록유산 등재와 관련하여 『삼국유사』의 세계사적 가치와 중요성에 대해서는 7개의 키워드로 정리하여 책 뒤편의 「부록」에 수록해놓았다. 아울러 언론을 비롯한 여러 매체를 통해 자주 언급되는 유네스코의 등재 유산 프로그램에 대해서도 상세하게 소개하였다.

『삼국유사』의 세계기록유산 등재는 전문가들의 주도 하에 추진되는 국가적인 행사이지만, 우리에게 『삼국유사』는 여전히 친밀한 우리의 이야기를 담고 있는 호기심 가득한 책이다. 전문가들이 『삼국유사』를 세계가 기억해야 할 기록으로 만들기 위해 기울이는 노력과는 별개로, 우리가 『삼국유사』에서 건져내야 할 가치들은 바로 상상력을 자극하는 고전을 오늘 우리들이 함께 호흡하는 이야기로 새롭게 만들어내는 것이 아닐까.

이 책은 『삼국유사』 속의 사람들을 중심으로 『삼국유사』를 읽는 여러 방법 가운데 하나의 방법을 제시하는 글이다. 책이니까 그냥 처음부터 순서대로 읽어나가면 될 것이라고 생각하는 독자들도 있을 것이다. 최근의 독서 트렌드는 디지털 독서의 방식이다. 과거처럼 한권의 책을 처음부터 끝까지 읽어나가는 방식이 아니라 독자가 흥미로운 대목이나 필요한 대목들을 찾아서 읽는 방식이다. 디지털시대 인터넷 검색과 필요한 부분의 발췌, 편집이라는 상황에 익숙해지면서 젊은 층을 중심으로 전개되고 있는 방식이다. 이것이 옳다 그르다의 문제가 아니라 이미 보편적인 현상이기 때문에 이러한 방식에 맞춰서 출판 자체의 트렌드 또한 변할 필요가 있다. 어쩌면 기존의 책을 주제 중심으로 재편해서 독자들에게 다가서는 것도 필요한 방법이 아닐까 싶다.

『삼국유사』는 매우 복합적인 특징을 갖고 있다. 승려에 의해서 저술되어 기본적으로 불교적인 내용이 많이 있지만, 사상적 내용과 아울러 역사, 민속, 문학 등 읽기에 따라서 그 성격은 매우 다양하게 변화한다. 그런 이유로 다양한 인문학 분야의 텍스트로 많이 활용되기도 한다. 그런 면에서도 『삼국유사』는 21세기를 살아가는 우리들에게 새로운 콘텐츠로 재해석되고 재창조되는 의미 있는 우리 역사 콘텐츠가 아닌가 한다.

부디 이 책이 단순히 유네스코 등재를 기념하기 위한 콘텐츠만이 아니라 고전으로서의 『삼국유사』가 역사 속에서 걸어나와 우리들에게 말을 거는 의미 있는 텍스트가 되기 바란다.

차례

| 1장 | 『삼국유사』와 재미있는 인물 사전
최희수 | |

2장   『삼국유사』와 신이한 영괴 사전

이문영

부록 | 7개의 키워드로 읽는 세계기록유산『삼국유사』
이상호

1장

『삼국유사』와
재미있는 인물 사전

최희수

탁월한 능력으로
나라를 세운 인물들

1

『삼국사기』가 신라, 고구려, 백제의 역사만을 다룬 반면『삼국유사』에
는 고조선과 부여, 가락국 등 삼국 이전의 여러 나라들에 대한 기록이
등장한다. 이들 국가들에 대한 기록은 주로 건국 사실과 그와 관련된
신화를 중심으로 서술되어 있다. 신화라는 명칭이 말해주듯이 건국자
는 대부분 신적인 존재이거나 신적인 존재와 계보를 이을 수 있는 관계
였다. 이들은 자신들의 능력을 바탕으로 신성성과 정통성을 활용하여
국가를 세웠다.

고조선 환웅과 단군
—

고조선의 건국자는 단군왕검이다. 단군왕검은 단군이라고 불리면서

우리 민족의 신화적인 시조로 추앙받았다. 구한말에는 대종교 등의 종교에서 신앙의 대상이 되기도 했다. 『삼국유사』, 『제왕운기』, 『세종실록』, 『동국통감 외기』 같은 여러 역사서에서도 한민족의 시조로 전하고 있다. 오늘날 대한민국에서도 우리 조상으로 인정하고 그가 고조선을 건국했다는 10월 3일을 국경일(개천절)로 지정하고 있다.

단군의 생애는 여러 역사기록에 매우 간략하게 기록되어 있다. 대체로 기원전 2000년에 아사달 또는 평양에 도읍을 두고 조선을 건국하였으며, 이후 1,500여 년 동안 통치를 하다 왕위에서 물러나 아사달의 산신이 되었다고 되어 있다. 1,500년 동안 나라를 다스렸다는 기록은 실재할 수 없는 일이므로 단군왕검 이후 여러 대에 걸쳐 '단군'이라는 명칭의 군주가 조선을 통치한 것이라 할 수 있겠다.

단군의 건국에 대해서는 단군신화에 나와 있는데, 단군신화는 현재 『삼국유사』에 전하는 기록이 가장 오래된 것이다. 『삼국유사』는 『위서』를 인용하여 단군의 조선 건국 사실을 소개하고 있다. 『위서』에 의하면 2천 년 전에 단군왕검이 아사달에 도읍을 하고 나라를 열어 조선이라고 했는데, 중국 요임금과 같은 시기라고 하였다. 여기에서 『위서』는 중국의 역사서를 의미하는 것이나 같은 이름의 『위서』에는 이러한 기록이 존재하지 않기 때문에 현재 전하지 않는 것으로 알려져 있다.

그리고 「고기」 인용에는 유명한 단군신화가 나온다. 『삼국유사』에는 「고기」가 여러 번 인용된다. 이것이 책 이름인지 단순히 옛 기록이라는 의미인지는 의견이 갈린다. 분명한 것은 삼국시대 이래 전해져 내려온 과거 기록 가운데 하나라는 점이다. 요약하면, 아래와 같다.

제석천 환인의 아들인 환웅이 인간 세상에 뜻을 두고, 환인의 허락을 받아 3천 명의 무리를 거느리고 태백산 신단수에 내려와 신시를 건설하고 인간 세상의 모든 일을 주관하였다는 것, 그리고 호랑이와 곰이 찾아와 사람이 될 수 있게 해달라고 하여 임무를 부여했지만 호랑이는 견디지 못하고 달아나고 곰만이 사람으로 변하여 웅녀가 되었다는 것, 사람이 된 웅녀는 결혼을 하고 싶어 기도를 하고 이를 환웅이 들어주어 단군을 낳았다는 것, 단군이 고조선을 세우고 1,500년간 나라를 다스리다가 기자가 조선으로 온 뒤에 산신이 되었다는 것이다.

신화 속에는 신적인 존재와 인간, 그리고 신화적 시간과 역사적 시간이 혼재되어 있기 때문에 신화의 내용 그 자체는 그대로 믿기 어렵다. 그렇기 때문에 그 속에 있는 역사적 사실들을 추출해내는 것이 중요하다고 하겠다. 여기에서 주목할 것은 환인-환웅-단군으로 이어지는 단군의 계보이다. 고조선의 건국자인 단군은 제석신인 환인을 할아버지로, 그리고 인간 세상에 내려와 신시를 건설하고 인간의 360여 가지 일을 주관한 환웅천왕을 아버지로 두었다. 이는 단군의 정통성이 하늘로부터 부여받은 것임을 드러낸다. 그런데 고조선을 건국한 단군은 그 자신이 아버지와 웅녀 사이에 태어났다는 것 이외에 특별한 능력이 드러나지 않는다. 오직 1,500년 동안 나라를 다스렸고, 후에 산신이 되어 1,908세까지 살았다는 것이 전부이다.

신화 기록만 보면 기원전 2333년에 단군이 고조선을 건국한 것으로 되어 있다. 중국의 요임금과 같은 시기라고 나와 있다. 역사적 정황으로 보면 당시 중국은 주나라가 성립되기 이전이었고, 한반도는 신석기시대에 해당한다. 따라서 이 시기에 고대국가가 성립되었다고 보기 어렵다. 역사상 고조선이 기록에 등장하는 시기는 기원전 4세기경이다. 이때는 국가가 성립되고 중국의 기록에 등장할 정도로 세력을 형성하고 있었다고 볼 수 있다. 따라서 기원전 2333년이라는 연대는 신화적 시간으로 봐야 할 것이다.

그러면 단군이 고조선을 건국하기 이전은 어떤 상황이었을까. 국가가 형성되기 위해서는 그것을 가능하게 하는 조건들이 만들어져야 한다. 먼저 사람들의 정착생활을 하기 위한 조건들, 생산활동과 주거환경, 교역과 이를 관리할 수 있는 시스템 등이 갖추어져야 한다. 환경이 갖추어져야 권력이 탄생하고 강화되면서 국가 권력으로 이어질 수 있기 때문이다. 고조선의 경우에는 단군의 아버지인 환웅과 그가 건설한 신시에 주목할 필요가 있다.

환웅은 무리 3천을 거느리고 태백산 정상[지금의 묘향산] 신단수 아래로 내려왔으니, 이곳을 신시(神市)라 하고 그를 환웅천왕이라 하였다. 그는 풍백·우사·운사를 거느리고 곡식생명·질병·형벌·선악을 맡아 관장하고, 모두 인간의 360여 가지 일을 주관하면서 세상에 머물며 다스리고 교화하였다.

환웅은 제석천인 환인의 아들이자 단군의 아버지로 알려진 신화상의 인물이다. 환웅은 고조선이 세워지기 전에 하늘에서 인간세상으로 내려와 홍익인간의 이념을 펼치고자 하였다. 그 결과 세워진 것이 신시였다. 신시에 대해서는 삼한의 소도처럼 신읍이었다는 해석과, 지명이 아니라 삼한의 신지와 같은 수장의 명칭이었다는 해석이 있다. 두 가지 모두 나름의 근거가 있지만, 국가 형성 이전의 단계인 것은 분명하다.

일반적으로 이러한 신화의 내용에 대해서는, 환웅 집단이 선진적인 문물을 갖고 외부로부터 고조선 지역으로 이주하여 토착세력을 복속시킨 것으로 이해한다. 신화에 의하면 환웅은 3천 명이라는 휘하의 무리를 이끌고 세상에 머물면서 풍백, 우사, 운사를 거느리고 곡식, 생명, 질병, 형벌, 선악을 관장하는 등 무릇 인간의 360여 가지 일을 주관하면서 다스리고 교화하였다고 한다. 이는 인류 문명이 신석기 농업혁명을 거치면서 정착생활을 하고, 도시를 형성하여 사회질서를 유지하기 위한 각종 제도를 만들기 시작한 것과 같다.

환웅은 도시의 지배자였다. 신시는 아직 국가형성 이전 단계였으며, 그 뒤를 이은 단군이 국가를 건국한 것으로 볼 수 있다. 환웅이 곡식, 생명, 질병, 형벌, 선악을 주관하였다는 것은 형성된 도시의 질서를 잡기 위한 제도의 도입으로 볼 수 있다. 고대 메소포타미아의 도시들에서도 생산을 담당한 농민 이외에 교역을 위한 상인, 문제 발생의 방지나 갈등 조정을 위한 법률가, 세금을 걷기 위한 세무사 등의 전문계급들이 발생하였는데 환웅의 신시 역시 이와 비슷한 것으로 보인다. 이름 또한 '신의 도시'라고 지은 것에서 메소포타미아 지역에 남아 있는 지구라트를 연상할 수 있다.

그렇다면 단군신화는 고조선 건국자로서의 단군을 이야기하기 위한 것이지만. 고조선 형성 이전의 정치적·사회적 발전단계를 파악할 수 있는 내용이 담겨져 있는 것이다. 단군의 고조선 건국은 환웅이 웅녀와 결합한 결과였다. 일반적으로 단군신화에 등장하는 호랑이와 곰은 각각 부족들이 토템으로 여기는 동물들로 보이며, 그렇기 때문에 이들은 토템부족을 상징하는 것으로 볼 수 있다. 즉 호랑이 부족과 곰 부족이 서로 경쟁을 하다가 곰 부족이 승리한 것이다. 이 곰 부족은 신시를 건설한 환웅 세력과 결합하였고, 그 결과 단군세력이 탄생한 것이다. 따라서 단군의 고조선 건국은 신시 이래 세력을 확장해온 환웅 세력이 곰 부족과의 연합을 통해 새로운 국가를 창출한 것으로 볼 수 있는 것이다.

　　단군의 고조선 건국은 신시와 같은 도시 문명의 탄생을 전제로 한다. 이 같은 도시 문명들 간의 각축을 통해 하나의 국가가 건설되었던 것이다. 단군은 환웅이라는 도시 문명의 창시자를 자신의 정통성의 근거로 삼았다. 이 같은 맥락에서 환웅이 인간 세상에 내려올 때 가졌던 홍익인간의 이념을 그대로 투영시켰다. 이러한 홍익인간의 이념은 오늘날 대한민국 정부에서도 교육 이념으로 채택하고 있을 만큼 오랜 역사를 자랑한다. 아울러 단군의 고조선 건국일을 개천절로 지정하여 기념하고 있기도 하다.

고구려 주몽

—

고구려를 건국한 주몽은 동명성왕, 추모왕으로도 불린다. 『삼국유사』나 『삼국사기』에는 원래 성이 해씨였다가 건국 후 고씨로 고쳤다고 한다. 만주 북쪽 지역에 존재했던 고대국가 부여에서 태어난 주몽은 총명하고 활쏘기를 잘해서 어려서부터 촉망을 받았다. 그렇지만 이를 시기한 부여 왕실의 핍박을 받다가 남쪽으로 내려와 고구려를 건국하였다. 고구려를 건국한 곳은 졸본이었으며, 건국한 뒤에는 주변의 말갈족을 평정하고, 이웃에 있던 비류국과의 경쟁에서 승리하여 그곳을 고구려의 영토로 편입시키는 등 영토 확장을 위해 노력하였다. 이후에도 행인국과 북옥저를 정복하는 등 활발할 정복 활동을 전개하였다.

『삼국유사』에는 「국사 고려본기」(『삼국사기』「고구려본기」를 의미)를 인용하여 고구려 건국신화를 수록하고 있다. 요약하면 아래와 같다.

북부여의 왕인 금와가 행차를 했다가 우발수에서 유화라는 여인을 만나게 되었는데, 유화는 해모수와의 야합으로 집에서 쫓겨난 상태였다. 금와가 유화를 방 안에 가두었는데 햇빛이 그녀를 쫓아다녀 잉태를 하여 알 하나를 낳았다. 금와가 그 알을 짐승들 먹이로 주거나, 거리에 버리거나, 깨뜨려버리려고 했으나 모두 실패하여 유화에게 돌려주었다. 알에서 사내아이가 태어났는데 그가 바로 주몽이다. 주몽은 어려서부터 총명하고 활쏘기를 잘하였다. 금와의 일곱 아들들이 재주가 주몽에 미치지 못하니 이를 시기하여 왕에게 모함을 하였다. 그러나 왕은 듣지 않았다. 금와의 아들들과 신하들이 주몽을 해치고자 하니 유화가 주몽에게 일러서 나라를 떠나라고 하였다. 주몽이 친구들과 부여를 탈출하자 추격병들이 쫓아왔다. 물고기와 자라의 도움을 얻어 위기를 넘기고 졸본에 이르러 도읍을 정하고 건국하였다.

주몽의 고구려 건국에 대해서는 이미 많은 것이 알려져 있다. 주몽의 정통성은 천제 해모수의 아들이자 하백의 외손으로서, 하늘과 물의 신들의 신격을 이어받은 존재로 인정받아 고구려 내내 시조로서의 입지를 굳건히 했다. 처음에 성이 해씨였다가 건국 후에 고씨로 고친 것은 부여와의 연관 관계를 단절하고 고구려의 독자적인 입지를 강화하려는 의도였을 것이다. 그러나 주몽의 뿌리는 부여였다. 북부여를 개창한 해모수와, 동부여로 이전한 해부루의 아들 금와, 그리고 금와에 의해 유폐된 유화까지 그 계통이 부여 계통임이 잘 알려져 있다. 주몽이 여기에서 완전히 이탈하는 것은 불가능했다. 그런데 신화에서 이제까지 주목받지 못한 내용이 하나 있다.

그 어머니가 물건으로 알을 감싸서 따뜻한 곳에 두었더니 한 남자 아이가 껍질을 깨고 나왔는데 영특하고 잘생겼다. 나이가 겨우 일곱 살이었을 때 남달리 뛰어나 스스로 활과 화살을 만들어 쏘았는데 백발백중이었다. 부여의 속어에 활을 잘 쏘는 이를 주몽(朱蒙)이라고 하였으므로 이를 이름으로 삼았다. … 이후 왕이 들판에서 사냥을 하였는데, 주몽이 활을 잘 쏘므로 그에게 화살을 적게 주었지만 그가 잡은 짐승이 매우 많았다.

주몽이라는 이름 자체가 활을 잘 쏘는 사람이라는 뜻인데, 신화에서 왜 주몽을 활쏘기의 달인으로 묘사했을까 하는 점이다. 이후 주몽이 활쏘기를 통해 어떠한 능력을 발휘했는지는 나오지 않는다. 주몽의 활 솜씨를 특별히 기록한 것은 고구려 건국 당시의 시대적 상황이나 고구려를 건설한 지역의 특성과 밀접한 관련이 있다.

『삼국사기』나 『삼국유사』에 기록된 고구려 건국은 고조선이 멸망한 후 한나라의 군현이 설치되어 운영되었던 시기에 이루어졌다. 특히 현토군은 고구려가 건국한 지역에 설치되어 중국이 지역 토착세력을 견제하던 기구였다. 현토군의 영역 내에서 고구려가 건국된 것으로 볼 때 완전한 중국의 영토가 아닌 지역 토착세력을 통한 간접 지배를 실행했을 것이다.

더욱이 이 지역은 농사를 주업으로 삼기에는 척박한 지역이다. 그렇기 때문에 고구려는 반농반목의 성격을 지니고 있었으며, 이를 위해서는 사냥과 같은 생산 활동이 필수적이었다. 아울러 부여에서 탈출을 감행한 신화 속의 내용으로 짐작할 때 부여는 주몽 세력에 대한 끊임없는 탄압을 시도했을 것이다. 그러한 이유로 고구려를 건국한 세력은 밖으로는 한 군현 세력, 부여 세력과의 끊임없는 투쟁이 필요한 상황이었고, 아울러 생업을 유지하기 위해 사냥활동을 꾸준히 할 수밖에 없었다.

이런 측면에서 볼 때 주몽의 활쏘기는 아주 특별한 재능이었다고 할 수 있다. 고구려인들은 무용총 수렵도에서 보이는 것처럼 사냥을 하는 데 활쏘기를 사용했다. 주몽 말고도 활을 잘 쏘는 사람들은 많았겠지만, 그들 가운데서도 특출한 재능을 보였을 것이다. 동서고금을 막론

무용총 수렵도
(고구려, 중국
지린성)

하고 고대국가의 왕은 군사적인 능력을 갖추어야 했다. 많은 정치세력을 연합하여 국가를 형성하였고, 외부와의 전쟁에서 군사적 능력을 보여주어야만 왕으로서의 권위를 지킬 수 있었다. 고구려만 해도 동명성왕(주몽), 유리왕, 대무신왕 등 초기의 군주들은 중요한 전투에서 모두 몸소 전쟁에 임했다. 중국의 경우에도 수나라나 당나라에서 황제가 고구려를 정벌하기 위해 직접 고구려까지 출정한 것만 보아도 그런 사실을 알 수 있다.

신화에 나타난 주몽의 활 솜씨는 고구려 건국이 단순히 하늘로부터 부여받은 신성성이나 정통성으로 인해 생긴 것이 아님을 보여준다. 주몽이 가진 탁월한 능력으로 세력을 규합하고 국가까지 건국할 수 있었던 것이다. 그로 인해 성씨를 고씨로 바꾸고 부여 계통인 해씨와의 결별을 선언하면서 독자적인 입지를 구축할 수 있었다. 이는 주몽의 능력을 인정한 여러 세력들이 주몽 세력에 합류했기 때문이기도 했다. 주몽의 세력 규합은 『삼국유사』의 건국신화에서는 별다른 언급이 없지만, 『삼국사기』의 동명왕조에는 비교적 상세히 나와 있다. 그 내용을 살펴보면, 주몽이 부여에서 탈출할 때 동료 세력이었던 오이, 마리, 협부와 같은 세력들뿐 아니라 졸본 지역으로 내려오면서 만난 재사, 무골, 묵거 등은 평범한 인물이 아니라 해당 지역의 수장으로 주몽의 탁월한 능력을 보고 동조한 세력으로 볼 수 있을 것이다.

신라 혁거세

신라를 건국한 혁거세는 그 칭호가 거서간이다. 즉 혁거세 거서간이 공식 명칭이다. 거서간은 진한 지역의 말로 왕 또는 귀인의 칭호라고 한다. 혁거세는 단군이나 주몽처럼 스스로 왕위에 올랐다기보다 진한 6부의 조상, 즉 사로 6촌장들의 추대를 받았다. 그것이 한반도 북부 지역의 건국자들과는 다른 점이라고 할 수 있다. 사로 6촌은 국가 형성 이전의 단계로, 인류학에서 이야기하는 추장사회 또는 군장사회(chiefdom society)이다. 이들은 아직 국가를 운영할 수 있는 시스템을 갖추지 못한 사회였으며, 혈연 공동체적인 사회를 유지한 것으로 보인다. 그런데 혁거세의 등장으로 인해 국가가 탄생할 수 있었다.

혁거세는 신라의 왕으로 추대된 이후 국내를 순행하면서 농사와 누에치기를 권장하고, 수도 금성에 성과 궁실을 경영하였다. 아울러 마한과의 껄끄러운 외교 문제도 원만하게 해결하였다. 그의 치세 동안 낙랑이 침범하였으나 도덕의 나라라 하여 그냥 물러났고, 동옥저가 사신을 보내 공물을 바치는 등 국가의 기틀을 마련한 것으로 알려져 있다. 특히 당시 삼한 가운데 가장 강력한 세력을 자랑하고 있던 마한의 압박을 이겨낼 수 있을 정도로 국력이 신장되었음을 보여준다. 이 무렵 신라는 이미 진한 연맹의 맹주국 지위를 차지했던 것이 아닐까 싶다.

그가 왕위에 추대된 과정과 그의 장례에 관한 기록은 『삼국유사』에 자세히 기록되어 있다. 『삼국사기』에도 있으나 『삼국유사』에 비해 소략하다. 신라의 건국신화를 요약해보면 다음과 같다.

진한 6부의 조상들이 알천 가에 모여서 군주를 추대하고 나라를 세울 것을 논의하였다. 이때 양산 아래 나정 옆에 한 백마가 앉아 있는 형상을 보았다. 가서 보니 보라색 알이 있었고 말은 하늘로 올라갔다. 그 알을 깨자 남자아이가 나왔는데 목욕을 시키니 몸에서 광채가 났다. 당시 사람들이 축하하며 군주가 내려왔으니 배필을 찾아야 한다고 하였다. 이날 사량리 알영정에서 계룡이 나타나 여자아이를 낳았다. 남산 기슭에 궁실을 짓고 두 신성한 아이를 길렀다. 두 성인이 13세에 이르러 즉위하고 왕과 왕비가 되었다.

신라의 건국신화는 전형적인 난생설화이다. 즉 알에서 주인공이 태어난다. 알은 태양을 상징하며, 이는 곧 하늘에 대한 숭배를 의미한다. 혁거세가 태어난 알을 갖고 하늘에서 내려왔다가 올라간 말의 천강

(天降) 또한 이와 서로 통한다. 그러나 여기서 가장 중요한 표현은 알의 빛깔이다. 알은 혁거세 자체를 상징한다. 그 알의 빛깔은 자줏빛(보라색)이었다. 어떤 이들은 이 색을 임금, 황제의 색이라고 하지만, 임금과 황제의 색은 노란색, 황금색이다. 보라색은 그보다 더 높은 하늘, 천제의 색이다. 그래서 중국에서는 천제가 거주하는 궁전을 자궁, 또는 자미궁이라고 부른다. 혁거세가 하늘 내지 천제에 비유되었던 것이다.

신라의 건국신화는 건국 시조가 단군이나 주몽처럼 하늘과 연결되는 계보가 아닌, 혁거세가 하늘 그 자체를 상징했다는 점에서 고조선이나 고구려의 건국신화보다 시조를 더 높이 추앙했다는 점을 알 수 있다. 그러므로 혁거세가 지닌 능력은 단군이나 주몽보다 더 탁월해야 한다. 그런데 신라 건국신화에서는 혁거세가 지닌 어떤 특별한 능력도 언급하지 않고 있다. 겨우 언급된 내용이 남들보다 일찍 성인의 모습을 갖추었다는 것이다. 6부 사람들이 혁거세를 받아들인 이유는 출생이 신이하기 때문이었는데, 그것만으로 시조로 숭배받기에는 부족하지 않았을까.

혁거세의 부인이 된 알영 또한 신이하게 출생하였는데, 계룡의 겨드랑이에서 태어났다는 것과 입이 닭의 부리와 비슷했다는 것이다. 즉 혁거세와 알영은 모두 신이한 출생 신화를 갖고 등장했다. 신라인들은 이 같은 신이한 현상을 통해 출생한 이들을 지도자로 추대한 것이다. 그러나 혁거세의 통치와 관련된 기록을 『삼국사기』에서 찾아보면 단지 출생 때문만이 아니라는 것을 알 수 있다.

혁거세 17년에 왕이 6부를 순행하면서 농사와 누에치기를 권하고 독려하여 땅의 이로움을 다하도록 했다는 기록이 있다. 고대국가에서 생업은 국가의 존망과 연결되는 중요한 문제다. 신라의 경우 농사를 생업을 하는 지역이었기 때문에 농업 생산이 가장 중요한 경제 활동이었다. 혁거세는 이 점을 중시하였던 것이다.

혁거세 부부의 탄생과 관련된 건국신화의 내용에서 주목되는 것은 말, 그리고 닭이다. 말은 약 5천 년 전 유라시아 스텝지역에서 가축화되었다고 하며, 약 4천 년 전부터는 운송수단이 되어 인류의 삶을 획기적으로 변화시켰다. 혁거세의 등장이 말에서 비롯되었다는 것은 혁거세 집단이 기마 문화와 밀접한 관련이 있었음을 시사해준다.

말이 가축화되는 과정에서 중요한 것이 마구의 발명이다. 즉 사람들이 말을 제어할 수 있는 각종 도구들을 만든 것인데, 대략 기원전 4세기경에 스키타이족들이 처음으로 재갈과 고삐, 멍에, 안장 등을 사용하였다고 전한다. 특히 말을 탈 때 발을 거는 등자는 기마의 안정화를 도

등자와 마구(가야시대 전 고령 일괄
유물, 국립중앙박물관)

모하고, 손을 자유롭게 쓸 수 있게 하면서 말 위에서 창, 칼, 활 등을 사용할 수 있게 해줌으로써 전투를 효율적으로 수행할 수 있게 해주었다. 이는 고구려 무용총의 수렵도에서 말을 타고 달리면서 뒤돌아서서 활을 쏘는 병사의 모습을 보면 쉽게 알 수 있다.

말은 사람들의 교통 방법을 대대적으로 바꾸어주었다. 혁거세 집단 출현 당시 아직 국가 이전 단계였던 사로 6촌의 영역이 혁거세의 등장으로 사로국이라는 소국으로 한데 묶이게 된 것도 그렇고, 이후 주변 지역으로의 세력 확산에도 지대한 기여를 하였을 것이다.

한편 알영의 탄생 설화에서 보는 것처럼 닭 또한 농경과 매우 밀접한 관련이 있다. 닭은 말보다 훨씬 이른 시기에 가축화가 이루어졌다. 기원전 6000~8000년 즈음의 동남아시아 일대에서 가축화가 진행되었다고 하니 매우 오랜 기원을 가진다. 닭이 가축화가 된 것은 사람들에게 중요한 2차 식량원을 제공해준다는 의미가 있다. 닭은 죽어서 한 번의 고기를 제공해주는 것이 아니라 지속적으로 계란을 공급해주는 대단히 쓸모 있는 가축이었다. 닭의 가축화는 소, 양의 가축화와 함께 인류 농업혁명 이후 매우 중요한 식량원이라는 점에서 중요하다. 기마술을 지닌 혁거세 집단과 가축화된 2차 식량원을 지닌 알영 집단의 결합으로 사로 6촌은 진한 지역에서 가장 강력한 소국으로 발전할 수 있는 기틀을 마련하였다. 농사와 누에치기를 권장하고 독려했다는 기록은 이 같은 상황을 잘 보여준다고 할 수 있다.

『삼국사기』의 혁거세 건국신화에서 말은 등장하지만 알영 설화에서 닭은 등장하지 않는다. 이 내용이 빠진 것으로 보아 김부식은 믿을 수 없는 일로 보았던 듯하다. 혁거세가 가진 능력 가운데 하나가 바로 가축을 활용할 수 있는 지식을 가졌던 것이 아닐까. 혁거세 30년에 낙랑인들이 침공해왔다가 변경 지역에 노적가리들이 들에 덮여 있는 것을 보았다는 기사도 주목된다. 그만큼 풍요로운 경제생활을 했다는 의미다.

혁거세 38년에는 마한에 호공을 사신으로 보내는 일이 있었다. 마한 왕이 신라가 공물을 보내지 않는다고 책망하자 호공이 대답하기를 "우리나라가 두 성인이 나라를 일으킨 뒤 인사가 닦이고 천시가 조화로워 창고가 가득 차고 인민은 공경하고 겸양합니다." 운운했다. 이는 당시 연맹왕국으로 상대적으로 신라에 비해 대국이었던 마한에 대해 상당한 자신감을 표출한 것이다. 바로 이 같은 사항이 혁거세가 지닌 특출한 능력이었다고 할 수 있다.

뛰어난 지략으로
상황을 주도한 인물들

2

『삼국유사』에 등장하는 인물 가운데는 뛰어난 지략을 가진 전략가적 인물들이 있다. 이들은 자신들의 지략을 활용해 정권을 장악하기도 하고, 때로는 최고의 정치세력으로 등장하기도 한다. 한편으로는 국익을 위해 적국을 활용하는 대범함을 보이기도 한다. 자신이 처한 어려운 상황을 극복하기 위해 명운을 건 한판의 승부, 이것이 지략이다.

신라 탈해

신라의 제4대 이사금 탈해는 남해차차웅 시절 차차웅의 사위가 되었고, 최고 관직인 대보로 등용되어 정사를 맡은 인물이다. 그 뒤 노례이사금의 유언에 의해 왕이 되었다. 이름은 토해라고도 한다. 남해차차웅이 죽을 때 아들인 노례가 당연히 왕위를 이어야 하지만, 대보 탈해가 덕망이 있었던 까닭에 왕위를 사양했다고 한다. 그러자 탈해가 노례와 떡을 물어 이빨 자국이 많은 사람이 왕위에 오르기로 하였고, 그렇게 해서 노례가 왕위에 올랐다. 이 일화에서 보듯 탈해는 왕좌를 차지할 수 있는 위치에 있으면서도 왕위 계승권자에게 왕위를 양보하였다. 그마저도 노례가 사양하자 도저히 거절할 수 없는 방법을 사용하였다. 그만큼 탈해는 지략이 있는 인물이었다.

탈해는 왕위에 오른 뒤 자신의 정적이었던 호공을 대보로 삼고, 외교관계에 주력했다. 탈해이사금 대에는 백제와의 관계가 좋지 않았다. 백제 다루왕이 낭자곡성까지 영역을 개척하고 외교관계를 열자고 제안하였으나 거절하였다. 그러자 백제는 와산성과 구양성 등을 공격해 왔지만 격퇴하였고, 그 이후에도 일진일퇴하며 계속 공방전을 벌였다. 하나의 국가와 전쟁을 치를 때 다른 국가들과의 관계는 매우 중요하다. 탈해는 이 부분을 놓치지 않았다. 왜와 수교를 하면서 배후로부터의 위협을 줄였고, 마한 장수가 스스로 신라를 찾아와 복종하는 등 백제와의 전쟁에 도움을 될 수 있는 외교적 행보를 보인다.

아울러 외국과의 전쟁에 필요한 국가 시스템을 정비하여 나라 안의 주군을 나누어 박씨 귀족들로 하여금 통치하게 함으로써 국가 통치의 안정을 도모하였다. 탈해이사금 대 백제와의 관계가 이렇듯 치열했던 것은 백제는 이미 영역 국가로서 영역 확장을 대대적으로 이루고자 했던 시기였고, 신라는 소국에서 점차 그 영향력을 주변 소국으로 확대해나가던 시기였기 때문이다. 탈해 79년 우시산국과 거칠산국을 병합한 사실이 이를 말해준다. 당시 백제와 신라의 국력 차이는 현저해서 신라에게 일방적으로 불리한 상황이었지만 탈해의 뛰어난 통치로 인해 위기를 극복할 수 있었던 것으로 보인다.

그렇다면 탈해는 어떤 인물이었을까. 탈해는 신라의 제4대 왕이다. 박혁거세 이후 박씨 왕들이 이어져오다가 탈해에 이르러 석씨가 왕이 되는 '이변'이 일어났다. 어떻게 이런 일이 생길 수 있었을까. 여기에는 탈해의 지략이 단단히 한 몫 했다. 탈해는 신라 출신이 아니다. 『삼국유사』에는 용성국, 『삼국사기』에는 대파나국으로 그 출신이 기록되어 있다. 해외에서 넘어온 세력인 것이다. 탈해의 신라 정착과 관련된 이야기는 『삼국유사』에 두 곳, 『삼국사기』에 한 곳이 보인다. 그런데 이야기가 서로 다르다.

먼저 『삼국유사』 제4대 탈해왕에는 탈해가 가락국에 배를 타고 왔는데, 수로왕과 신하, 백성들이 환호하여 맞이했다고 한다. 그러나 탈해가 이를 외면하고 신라로 온 것으로 되어 있다. 그런데 『삼국유사』 가락국기에는 탈해가 가락국에 와서 수로왕과 술법으로 겨루었는데 탈해가 져서 신라로 도망쳤다고 한다. 탈해 왕조에 있는 이야기와 정반대이다. 한편 『삼국사기』에는 탈해가 들어 있는 궤짝이 금관국 해변에 닿았으나, 금관국 사람들이 이를 괴이하게 여겨 취하지 않았다고 되어 있다.

7일 동안 먹여주니, 이윽고 말하길, "나는 본래 용성국 사람(또는 정명국, 또는 완하국이라고도 한다. 완하는 혹 화하국이라고도 쓴다. 용성은 왜의 동북 1천 리에 있다.)이다. 우리나라에 일찍이 28용왕이 있었는데, 사람에게 잉태되어 태어나 5세, 6세 때부터 왕위에 이어 올라 만민들을 가르치고 바른 성정을 닦았다. 그리고 8품의 성과 핏줄이 있었는데 선택하는 일없이 모두 왕위에 올랐다. 이때 우리 부왕 함달파가 적녀국의 왕녀를 맞이하여 왕비로 삼았는데 오랫동안 아들이 없어 자식을 구하기를 기도하였는데 7년 뒤에 커다란 알 하나를 낳았다. 이에 대왕이 군신을 모아 묻기를, '사람이면서 알을 낳는 것은 예나 지금이나 없었던 일이니 아마도 좋은 징조가 아닐 것이다.'라고 하고 곧 궤짝을 만들어 나와 칠보, 노비들을 배 안에 싣고 바다로 띄워 보내며 축원하길, '인연이 있는 땅에 이르거든 나라를 세우고 집안을 이루어라.'라고 하였다. 바로 붉은 용이 배를 보호하여 여기에 이른 것이다."라고 하였다.

『삼국유사』 가락국기조와 『삼국사기』 기록은 비슷하다. 이를 종합해보면 탈해가 처음 도착한 곳은 가락국이었다. 그런데 가락국에서는 이 이방인을 환영하지 않았다. 아마도 탈해가 정착을 시도했으나 받아들여지지 않은 것으로 보인다. 또한 탈해가 갖고 있던 능력으로는 가락국 사회에서 자리 잡기 어려웠던 것이 아닐까 싶다. 그런데 신라에서는 고기잡이의 어미였던 아진의선이라는 노파가 탈해를 받아들이고 길렀다. 탈해가 배를 타고 온 만큼 해양세력으로서 우월한 어로 기술을 갖고 있었던 것이다.

탈해는 바닷가에서 고기잡이나 하면서 지내고 싶지 않았다. 토함산 정상에 올라가 머물 곳을 살펴보았다고 하는데, 아마도 신라의 정세를 엿보았을 것이다. 그 결과 점지한 곳이 바로 호공의 집이었다. 호공이란 인물도 상당히 재미있는 인물이다. 『삼국사기』에 의하면 호공은 원래 왜인으로 신라로 건너와 정착하였으며, 혁거세 시대에 마한에 사신으로 파견될 정도로 신라 사회에서 자리를 잡은 인물이었다. 그렇다면 왜 호공이 대상이 되었을까. 아마도 토착 신라인이 아니라 외국에서 이주해온 인물이라는 점 때문에 탈해는 쉽게 공략할 수 있을 것이라고 판단했을 것이다.

말을 마치자, 그 동자는 지팡이를 끌며 두 명의 노비를 이끌고 토함산 위에 올라가 돌무덤을 만들고 7일을 머물렀다. 성 안에 살 만한 곳을 살펴보는데 한 봉우리가 초승달과 같아 형세가 오랫동안 갈 땅인 것을 보았다. 이에 내려와 그것을 살펴보니 곧 호공의 집이었다. 이에 거짓 계략을 꾸며 몰래 숫돌과 숯을 그 옆에 묻고 아침에 문에 이르러 말하길, "여기는 곧 내 조상 대대로의 집이다."라고 하였다. 호공이 말하길, "아니다."라고 하여 다툼이 결판이 나지 않았다. 이에 관가에 고하니, 관에서 말하길, "무엇으로 여기가 곧 너희 집인 것을 증명할 것인가." 하니 아이가 말하길, "나는 본래 대장장이였는데 얼마 전 이웃 고을로 나갔더니 다른 사람이 취해서 거처한 것이다. 땅을 파서 살펴보길 청한다."고 하였다. 그에 따르니, 과연 숫돌과 숯이 나와서 곧 (그 집을) 취하여 살았다. 이때 남해왕이 탈해가 곧 지혜로운 사람임을 알아보고 맏공주로 아내로 삼게 하니 이가 아니 부인이 되었다.

탈해는 계략으로 호공의 집을 빼앗았다. 아마도 호공이 외국 출신이라 오랜 기간 신라에 뿌리를 내리지 못했으리라는 점을 노렸을 것이다. 이때 본국에서부터 갖고 있던 야철 기술을 이용해서, 즉 대장장이로 행세하면서 호공의 집을 취했던 것이다. 당시 철을 다루는 기술은 국가 기간기술로 취급될 정도로 중요했다. 이러한 탈해의 동향을 당시 왕이었던 남해가 모를 리 없었다. 남해는 탈해의 능력을 알아보고 사위로 삼았다. 탈해가 본격적으로 신라 사회의 중추 세력으로 등장할 수 있는 계기가 되었던 것이다.

신라 사회에서 탈해는 외부에서 온 마이너리티에 불과했다. 쉽게 받아들여질 수가 없었다. 탈해가 외부 행차를 하던 도중에 목이 말라 백의라는 인물을 시켜 물을 가져오게 했는데, 백의는 물을 가져다주기 전에 자신이 먼저 마셔버렸다. 이는 드러내놓고 탈해를 무시하는 행동이다. 그러나 입에 댄 물그릇이 떨어지지 않았고, 이에 백의는 탈해에게 복종하는 맹세를 하고 나서야 무사할 수 있었다. 이러한 신라인들의 복종 과정을 거쳐 탈해는 왕위 계승자의 지위에까지 오를 수 있었다.

제2대 남해왕이 죽자 그 아들이었던 노례가 당연히 왕위를 계승해야 했지만, 노례는 탈해에게 왕위를 양보하고자 했다. 그만큼 탈해의 위세는 대단했다. 그렇다고 해서 탈해가 왕위를 덥석 물려받지는 않았다. 떡을 물어 이빨 자국을 세어 더 많은 사람이 왕위에 오르기로 하고 노례가 왕위에 오르도록 했다. 그때까지 이방인 탈해를 예의주시하며 마음으로 복종하기를 꺼려했던 신라인들이 탈해의 왕위 양보를 보면서 마음속으로 탄복했을 터이다.

탈해는 전형적인 지략가였다. 이방인으로서 토착 사회에 자리 잡기 위해 자신이 가진 여러 가지 능력과 지혜를 십분 발휘하여 끝내 왕위에 올랐다. 그 과정에서 탈해는 자신의 지지 기반이 되어줄 세력을 만드는 데도 노력하였다. 노례왕이 죽은 후에 왕위에 오른 탈해는 자신이 집을 빼앗았던 또 다른 이방인 호공을 중용하여 그에게 대보라는 직책을 부여했다. 그럼으로써 이방인 세력들을 자신의 지지 세력으로 만들었다. 탈해의 기대에 부응하듯 호공은 신라 사회의 새로운 세력인 김알지를 발굴하고 탈해에게 보고하였다. 이렇듯 탈해의 시대는 신라 사회에 신진 세력들이 잇달아 등장한 변화의 시대였다고 할 수 있다.

신라 김유신

우리 모두가 잘 알고 있는 신라의 김유신은 다양한 수식어로 표현할 수 있는 인물이다. 신라 화랑의 우두머리이자 태대각간이라는 초유의 벼슬을 가졌던 인물, 신라에 귀순한 가야 왕족의 후손, 백제와 고구려를 멸망시키고 삼국 통합을 이루는 데 중추적 역할을 한 인물, 비왕족 출신으로 유일하게 왕으로 추존된 인물, 관창·사다함과 함께 신라 3대 화랑 등 무수히 많다. 그만큼 김유신의 생애는 화려한 공적으로 점철된 것이었다.

　김유신에 관한 기록 가운데 출생과 유년기에 관한 기록은 없다. 15세에 화랑이 되었다는 것 정도가 전부이다. 그가 본격적으로 역사의 전면에 등장한 것은 그의 나이 35세에 있었던 고구려와의 낭비성 전투였다. 진평왕대 왕명으로 김유신의 아버지인 김서현이 고구려의 낭비성을 공격하게 되는데 이때 종군했던 것이다. 이때 그의 직함은 부장군 또는 중당당주라고 되어 있다. 부장군 직책으로 보아 김유신은 이미 군문에서 많은 활약을 하면서 승진을 한 상태였다고 볼 수 있다.

고구려와 벌인 낭비성 전투가 김유신에게 중요한 의미를 지니는 것은 그가 이 전투에서 군공을 세워 승리를 거둔 것도 있지만, 신라군 지휘관 가운데 파진찬(신라의 17관등에서 4등에 해당하는 관등) 김용춘을 만난 것이다. 김용춘은 그의 아들 김춘추가 나중에 태종무열왕이 되는데, 이때의 만남은 그가 김유신과 정치적 동맹자로서 굳건한 관계를 맺는 중요한 계기가 되었다. 특히 김유신과 김춘추는 중첩적인 혼인을 통해 한 가족이 됨으로써 서로에게 아주 튼튼한 버팀목이 되어주었다.

이 두 사람이 동맹을 맺는 과정은 뒤에서 살펴보기로 하자. 김유신은 선덕여왕 시절부터 전투에 빈번하게 투입된다. 백제의 대야성 공격으로 자신의 사위 김품석과 딸이 죽게 되자 김춘추는 백제에 대한 복수심에 불타게 된다. 김춘추는 고구려에 원병을 요청하러 직접 사신으로 가게 되는데, 이때 김유신과의 동맹을 확고히 맺고 혈맹 관계로까지 발전하게 된다. 실제로 김춘추가 연개소문과의 협상 결렬로 고구려에 억류되자 선덕여왕의 허락 하에 군사를 모아 고구려로 진격하였다. 그러자 김유신의 진격 소식을 들은 고구려 조정에서 김춘추를 석방함으로써 사태는 해결되었다.

그 뒤 김유신은 백제를 공격하여 여러 성을 점령하였고, 백제의 잇단 신라 공격에도 빠짐없이 참전하여 승리를 거두었다. 아울러 여왕의 통치 하에서 일어났던 신라 진골 귀족들의 반란도 진압하였다. 대표적인 예가 비담과 염종이 일으킨 반란이다. 선덕여왕에 반발하는 진골 귀족세력들도 만만치 않아 처음에는 진압에 어려움을 겪기도 했으나, 이역시 김유신의 지혜로운 방법으로 결국 반란을 진압하였다. 유성이 월성으로 떨어지는 것을 보고 비담이 승리의 징조라며 반란군을 독려하자, 김유신은 허수아비에 불을 붙인 연을 밤하늘로 띄워 보낸 후 병사들에게 떨어진 별이 다시 하늘로 올라갔다는 소문을 퍼뜨려 병사들의 사기를 북돋았던 것이다.

진덕여왕대 역시 대백제전쟁에 주력했다. 쳐들어온 백제군을 격퇴하고 대야성을 회복하며 죽은 김품석 부부의 유골을 반환받아 김춘추의 한을 일부 풀어주었다. 김춘추는 백제와의 전쟁을 끝내고자 당과 연합 전선을 결성하기 위해 당나라에 들어가 이를 성사시켰다. 진덕여왕 말년에 진골 귀족 가운데 후임 왕을 추대하는 회의에서 김유신은 알천 대신 김춘추를 추대하여 즉위시켰다. 이때 알천은 귀족들 사이에서 왕위 계승자로 추대될 것이 거의 확정적이었으나 김유신의 뜻에 따라 김춘추로 결정이 났다. 그만큼 김유신의 위상은 높아졌다.

태종무열왕 즉위 후 김유신은 무열왕의 사위가 되면서 두 집안의 동맹은 더욱 확고해졌다. 대각간(신라의 17관등 중 제1등 각간에 대大 자까지 붙여서 만든 최상의 관등), 상대등(신라 귀족 권력을 대표하는 최고관직)을 역임하면서 당나라 소정방군과 힘을 합해 백제를 멸망시켰다. 무열왕의 뒤를 이어 문무왕이 즉위하자 삼국 가운데 남은 고구려를 정벌하기 위해 다시 당나라군과 연합하여 고구려까지 멸망시켰다. 이후에는 백제 부흥군을 격퇴하고 백제 지역에 대한 지배권을 확립하였다.

그러나 당나라가 웅진도독부와 안동도호부를 옛 백제와 고구려 지역에 설치하고 신라의 왕에게 계림주대도독이라는 관직을 내리자 공격의 방향을 당나라로 돌려 당나라군을 한반도에서 축출하고자 노력하였다. 그러던 673년 여름, 김유신은 79세의 생을 마감한다. 김유신의 공적은 신라인들에게 오랫동안 회자되었고, 흥덕왕대 흥무대왕으로 추존되었다.

신라가 삼국을 통합하는 과정에서 김유신이 일등 공신이었다는 것은 두말할 필요가 없다. 그렇지만 그는 가야계 출신으로 신라 사회에서 최고의 지위에 오르기 어려운 신분이었다. 진골 귀족이긴 하지만, 원래 신라 출신의 진골들과는 그 격이 달랐다. 그럼에도 불구하고 그는 뒤에 흥무대왕으로 추봉될 정도로 신라에 지대한 공헌을 했다. 물론 무장으로서의 실력과 뛰어난 지략이 뒷받침되었음은 물론이다.

김유신은 태종무열왕이 된 김춘추와 오랜 인연을 맺었다. 신라 왕족 출신으로 진골 귀족이었던 김춘추는 왕이 되었다가 폐위된 진지왕의 손자였다. 그렇기 때문에 왕위 계승 서열에서는 밀려나 있었다. 그의 아버지인 김용춘(또는 용수)은 갈문왕으로 정치적인 영향력을 행사하지 못했다. 그러나 김춘추는 김유신이라는 걸출한 동맹을 얻음으로써 진골로서는 최초로 왕위에 오르는 데 성공하였다.

김춘추와 김유신이 동반자가 되기까지는 여러 일이 있었지만, 그 가운데 가장 큰 사건이 바로 김유신의 누이인 문희와 김춘추의 결혼이었다. 다분히 정략적인 결혼이었던 이 사건은 김춘추 가문과 김유신

가문을 잇는 가교 역할을 했다. 『삼국유사』에는 다음과 같이 기록되어 있다.

정월에 춘추와 함께 축국을 하던 유신은 일부러 그의 옷고름을 밟아 터지게 하고서, 옷고름을 꿰맨다는 핑계로 그를 자신의 집으로 데려가 누이동생 문희에게 그 옷고름을 꿰매게 하였다. 이 일이 계기가 되어 춘추는 자주 유신의 집을 드나들게 되었고 마침내 문희가 임신하게 되자 유신은 "혼인도 하지 않고 아이를 가진 누이를 화형에 처할 것"이라는 소문을 퍼뜨리게 한 뒤, 왕이 남산에 행차하는 날에 맞춰서 집 뒤뜰에 장작더미를 쌓아놓고 불을 질러서 연기를 피워올렸다. 남산에서 이 연기를 목격한 선덕여왕이 좌우 신료들에게 묻자, 신료들은 자신들이 들은 소문을 왕에게 아뢰었고, 마침 왕의 옆에 있다가 그 말을 듣고 안색이 변한 춘추를 본 여왕은 김춘추에게 얼른 가서 구해주라는 명령을 내렸다. 이것이 계기가 되어 두 사람은 마침내 혼인하게 되었다.

김유신은 자신의 누이와 김춘추가 혼인하기를 바랐다. 그럼으로써 가문을 최고의 위상으로 끌어올리고자 했던 것이다. 처음에는 첫째 누이인 보희에게 요청을 했으나 거절당하고 막내누이인 문희에게 승낙을 받았다. 김춘추도 김유신의 의도를 눈치 채고 문희와 인연을 맺는다. 그렇지만 혼인이 쉽지 않았던 듯하다. 신라 명문 귀족인 김춘추 가문과 가야계 출신인 김유신 가문의 혼인이 신라 사회에서 쉽게 용납되지는 않았을 것이다. 김유신의 꾀로 선덕여왕이 이를 알게 되었고, 왕명에 따라 김춘추와 문희는 혼인에 이르게 된다.

이렇게 혼인에 이르게 된 데에는 선덕여왕의 의도도 숨어 있었다. 선덕여왕은 왕위에 오르면서부터 여왕이라는 이유로 대내외적으로 많은 어려움을 겪었다. 선덕은 공식적으로 혼인관계에 있지 않았기 때문에 성골 신분을 생산할 수 없었고, 그런 상황에서 왕실에 충성할 수 있는 세력을 길러야 하는 부담을 갖고 있었다. 할아버지의 폐위로 인해 사실상 왕위 계승 서열에서 밀려난 김춘추나 가야계로서 3대에 걸쳐서 신라에 충성을 다했던 김유신 가문은 그런 점에서 선덕여왕과 그 후임을 지켜줄 수 있는 든든한 버팀목이 되기에 충분했다.

김유신이 의도한 누이의 정략결혼은 선덕여왕의 입장을 정확히 파악한 끝에 나온 것이었다. 선덕여왕 이후의 왕위 계승이 성골이 아닌 진골 중에서 이루어질 것이며, 그리고 그 가운데에 김춘추만큼 자신과 결합할 수 있는 최적화된 대상이 없다는 것 등을 계산한 것이었다. 김춘추는 진지왕의 직계 후손이었지만 진지왕의 폐위로 인해 신라 왕실에서의 입지는 위축된 상태였다. 즉 김춘추는 김유신 가문의 최상의 파트너가 될 수 있는 조건을 갖추고 있었던 것이다.

선덕여왕대 중용된 김유신은 그야말로 국가와 왕실을 위해서 사력을 다했다. 김유신은 진평왕부터 문무왕까지 80년 가까운 세월을 다섯 명의 왕을 섬기며 살았다. 진평왕대 등장한 김유신은 대외 전쟁에서 두각을 나타내며 그 입지를 다졌다. 이 시기 신라는 진흥왕대의 전성기가 지나가고 대외 관계에서 외교적인 고립과 침략, 신라 내부 반대 세력들의 반란 등으로 여러 차례 위기를 맞이했던 시기이다. 이러한 때에 김유신은 백제의 침공을 몇 차례나 막아내는가 하면 꾸준히 일어났던 신라 귀족들의 반란을 연거푸 진압하는 공을 세웠다.

김춘추의 입장에서도 김유신 세력을 규합한 것은 매우 큰 성과였다. 위의 일화가 김유신 조가 아닌 태종춘추공 조에 서술되어 있는 것만 봐도 짐작할 수 있다. 앞서 언급했듯이 진덕여왕의 뒤를 이어 김춘추가 왕위에 오를 수 있었던 것은 오로지 김유신의 덕이었다.『삼국유사』진덕왕 조에는 귀족 회의와 관련된 내용이 서술되어 있다.

> 왕의 시대에 알천공·임종공·술종공·호림공(자장의 아버지)·염장공·유신공이 있었는데, 이들은 남산에 있는 오지암에 모여 나라의 일을 의논하였다. 이때 큰 호랑이 한 마리가 좌중에 뛰어드니 여러 공들이 놀라 일어섰는데 그러나 알천공은 조금도 움직이지 않고 담소하길 태연히 하면서 호랑이 꼬리를 붙잡아 땅에 메어쳐서 죽였다. 알천공의 완력이 이와 같아서 윗자리에 앉았으나 모든 공들은 유신공의 위엄에 복종하였다.

회의의 내용이 무엇인지가 명확하지 않지만, 나라의 일을 의논했다는 표현으로 보아서 국가의 중대사가 논의되었을 것이다. 중대사 가운데에는 진덕여왕을 마지막으로 대가 끊기는 성골 왕의 후임을 누구로 할 것인가를 결정하는 일이 포함되었음은 물론이다. 그런데 진덕여왕 이후에 진골 귀족 가운데 왕위 계승 서열은 알천공이 제일이었다. 알천은 당시 상대등의 지위에 있으면서 귀족 회의를 주관한 인물이다. 선덕여왕 5년부터 모든 군사적 활동을 주도했기 때문에 병권을 장악할 수 있는 인물이었다. 그렇기 때문에 위 기록에서도 윗자리에 앉았던 것으로 묘사되었다.

그런데 반전이 있다. 모든 귀족 회의 참여자들이 김유신의 위엄에 복종하였다는 것이다. 무엇 때문이었을까. 가야계 귀족 출신으로 귀족 회의에 참여하게 된 것만 해도 김유신의 입장에서는 성공한 것이다. 그럼에도 불구하고 김유신은 끊임없이 국가와 왕실의 문제를 해결하는 등의 업적을 쌓았고, 그로 인해 귀족들의 신뢰를 받는 존재가 되었던 것이다. 아울러 김춘추와의 혼맥 형성을 통해 입지를 더욱 굳게 다진 배경도 있을 것이다. 이는 진덕여왕의 후임으로 김춘추가 왕위에 오르는 데 결정적인 역할을 하게 되었다. 이처럼 김유신은 자신의 약점을 유력 가문과의 혼인이라는 지략으로 보완하여 신라 최고의 가문으로 등극하는 데 성공하였다.

백제 무왕

무왕은 우리에게 서동이라는 이름으로 더 잘 알려져 있는 백제의 30대 왕이다. 이름은 장, 아명은 서동이다. 지금의 전라북도 익산에서 태어났다. 무왕의 출생에 대해서는 기록마다 차이가 있는데, 29대 왕인 법왕의 아들이라는 설과 27대 위덕왕의 아들이라는 설 등이 있다. 무왕은 재위기간 중에 신라에 대한 적극적인 공세를 펼쳤다. 그리고 고구려와 수나라가 서로 극한 갈등을 벌이던 시기에는 중립 외교를 전개하였다.

무왕은 사비궁을 중수하고 익산에 별도(원래 수도 밖에 임시로 따로 정해 놓은 수도)를 경영하는 등 대규모 공사를 자주 벌였다. 특히 백제 최대 규모였던 미륵사를 창건한 일은 유명하다. 사비궁의 수리는 가뭄으로 중지되었지만, 왕흥사를 창건하고 궁남지를 건설하였다. 익산에는 미륵사를 조성하고 천도를 위한 준비를 하기도 했다. 이를 통해 귀족세력의 재편을 시도했던 것이다. 그것은 당시 백제의 왕권이 상대적으로 위축되어 있던 시기였기 때문에 왕권을 통한 국가 통제와 왕실의 위엄을 살리기 위한 방책으로 보인다. 비록 천도는 이루어지지 못했지만, 왕권은 어느 정도 회복되었다.

신라와는 즉위한 이래 줄곧 갈등 관계였다. 백제가 선제공격을 할 때가 많았으나 공격에 성공한 사례보다는 신라에 의해 격퇴된 사례가 더 많다. 이 같은 상황에서 고구려의 남진을 견제하기 위해 수나라와 통교를 하면서 고구려에 대한 공격을 요청하였다. 수나라가 멸망한 후 당나라가 들어선 후에도 같은 외교 노선을 견지하였다. 신라와의 관계에서 우위를 점하기 위해서는 외교적인 노력이 중요했기 때문이다.

무왕의 무덤은 익산에 있는 쌍릉으로 추정된다. 고려시대에 이미 도굴이 되었는데, 일제 강점기에 조사된 바에 의하면 사비시대 능산리 고분의 무덤 양식과 일치한다고 한다. 최근 실시된 정밀 발굴조사에서 인골이 출토되어 비상한 관심을 끌기도 했다.

무왕은 서동이다. 즉 서동요의 주인공이다. 무왕이 왜 서동으로 있었는지는 그 출신을 따져보면 알 수 있다. 무왕의 출신에 대해서는 기록마다 다르기 때문에 의견이 분분하다. 『삼국사기』에 의하면 법왕의 아들로 기록되어 있는데 이것이 현재까지는 가장 유력한 설이다. 그런데 왕의 아들이 왜 마를 캐는 서동이 되었을까. 『삼국유사』무왕 조에는 무왕의 어머니가 과부가 되었는데 못의 용과 관계하여 서동을 낳았다고 되어 있다.

일반적으로 동양에서 용 또는 호랑이가 여성과 관계를 맺어 아이를 낳았다고 하면, 용이나 호랑이는 왕이나 왕족의 암행을 은유한 것으로 보는 것이 일반적이다. 무왕도 마찬가지로 법왕이 암행을 나와 서울 남쪽 연못가에 있던 서동의 어머니와 관계를 맺어 서동을 낳게 되었다. 무왕은 서자였다. 그렇기 때문에 왕궁에 머무르지 못하고 어머니와 머물렀던 것이다.

그런데 법왕은 후손이 무왕밖에 없다고 알려져 있다. 그 할아버지인 혜왕 역시 법왕밖에 후손이 없었다. 그 선대 왕인 위덕왕은 아좌태자가 있었으나 일본에서 돌아오지 못했기 때문에 뒤를 이을 아들은 없었다. 그러다 보니 법왕의 서자였던 무왕에게 왕위가 돌아오게 되었다.

무왕은 왕위 계승권자로서 왕위에 오를 수 있었지만 백제 내 유력 가문에 속하지 못한 걸로 보이는 모계 때문에 여전히 약점이 있었을 것이다. 즉 정통성 문제에서 자유롭지 못했음이 분명했다. 이를 극복하기 위해서는 백제의 왕족과 귀족들을 설득할 만한 획기적인 업적이 필요했다.

무왕이 즉위한 600년 전후 시기의 백제는 매우 곤란한 상황에 처해 있었다. 신라에게 한강 유역을 상실한 이후 이를 되찾겠다고 나선 성왕마저 관산성 전투에서 전사하였다. 즉 대외적으로 신라에 지속적인 열세 상황에 있었다. 아울러 고구려 또한 빼앗긴 한강 유역을 되찾기 위해 남진 정책을 계속 추진하고 있었다. 한반도 내에서 백제는 매우 불리한 상황에 놓여 있었던 것이다.

무왕이 즉위를 하기 위해서는 이러한 상황을 타개할 만한 무언가가 필요했다. 특히 신라와의 관계에서 열세를 만회하기 위한 계기가 마련되어야 했다. 서동요 설화는 그러한 백제 내지 무왕의 열망이 담겨 있는 설화가 아닌가 한다. 『삼국유사』 서동요 조에는 다음과 같이 기록되어 있다.

신라 진평왕의 셋째공주 선화가 아름답기 짝이 없다는 말을 듣고 머리를 깎고 (신라의) 서울로 갔다. 마를 동네 아이들에게 먹이니 아이들이 친해져 그를 따랐다. 이에 노래를 지어 아이들을 꾀어서 부르게 하니 (노래에) 이르길,

선화공주님은 / 남몰래 사귀어 두고 / 서동방을 밤에 몰래 안고 간다.

동요가 서울에 가득 퍼져서 대궐 안에까지 퍼지자 백관들이 간곡히 간언하여 공주를 먼 곳으로 귀양 보내게 했다. 장차 떠나려 하는 데 왕후가 순금 한 말을 노자로 쓰게 했다. 공주가 장차 귀양지에 도착하려는 데 서동이 도중에 나와 절하면서 장차 모시고 가겠다고 했다. 공주는 비록 그가 어디서 왔는지는 알지 못했지만 우연히 믿고 좋아했다. 이로 말미암아 따라가면서 몰래 정을 통하였다. 그런 뒤에야 서동의 이름을 알았고, 이에 동요의 영험을 믿었다.

함께 백제에 이르러 모후가 준 금을 내어 장차 살아나갈 계획을 의논

하니 서동이 크게 웃고 말하길, "이것이 도대체 무엇이오?" 하니 공주가 말하기를, "이것은 황금이니 백년의 부를 이룰 수 있는 것입니다." 하였다. 서동이 말하기를, "내가 어릴 때부터 마를 캐던 곳에 흙처럼 많이 쌓아 두었소." 하였다. 공주는 듣고 크게 놀라면서 말하길 "이것은 천하의 지극한 보물입니다. 그대가 지금 그 금이 있는 곳을 아시면 이 보물을 부모님의 궁전으로 보내는 것이 어떻겠습니까?" 하니 서동이 말하길 "좋습니다." 하였다.

이에 금을 모아 언덕과 같이 쌓아놓고, 용화산 사자사의 지명법사에게 가서 금을 실어 보낼 방법을 물으니 법사가 말하기를 "내가 신통한 힘으로 옮길 수 있으니 금을 가져오시오."라고 하였다.

공주는 편지를 써서 금과 함께 사자사 앞에 가져다놓았다. 법사는 신통한 힘으로 하룻밤 사이에 신라 궁중으로 옮겨두었다. 진평왕은 그 신비스러운 변화를 이상히 여겨 존경함이 더욱 깊어져 항상 편지를 보내 안부를 물었다. 서동은 이로부터 인심을 얻어서 왕위에 올랐다.

이것이 유명한 서동설화이다. 익산 미륵사지 서탑의 발굴이 진행되면서 그 안에서 발견된 사리함의 명문 때문에 논란이 많지만, 그 전까지 무왕의 정식 왕비는 의심할 여지없이 신라의 선화공주였다. 무왕은 즉위 전에 신라에 가서 선화공주를 얻기 위한 계책의 일환으로 저잣거리의 아이들을 포섭해 노래를 부르고 다니도록 했다. 그 내용이 선화공주와 서동이 서로 그렇고 그런 관계라는 것이었다. 이를 들은 신라 진평왕은 노여워하여 선화공주를 내쫓았고, 그렇게 내쫓긴 공주를 무왕이 데리고 백제로 갔다고 한다.

서동설화에서 무왕은 신라 공주와의 혼인을 위해 계략을 사용했다. 그러나 무왕의 이런 무모한 시도는 당시 무왕의 입장에서는 불가피한 선택이었다. 앞서 이야기한 바와 같이 무왕이 즉위를 하기 위해서는 대신라 관계의 획기적인 개선 내지 우위를 확보해야 하는 상황이었다. 그 결과, 선화공주를 백제로 데리고 오려는 무왕의 계략은 성공을 거두었다. 실제로 선화공주가 왔다면 그녀는 볼모로 백제에 머무르는 셈이 되기 때문에 신라는 어쩔 수 없이 백제와의 관계를 바꿀 수밖에 없었을 것이다.

설화에서 무왕과 선화가 황금을 보내자 진평왕이 존경함이 깊어져 안부 편지를 자주 보냈다는 대목은 이 같은 양국 간의 관계 변화를 보여주는 것이다. 그리고 설화는 무왕이 이로부터 인심을 얻어서 왕위에 올랐다는 것으로 마무리된다. 참으로 극적인 즉위가 아닌가. 왕의 서자로 태어나 왕궁에서 자라지 못하고 마를 캐면서 연명해야 했던 무왕으로서는 신라 공주와의 혼인이라는 획기적인 아이디어를 내고 끝내 이를 성취하면서 왕위에 즉위했으니 말이다.

무왕은 즉위 후에 신라와의 전쟁에 몰입하게 된다. 집착이라고 할 정도로 맹공을 퍼붓는데 아막산성, 가잠성, 서곡성, 독산성 등 주요한 신라 서부의 성들을 공격하였다. 아울러 고구려의 남진을 막기 위해 중국과의 외교관계를 강화하는데, 특히 수나라에는 여러 차례 사신을 보내 고구려를 견제하도록 하였다. 이를 통해 무왕은 혜왕, 법왕대의 불안한 정국을 수습하면서 왕의 권위를 회복하였고, 대신라 관계에서도 우위를 점하게 된다.

미륵사지에서 발견된 사리병과 금제사리봉영기(백제, 국립익산박물관)
이 봉영기의 내용이 기존의 서동설화와 달라서 큰 논란을 불러일으켰다.

한편 서동설화 이후에는 미륵사의 창건에 관한 기록이 『삼국유사』
에 등장한다. 용화산 밑의 연못에서 미륵삼존이 나타났는데, 선화공주
가 무왕에게 큰 사찰을 창건해달라고 요청해서 미륵사의 창건이 이루
어졌다는 것이다. 즉 미륵사는 선화공주의 발원에 의해서 창건되었다
는 내용이다. 그런데 2015년 미륵사지 서탑 수리 공사 도중에 발견된
사리함의 명문에는 미륵사의 창건자가 선화공주가 아닌 무왕의 왕비
사택왕후로 적시되어 있다. 이로 인해 서동설화의 신빙성에 대한 논란
이 끊이지 않게 제기되었다.

일종의 미스터리이다. 선화공주가 백제의 대성인 사택씨 가문에
입적이 되었을까? 선화공주와 사택황후는 전혀 다른 인물인가? 그렇
다면 서동설화는 지어낸 이야기인가? 전혀 알 수 없다. 다만 선화공주

가 백제에 와서 무왕의 왕비로 있었으나 사망 등의 사유로 왕비에서 물러나고, 이어 백제 유력가문인 사택왕후와 혼인을 했을 가능성, 아니면 선화공주와 사택왕후가 동시에 무왕의 왕비로 존재했을 가능성 등 여러 가능성이 존재한다. 고대의 경우 여러 명의 왕비가 동시에 있는 것이 전혀 없었던 일이 아니기 때문에 그 가능성 또한 남아 있다.

왕의 마음을 사로잡은 여인들

3

고대국가에서 왕은 개인이 아니라 하나의 정치 세력이다. 따라서 왕의 일거수일투족은 여러 정치 세력들의 주된 관심사였다. 특히 혼인은 더욱 그러하다. 그것은 왕과 특정 세력 집단의 결합이었기 때문이다. 역대 왕들에게 혼인은 매우 중요했다. 왕은 아니었지만 앞에서 언급한 김춘추와 김유신의 이야기에서도 충분히 짐작할 수 있는 일이다. 혼인뿐 아니라 자식을 두는 일도 왕위 계승이라는 왕권의 안정과 관련해서 중요한 일이었다. 『삼국유사』에도 왕들의 혼인이나 왕이 관심을 가졌던 여인들에 관한 이야기가 등장한다.

신라 지증왕과 모량부 상공의 딸

신라 지증왕이 왕비로 맞이한 모량부 상공의 딸, 즉 연제부인 박씨는 이찬(신라 17관등 중 제2등의 관등) 등흔의 딸이라고 한다. 『삼국사기』, 『삼국유사』 모두 이렇게 기록되어 있으므로 연제부인은 진골 귀족 출신이 거의 틀림이 없다. 모량부 상공이라는 표현은 신라 왕경 6부 가운데 하나인 모량부의 지배층이라는 의미이므로, 왕경 6부에서 지배층으로 자리매김할 수 있는 신분이었던 것이다.

『삼국사기』, 『삼국유사』는 지증왕의 음경이 커서 배우자를 구할 수 없었다고 한다. 그러자 지증왕이 사신을 파견하여 신라 내에서 적합한 사람을 물색하게 하던 중 연못가에 있는 커다란 대변 덩어리를 발견하고 그 주인공은 반드시 체구가 클 것이라 짐작하고 수소문하였다. 그리하여 마침내 연제부인을 발견하고 배우자로 삼았다는 것이다. 연제부인은 여자이면서도 당대 어지간한 남자들보다 체격이 좋았다고 전한다. 이 설화가 의미하는 바는 무엇일까.

지증왕은 신라 22대 왕이다. 엄밀히 따지면 마립간이었다가 왕이 되었다. 지증왕대에 정식 왕호를 채택해서 마립간을 왕으로 부르기로 했기 때문이다. 지증왕이 왕위에 오른 것은 나이 60세가 넘어서였다. 요즘 말로 환갑이 지난 후에야 왕위에 오른 것이다. 64세에 왕위에 올랐지만 14년을 재위하였다. 지증왕의 계보는 『삼국사기』와 『삼국유사』의 기록이 다르다. 『삼국사기』에서는 내물마립간의 증손자이자 습보갈문왕의 아들로 나온다. 『삼국유사』에서는 눌지마립간의 동생인 기보갈문왕의 아들로 나온다. 어찌되었든 왕위를 계승하기 어려운 상황이었지만, 이전 왕인 소지마립간이 사망한 후 아들이 없어서 지증이 왕위를 이어받았다고 한다.

지증왕은 재위기간 중에 많은 업적을 남겼다. 『삼국유사』에서는 신라의 역사를 크게 세 시기로 나누는데, 혁거세부터 지증왕까지를 상고, 법흥왕부터 진덕여왕까지를 중고, 태종무열왕이후 경순왕까지를 하고로 하였다. 그렇게 보면 지증왕은 상고의 마지막 왕이 된다.

사실 지증왕은 재위기간 동안 상당히 많은 업적을 남겼는데, 그중에는 역사적으로 중요한 것들도 적지 않다. 삼국시대 신라의 전성기라 할 수 있는 중고시대를 개창하는 데 필요한 국가체제를 정비했다고 할 수 있다. 그렇지만 중고 시기 왕들의 업적에 비해 평가절하된 느낌이 없지 않다.

『삼국사기』 신라본기 지증왕 조에는 지증왕의 업적만 간략하게 서술되어 있다. 먼저 고대국가에서 중요한 국가 기반인 노동력을 확보하기 위해 순장을 폐지하였다. 최근 경주에서 진행된 월성 성벽에 대한 고고학 발굴에서 인골이 발견되어 인신공양의 실체가 확인되었는데, 이와 같은 풍습은 귀중한 노동력을 희생하는 것이었기에 폐지했던 것이다. 이로써 국가의 경제적 기반을 다지는 데 도움을 주었다고 할 수 있다.

아울러 지증왕은 우경법(소나 말 같은 가축을 이용해서 농사 짓는 법)을 시행하였다. 우경은 이전부터 있었지만 국지적·지엽적으로 활용되던 우경을 국가적 차원에서 장려하기 시작했다고 보는 것이 맞을 것이다. 이를 통해 생산력의 증가는 물론 경제 측면에서 지역적 편차를 해소하는 데 도움을 줌과 동시에 지방 통제가 강화되었을 것이다.

앞서 언급한 대로 지증왕은 마립간이라는 신라 고유의 호칭 대신 왕을 사용하였다. 또한 사로, 사라, 신로, 서나, 서야, 서라, 서벌, 신라,

포항 중성리 신라비(신라, 국립경주문화재연구소)
지증왕 2년(501)에 제작된 것으로 추정되는 비석으
로, 그 내용은 재산 분쟁과 관련된 판결이다.

계림 등으로 혼용하던 국호를 신라로 단일화했다. 그 뜻은 '덕업이 나
날이 새로워지고, 사방의 영역을 두루 망라한다'는 의미이다. 국력 신
장에 따른 자신감의 표출이었다. 상복법을 제정하여 백성들의 일반 생
활문화에 대한 국가적 규제를 하기 시작하였다. 법흥왕대 공복 제정과
같은 제도의 선행 제도였다. 또한 동시전을 설치하여 물자의 유통을 원
활하게 하는 한편 국가가 시장을 관리하게 하였다.

지증왕은 국가 운영의 기반이 되는 지방제도, 즉 군현제를 정비하
였다. 지방제도는 노동력의 파악, 역역 동원의 근거 산출, 조세 수입의
근거 산출, 군사 동원의 근거 확보 등 다양한 의미를 지닌다. 지방에 국
가권력이 침투하지 못하면 국가는 제대로 운영되기 어렵다. 신라 하대
중앙정부의 조세 독촉 명령을 지방의 유력자들과 백성들이 거부한 사

태는 이 같은 상황을 여실히 보여준다. 즉 지방제도가 제대로 운영되어야 국가 운영이 원활히 될 수 있다. 한편으로는 12개의 성을 쌓아 대내외적인 군사 방어 태세를 갖추게 된다.

아울러 신라의 취약 지점인 해상 활동을 활성화하기 위해 선박 이용 제도를 정비하였다. 신라는 바다에서 배를 타고 항해하는 것에 취약했다. 유례이사금 때 "신라는 주변국보다 수전에 약하다."고 한 지적은 이 같은 상황을 잘 보여주고 있다. 지증왕대 이르러 해상 활동을 활성화함으로써 유명한 지증왕 13년 우산국 정벌이 이루어졌다. 소지마립간대까지 지속적으로 서라벌로 쳐들어오던 왜의 침입 기록도 지증왕대부터는 거의 사라졌다. 그만큼 신라의 해상 활동이 강화되었다는 의미이다.

장황하게 지증왕의 업적을 열거했지만, 지증왕은 연로한 상태에서 왕이 되었고, 더욱이 왕위를 계승할 수 있는 직계 서열도 아니었다. 정통성과 능력 문제로 충분히 공격당할 수 있는 입장에 있었다. 그럼에도 14년의 재위기간 동안 대대적인 국정 쇄신 정책을 전개할 수 있었던 배경은 무엇이었을까. 『삼국유사』를 보자.

왕은 음경의 길이가 1척 5촌이어서 좋은 배필을 구하기가 어려워 사신을 삼도에 보내 그것을 구하였다. 사신이 모량부에 이르렀는데, 동로수 아래에서 두 마리 개가 똥덩어리 하나를 물고 있는 것이 마치 북(악기)만 했고, 그 양끝을 물고 크게 다투고 있는 것을 보았다. 그 마을 사람들에게 물으니 어떤 소녀가 고하여 말하기를 "이것은 모량부 상공의 딸이 이곳에서 빨래를 하다가 몰래 숲속에서 남긴 것입니다."라고 하였다. 그 집을 찾아 확인해보니 신장이 7척 5촌이었다. 사실을 갖추어 아뢰자 왕이 수레를 보내 (그 여자를) 궁중으로 맞아 들여 황후로 봉하였고, 군신들이 모두 경하했다.

지증왕은 배필을 구하기 어려울 정도로 음경이 컸다. 기골이 장대한 경우에 음경이 크다고 여길 수 있으나, 대체로 음경이 크다는 것은 야욕이 강하다는 것을 상징한다. 그것이 정치적이든 경제적이든 사회적이든 무엇인가를 추구하는 욕구가 강한 사람을 뜻한다. 아마도 지증왕이 배필을 구하는 과정에서 자신을 지지해주는 것은 물론 반대세력과 맞서 싸울 수 있는 세력에서 구하다 보니 구하기가 어려웠던 것 같다.

그런데 마침 신라 왕경 6부 가운데 하나인 모량부에서 큰 똥무더기를 발견하고 그 주인공을 찾아서 배필로 삼았다는 것이다. 여기서의 똥은 지역사회에서의 영향력을 의미한다. 우리가 흔히들 "남이 싸놓은 똥을 치운다"는 비유를 많이 하는 것도 같은 맥락이다. 그 주인공은 바로 모량부 상공의 딸이었다. 모량부 상공은 성이 박씨이고 이름은 등흔이라는 인물이다. 뒤에 연제부인이 되는 이 여인은 똥무더기 하나로 지증왕의 마음을 사로잡은 셈이다. 설화 속에 나오는 이야기지만, 두 사람 내지 두 세력 간의 이해관계가 잘 맞아떨어져 결국 혼인이라는 결과에 이르게 된 것이다.

위의 설화는 지증왕이 박씨 귀족세력과 정치적으로 손을 잡은 내용을 전하는 것이라 생각된다. 박씨는 혁거세 이후 왕위를 잇다가 아달라이사금 이후로 왕위를 잃고 신라 권력의 중심에서 밀려나 있었다. 지증왕 이전까지 박씨는 왕비도 배출하지 못하는 상태였다. 신라의 진골 귀족이기는 했으나 권력의 핵심에서는 벗어나 있었던 것이다. 그런데 지증왕이 박씨를 왕비로 맞이한 이후 법흥왕, 진흥왕, 진지왕까지 여러 왕비를 배출했다. 따라서 박씨 가문은 왕권과의 결합을 통해 정치적 지위를 높였던 것이고, 지증왕은 상대적으로 불리한 여건에서 왕위에 올라 생길 수 있는 여러 가지 정치적 문제들을 해결할 수 있었던 것이다. 그럼으로써 위에서 본 것과 같은 많은 업적을 남길 수 있었다.

신라 진지왕과 도화녀

도화랑(도화녀)는 신라 진지왕 때의 미녀이다. 그녀는 신라 사량부의 어느 민가에서 살았는데, 얼굴과 자태가 매우 아름다웠다고 한다. 도화녀는 이미 혼인을 해서 남편이 있는 상태였다. 사량부에 살았기 때문에 왕경에 살던 평민으로 보인다. 아름다웠던 그녀는 진지왕의 주목을 받고 궁궐로 불려 들어가기까지 했다. 그러나 끝내 정절을 지켰으며, 남편이 죽은 뒤에 진지왕의 귀신과 관계를 맺어 비형랑을 낳았다고 한다.

진지왕과 도화녀의 이 설화는 단순한 사실을 전하는 것으로 보기 어렵다. 죽은 진지왕의 귀신이 살아 있는 여인을 찾아와서 관계를 맺었다는 것도, 그리고 그 결과로 비형랑을 낳았다는 것도 믿을 수 없기 때문이다. 그렇다면 이 설화는 무엇을 의미할까.

신라 제25대 왕인 진지왕은 역사에서 오명을 쓴 인물이다. 재위 4년 만에 정사가 어지러워지고 음란하다 하여 폐위되었다. 즉 나라를 잘 다스리지 못해 나라 사람들에 의해 폐위된 비운의 인물이다. 전 왕인 진흥왕은 삼국시대 신라의 최전성기를 연 인물이다. 병부 등 관부설치와 대대적인 영토 확장을 몸소 수행하면서 고구려, 백제에 비해 열세에 놓여 있던 신라의 국력을 대등한 관계로 끌어올렸다. 그러나 진흥왕의 태자였던 동륜태자가 일찍 사망하면서 왕위 계승에 문제가 생긴다. 동륜태자에게는 아들 백정(뒤에 진평왕)이 있었다. 그럼에도 불구하고 동륜태자의 동생인 사륜(진지왕)이 왕위에 올랐던 것이다. 어떻게 가능했을까.

두 가지 가능성이 있다. 하나는 백정이 너무 어렸으므로 임시로 왕위에 올랐다는 것이고, 다른 하나는 백정이 올라야 할 왕위를 사륜이 가로챘다는 것이다. 왕위 계승자가 너무 어릴 경우 대신 왕위에 오르는 것은 드물기는 하나 아주 없는 사례는 아니기 때문에 일면 타당하다고 볼 수 있다. 이 경우 왕위에 올라야 할 인물이 성장하게 되면 자연스럽게 그에게 양위를 하고 물러나면 된다. 그런데 지증왕의 경우에는 양위를 한 것이 아니라 폐위가 되었다. 혹 임시로 왕위에 올랐지만 양위할 마음이 도중에 바뀐 것일까? 어쨌든 이 상황은 설명이 자연스럽지 못하다.

두 번째 가능성은 백정이 왕위에 올랐어야 하지만, 사륜이 거칠부와 손을 잡고 정권을 장악해 왕위에 올랐을 가능성이다. 진지왕이 즉위하고 곧 거칠부를 상대등에 임명했다는 기록에서 두 사람 간의 결탁 가능성을 엿볼 수 있다. 하지만 거칠부가 나이가 많이 들어 곧 사망한 이후에 진지왕의 정치적 기반이 갑자기 약해지고 결국 백정을 지지하는 귀족세력들에 의해 폐위되는 운명을 맞았다. 폐위된 군주에 대한 역사의 혹평은 지극히 당연한 것이기 때문에 정사가 어지러워지고 음란해졌다는 기록이 남은 것은 아닐까. 두 번째 가능성이 더 높다고 할 수 있다.

그렇다면 진지왕은 거칠부가 죽은 다음 정치적 기반을 마련하기 위해 어떤 노력을 했을까. 그냥 가만히 앉아서 정적들에게 공격을 당하지는 않았을 터이다. 『화랑세기』에서는 사도태후, 미실, 지도황후 등 왕실 내 여인들 사이에서 발생한 문제로 설명을 하기도 한다. 즉 진지왕이 즉위한 뒤에 정사를 멀리하고 쾌락이 빠지자 진지왕의 어머니인 사도태후가 진지왕을 폐위하려고 했고, 미실 역시 자신에게 황후의 자리를 약속하고도 지도황후에게 빠져 약속을 저버린 진지왕에게 원한을 갖고 있었다는 것이다. 미실과 사도태후가 힘을 합쳐 진지왕을 폐위시킨 것이라는 설명이다.

여기에서 진지왕의 가족관계에 대해서 살펴보자. 진지왕의 아들로는 김용춘(혹은 김용수, 『화랑세기』에서는 김용춘과 김용수가 형제로 나온다.)이 있고, 『삼국유사』 설화 속에 등장하는 서자 비형랑이 있다. 이 비형랑을 일부 학자들은 김용춘과 동일 인물이라고도 한다. 김용춘의 아들, 즉 진지왕의 손자가 바로 김춘추, 곧 태종무열왕이다. 비형랑의 탄생 비화가 『삼국유사』에 수록되어 있다.

이보다 앞서 사량부 어느 민가 여인의 얼굴과 자태가 매우 아름다웠으므로 그때에 도화랑이라고 불렀다. 왕이 (소문을) 듣고 궁중에 불러들여 그녀를 사랑하려 하였다. 여인이 말하기를 "여자가 지켜야 하는 일은 두 지아비를 섬기지 않는다는 것입니다. 남편이 있는데도 다른 사람에게 시집가는 것은 만승(천자)의 위엄으로도 끝내 빼앗지 못하는 것입니다." 하였다.

왕이 말하기를 "너를 죽인다면 어떻게 할 것이냐?"라고 하자, 여인이 대답하기를 "차라리 거리에서 죽음을 당하더라도 어찌 다른 마음 가지기를 원하겠습니까?" 왕이 장난삼아 말하기를 "남편이 없으면 되겠느냐?" 하자, 말하기를 "그렇습니다." 하였다. 왕은 그녀를 놓아 보내주었다.

이 해에 왕이 폐위되고 죽었는데 2년 후에 그녀의 남편도 역시 죽었다.

십여 일이 지나 갑자기 밤중에 왕이 평상시 옛날 모습처럼 여인의 방에 들어와 말하길 "네가 옛날에 허락하였는데, 지금 너의 남편이 없으니 가능한가?"라고 하였다. 여인이 쉽게 허락하지 않고 부모에게 고하니 부모가 말하기를 "임금의 명령인데 무엇으로 피하겠느냐." 하고 딸을 방에 들어가게 하였다. 임금이 머무르길 7일 동안 하였는데 늘 오색구름이 집을 덮고 향기가 방 안에 가득하였다. 7일 후에 홀연히 종적이 사라졌다. 여인은 이로 인하여 임신하여 달이 차서 해산하려 할 때 천지가 진동하였으며, 한 사내아이를 낳으니 이름을 비형이라 하였다.

진지왕은 재위 시절에 사량부 민가의 아리따운 여인을 보고 관계를 가지려고 했다. 그러나 그 여인은 지아비가 있는 유부녀라는 이유로 왕의 요청을 거절하였다. 죽어도 그 청을 들을 수 없다는 여인을 마음에 두고 왕은 여인을 보내준다. 그 뒤에 진지왕이 폐위되고 죽었는데 2년 뒤 여인의 남편도 죽었다. 십여 일 후 죽은 왕이 나타나 여인에게 남편이 없으니 나를 허락해달라고 요청하자 부모의 허락으로 관계를 맺고 아들을 낳았다는 이야기이다.

　　진지왕이 그토록 마음에 품었던 여인의 이름은 도화랑이다. 위 이야기만 놓고 보면 진지왕이 음란했다는 폐위 기록과 맞아떨어진다고 할 수 있다. 그러나 설화는 은유된 이야기이다. 글자 그대로 받아들여서는 곤란하다. 도화랑이 살던 지역은 신라 왕경 6부 가운데 하나였던 사량부이다. 사량부는 양부와 함께 왕경 6부 가운데 가장 핵심적인 지역으로 신라 집권 세력들이 거주했다. 마치 조선시대 서촌과 북촌 같은 지역이었다고 할 수 있다. 그런데 도화랑의 신분은 자세하지 않지만 민가라고 되어 있다. 민가는 귀족이 아닌 일반 백성을 지칭한다고 할 수 있다. 진지왕의 민가 여인에 대한 구애는 백성들에 대한 구애라고 할 수 있다.

　　진지왕이 즉위한 시기는 지증왕 시절부터 국가 시스템이 정비되고 법흥왕대 율령 반포 등 일련의 정책을 통해 신라가 고구려, 백제와 대등한 관계 내지 우월한 지위에 있던 상태였다. 진지왕이 재위 4년이라는 짧은 기간 동안에도 백제의 대규모 공격을 막아내는 등의 성과가 있었다. 진지왕의 이러한 구애는 왕권과 백성들과의 관계를 더욱 밀접하게 하고자 한 것임을 상징한다.

진지왕은 정상적인 왕위 계승을 하지 못했다. 그렇기 때문에 정권을 유지하는 데 약점이 있었고, 이를 백성들과의 관계 개선을 통해 보완해보려고 했던 것은 아닐까. 이 같은 진지왕의 정책은 귀족들의 반발을 샀을 것이고, 그로 인해 결국 폐위되었다. 그러나 진지왕의 이러한 노력은 설화에 나온 것처럼 일정 시간이 흐른 뒤 결실을 맺었다. 그로 인해 탄생한 비형랑의 존재는 그 결실을 의미한다. 왕위 계승을 둘러싸고 작은아버지와 경합했던 백정(진평왕)은 그 결실을 버리기 어려웠고 비형랑을 거두어 요직에 발탁해서 활용했던 것으로 보인다. 진평왕의 비형랑 발탁은 『삼국유사』에 비형랑의 나이가 15세가 되었는데 나이에 맞지 않게 집사직을 주었다는 대목에서 그 의미를 볼 수 있다. 즉 진평왕도 그 결실의 유용함을 여실히 인지하고 있었던 셈이다.

그렇다면 『삼국유사』에서는 진지왕이 왜 황음했다고 기록하였을까. 역사 기록은 승자의 기록이다. 승자의 입장에서는 패자가 악인일수록 승자가 빛이 난다. 후백제의 견훤이나 태봉의 궁예에 대한 기록이 여지없이 폭군으로 기록되어 있는 것은 실제 그들이 그런 인성만을 가진 것이 아니라 승자 왕건의 입장에서 정통성과 정당성을 부여받기 위한 하나의 방편이기 때문이다. 진지왕 또한 마찬가지라고 생각된다.

재미있는 사실은 그 여파가 긍정적이지만은 않았다는 점이다. 비형랑을 활용하여 국정을 운영하던 진평왕이 조정을 도울 만한 인물을 묻자 길달을 소개하였고, 길달에게도 비형랑과 마찬가지로 집사직을 내렸다고 한다. 특히 자식이 없던 각간(신라의 17관등의 제1등)이었던 임종에게 양자로 들이게 할 정도로 총애를 하였다. 그런데 충직하게 일하던 길달이 어느 날 여우로 변하여 도망치자, 비형랑이 그를 잡아 죽였다. 즉 문제를 일으킨 것이다. 이는 길달이라는 인물과 각간 임종으로 대표되는 귀족세력과의 갈등 관계를 암시한다. 각간 임종은 알천공, 술종공, 호림공, 염장공, 유신공과 같이 화백회의의 멤버가 되는 대표적인 진골 귀족이었다. 그런데 그 집안에 들어간 양자가 여우로 변신해 죽임을 당했다는 것이다. 이는 진골 귀족세력과 길달 간에 전혀 부합되지 않는 무엇인가가 존재했음을 알려준다.

결실의 여파가 설화 속 귀신 무리들이라는 부정적인 측면으로 나타나자 비형랑이라는 본래의 결실을 내세워 '성스런 임금의 혼이 아들을 낳았으니 비형랑의 집이다. 날고뛰는 귀신들은 이곳에 머물지 말라'는 풍속이 생겼다. 진지왕이 백성들에게 어떤 정책을 펼쳐서 민심을 사로잡았는지는 알려져 있지 않다. 다만 그 정책이 일반 백성들에게는 매우 유리한 정책이었고, 진지왕의 반대 세력에게는 매우 불리한 정책이었을 것이라는 짐작만 가능하다. 진지왕이 폐위된 것은 시대를 앞서간 백성 우선 정책이 아니었을까 싶다.

신라 경덕왕과 만월부인

신라 35대 왕 경덕왕의 두 번째 부인인 만월부인은 각간 김의충의 딸이다. 경수왕후라고도 한다. 36대 혜공왕의 어머니가 된다. 만월부인은 경덕왕의 첫 번째 부인인 사량부인(삼모부인)이 아들을 낳지 못해 궁에서 쫓겨난 뒤에 두 번째 부인이 되었다. 첫 번째 부인인 삼모부인은 이찬 순정의 딸이다. 그런데 만월부인도 처음에는 아들을 낳지 못하였다. 그렇게 되니 경덕왕은 불국사의 승려 표훈을 불러 하늘의 천제에게 아들을 낳을 수 있도록 간청하기를 부탁했다. 표훈이 천제를 만나 요청을 하니 천제는 하늘이 정한 바는 딸이라는 답변을 하게 되고, 이를 전해 들은 경덕왕은 다시 요청을 해서 결국 아들을 낳게 되었다. 그런데 아들을 낳게 되면 나라가 어지러워진다는 경고를 했음에도 강행을 한 결과, 혜공왕은 왕위에 오른 후에도 국정을 잘 보살피지 못하였고 결국 시해를 당한다. 이로부터 신라 하대 왕위 계승 쟁탈전이 벌어지는 극심한 혼란으로 빠져 들게 되었다.

천제에게 무리한 부탁을 한 신라 제35대 왕인 경덕왕은 신라 중대의 전성기를 이끈 임금이다. 제34대 효성왕의 동생으로, 원래라면 왕위 계승 가능성이 적었으나 효성왕이 아들이 없었기 때문에 태제로 책봉되고 왕위에 올랐다. 경덕왕의 왕비는 두 명이 확인된다. 앞선 왕비는 사량부인이고, 후비로 들어온 왕비는 만월부인이다. 왕위에 오른 경덕왕은 자신의 뒤를 이을 아들의 출생을 염원한다. 그러나 지증왕의 예에서 보듯 경덕왕 또한 음경이 길어서 아들을 두지 못하였다. 『삼국유사』 기록을 보자.

왕은 음경의 길이가 여덟 치나 되었다. 아들이 없으므로 왕비를 폐하여 사량부인으로 봉하였다. 후비 만월부인의 시호는 경수태후이며 의충 각간의 딸이었다. 왕이 하루는 표훈 대덕을 불러 말하기를, "짐이 복이 없어 아들을 두지 못했으니, 원컨대 대덕께서 상제께 청하여 아들을 갖게 해주시오." 하였다. 표훈이 천제에게 올라가 고하고 돌아와서 아뢰기를, "상제께서 말씀하시기를, 딸을 구한다면 가능하나 아들은 합당하지 못하다고 하셨습니다."라고 하였다. 왕이 말하길, "원컨대 딸을 바꿔 아들로 해주시오."라고 하였다. 표훈이 다시 하늘에 올라가 청하니, 상제가 말하기를, "될 수는 있지만, 아들이 되면 나라가 위태로울 것이다."라고 하였다.

표훈이 내려오려 할 때 상제가 다시 불러 말하기를, "하늘과 사람 사이를 어지럽게 할 수는 없는데, 지금 스님은 마치 이웃 마을처럼 왕래하면서 천기를 누설했으니, 이후로는 다시 다니지 말라." 하였다. 표훈이 돌아와 천제의 말로써 왕을 깨우쳤으나, 왕은 말하기를, "나라가 비록 위태로울지라도 아들을 얻어서 뒤를 잇는다면 족하겠소."라고 하였다. 이때 만월왕후가 태자를 낳으니 왕이 매우 기뻐하였다.

태자가 8세 때에 왕이 돌아가 왕위에 오르니, 이가 혜공대왕이다. 나이가 어렸으므로 태후가 조정에 나섰으나 정사가 다스려지지 못하고, 도적이 벌떼처럼 일어나 미처 막을 수가 없었으니, 표훈 스님의 말이 맞았다. 어린 왕은 이미 여자로서 남자가 되었으므로 돌날부터 왕위에 오를 때까지 언제나 여자들이 하는 장난을 하고, 비단주머니 차기를 좋아하며, 도사들과 어울려 희롱하였다. 그러므로 나라에 큰 난리가 있어 마침내 왕은 선덕왕과 김양상에게 살해되었다. 표훈 이후로는 신라에 성인이 나지 않았다고 한다.

경덕왕은 음경의 길이가 남다르게 길었다. 아들이 없었기 때문에 왕비를 폐비하고 사량부인으로 불렀다. 그 뒤를 이어서 만월부인이 왕비가 되었다. 만월부인의 임무는 아들을 생산하는 것이었다. 후비를 들였음에도 불구하고 아들이 생기지 않자, 경덕왕은 당대의 고승이었던 표훈을 불러서 상제에게 아들을 점지해달라는 청을 하게 된다. 표훈이 천제에게 보고하였으나 하늘의 섭리상 딸은 가능하지만 아들은 불가능하다는 답을 듣게 되었다. 그러나 경덕왕도 꽤나 고집이 셌던 모양이다. 아들이 아니면 안 된다고 표훈을 졸라 다시 천제에게 청을 넣었다. 그러자 천제의 대답은, 만약 딸을 아들로 바꾼다면 나라가 위태로워질 것이라는 조언을 곁들였다. 아울러 표훈에게도 인간 세상과 하늘을 오가면 천기를 누설하는 일을 하지 말라는 경고도 하게 된다. 경덕왕의 고집 덕분에 만월부인은 마침내 아들을 생산하였다. 그가 바로 혜공왕이다.

혜공왕은 신라 중대를 마감하고 신라 하대가 시작되는 시기의 왕이다. 신라 중대가 전성기라면 신라 하대는 쇠퇴기라고 할 수 있는데, 그 시대를 연 왕이 바로 혜공왕이다. 기록에도 나오듯이 "정사가 다스려지지 못하고 도적이 벌떼처럼 일어"났다는 표현처럼 신라는 혼란 속으로 빠져들게 된다.

경덕왕은 재위기간 동안 많은 업적을 남겼다. 특히 당나라와의 외교관계가 정상화된 이후 제도나 지명, 관직 등을 당나라식으로 개편하는 한화정책이 전개되었다. 지명들 가운데는 지금까지 사용되는 것들도 많다. 그러나 사실 경덕왕대 이미 신라의 혼란은 예견되어 있었다. 특히 문무왕, 신문왕을 거치면서 강력한 전제 정치를 지향하는 일련의 정책들이 진골 귀족들의 반발로 인해 경덕왕대 많이 회귀되었다. 관료전 대신 녹읍(관료나 귀족에게 직무의 대가로 일정 지역의 수조권을 주는 것)을 부활시킨 정책이 그러한 예 가운데 하나이다. 즉 경덕왕대는 진골 귀족과의 타협 속에 왕권이 유지되었다고 할 수 있다.

경덕왕은 이 같은 상황이 그리 달갑지 않았을 것이다. 신라 중대 전성기처럼 왕위 부자 상속을 통한 강력한 왕권이 부활되기를 바랐을 것이다. 그러한 욕심이 설화 속에 음경의 길이로 나타났을 것이다. 경덕왕은 앞의 왕이 아들이 없어 왕이 될 수 있었다. 그러나 정작 본인은 후임을 그렇게 물려주기 싫었을 것이다. 재위기간 중에 발생한 진골 귀족과의 타협 정책은 어느 정도 왕권을 보장해주었으나 보다 강력한 왕권을 수립하고 싶었을 것이고, 그것이 결국 아들에게 왕위를 물려주고자 하는 생각으로 귀결되었을 것이다.

그런데 첫째 왕비였던 사량부인은 왜 내쳐졌을까? 아들을 생산하지 못한 것이 표면적인 이유다. 실제 그랬을 가능성도 높다. 그런데 한 가지 재미있는 사실은 첫째 왕비인 사량부인이나 둘째 왕비인 만월부인 모두 같은 가문이었다는 사실이다. 사량부인은 김순정의 딸이다. 김순정이라는 이름은 수로부인 설화에서 보인다. 즉 김순정과 수로부인 사이에서 사량부인이 태어난 것이다. 만월부인은 김의충의 딸이다. 김의충은 김순정의 아들이다. 즉 김순정과 수로부인 사이에서 사량부인과 김의충이 태어난 것이고, 그 김의충의 딸이 경덕왕의 후비로 들어갔다. 아마도 만월부인이 훨씬 젊었을 것이고 아들을 생산할 가능성이 높아서 간택되었을 것이다.

여기서 수로부인 이야기를 하지 않을 수 없다. 『삼국유사』에 별도의 기사가 있을 정도로 수로부인의 미모는 빼어났다고 한다. 성덕왕대 명주 태수로 부임하는 남편 김순정을 따라갔다가 벼랑 위의 꽃을 보고 꺾어줄 사람을 찾자 모두가 사양했으나 한 노인이 그 꽃을 따다가 바치고 헌화가(꽃을 바치는 노래)를 지어서 바쳤다고 한다. 다시 길을 떠나가다 바다의 용이 부인을 납치해가자 다른 노인이 알려준 방법을 쓰자 용이 부인을 되돌려주었다고 한다. 이에 여러 사람들이 해가(바다의 노래)를 지어서 불렀다고 한다. 그녀는 용모와 자색이 세상에서 뛰어나 깊은 산이나 큰 못을 지날 때마다 여러 번 신물에게 붙들려갈 정도였다.

이들 사이에서 태어난 딸은 그 미모가 만만치 않았을 것이다. 사량부인이나 만월부인 등 모두 김순정의 가계에서 왕비를 간택한 경덕왕도 그런 이유가 아니었을까? 아무튼 한 왕의 왕비 두 명이 모두 한 집안에서 간택되었다는 것도 흥미로운 대목이다. 물론 김순정 세력도 진골 귀족으로서 경덕왕의 정치적 입지에 도움을 주는 지위에 있었기 가능한 일이었을 것이다. 그럼에도 불구하고 아들의 생산은 어려웠다. 어려움을 이겨내고 얻은 아들은 국정 수행 능력이 부족했다. 그 결과 신라 하대의 혼란상은 피할 수 없는 일이 되고 말았다.

모사로
주군을 도운 인물들

4

전통시대 역사 기록은 대부분 역사상 주인공들의 이야기들이다. 일종의 영웅들을 중심으로 이야기가 펼쳐져 있다. 그러나 주인공들이 역사의 주연이 되기 위해서는 반드시 조연들이 필요하다. 조연들은 그 존재감이 주연들에 비해 많이 떨어지지만, 뛰어난 조연들 없이는 주연들의 연기가 살아나지 않는다. 그만큼 조연들은 절대적이고 필수적인 존재들이다. 『삼국유사』에도 마찬가지다. 『삼국유사』에 여러 왕들의 결단과 정치적 결정에는 그러한 결정에 도움을 준 조연들이 존재했다.

신라 소지왕대 일관

일관은 고대국가에서 왕의 주변에서 하늘의 변이를 바탕으로 길흉을 점치던 관원이다. 원시종교와 무속신앙이 유행했던 고대에는 자연의 재해와 하늘의 변이는 하늘이 인간에게 내리는 일종의 신호였다. 일관들은 바로 그 신호를 해독함으로써 하늘과 인간의 연결고리 역할을 했다고 믿어졌다. 고대 중국에서도 거북이 등껍질로 점을 치던 점성술이 유행했는데, 한국 고대 사회에서도 이러한 관습이 널리 퍼져 있었다. 이를 담당하는 일관은 고대국가에서는 매우 중요한 관직이었다. 그러나 고려 이후에는 기술직으로 천대를 받았다. 고구려에서는 일자라고 불렀고, 백제와 신라에서는 일관이라고 했다. 백제는 일관부라는 관청까지 둘 정도로 관심이 많았다.

제21대 소지마립간대 신라는 새로운 사상체계와 기존 토착사상체계가 서로 갈등을 빚는 시기였다. 새로운 사상 체계라 함은 불교를 뜻한다. 신라의 불교 공인이 법흥왕대 이차돈의 순교로 이루어졌음을 익히 알려져 있는 사실이다. 그러나 신라에 불교가 전래된 것은 훨씬 이전의 일이다. 국가 차원에서 공인을 받지 못했던 것이다. 『삼국유사』나 『삼국사기』에 기록된 아도화상의 이야기나 묵호자의 이야기를 보면 이미 눌지왕대에 불교가 전래된 것으로 파악된다. 그런데 어느 사회나 마찬가지지만, 새로운 사상이 들어오면 기존의 사상과 갈등을 빚게 마련이다. 특히 신라의 불교는 고구려로부터 왔을 것이다. 이미 내물왕(또는 나물왕)대부터 고구려의 간섭을 받아온 신라였고, 신라에 불교를 전래했다고 알려진 묵호자 또한 고구려로부터 들어왔다는 기록이 있다.

따라서 불교는 고구려의 간섭과 동일시되었을 것이다. 이는 신라의 토착 사상을 지닌 세력과 필연적으로 갈등을 빚게 되었을 것이고,

이들은 한쪽에서는 사상 체계의 확산을 도모하는 반면, 다른 한쪽에서는 이를 방어하기 위해 노력했을 것이다. 『삼국유사』의 '거문고 갑을 쏘다.'라는 기사는 이러한 정황을 드러내준다.

제21대 비처왕(소지왕이라고도 한다.) 즉위 10년 무진에 천천정에 거등하였다. 이때 까마귀와 쥐가 와서 우는데, 쥐가 사람 말로 이르기를 "이 까마귀가 가는 곳을 찾아가보시오." 했다.(어떤 이가 말하기를 신덕왕이 흥륜사에 행향하고자 하였는데 쥐떼들이 꼬리를 문 것을 보고 그것을 괴이하게 여겨 돌아와 그것을 점치게 하니 '내일 먼저 우는 까마귀를 찾아가라.' 운운하였다. 이 이야기는 잘못된 것이다.)

왕이 기병에게 명하여 그것을 쫓게 하였다. 남쪽으로 피촌(지금의 양피사촌으로 남산의 동쪽 기슭에 있다.)에 이르렀는데, 두 마리 돼지가 서로 싸우고 있어 머물러 계속 그것을 보느라 갑자기 까마귀가 있는 곳을 잊어버렸다. 길 주변을 배회하는데 이때 한 늙은이가 연못 속에서 나와 글을 바쳤다. 겉봉의 제목에 이르기를 "열어보면 두 사람이 죽고, 열지 않으면 한 사람이 죽는다."라고 하였다.

기사가 돌아와 그것을 바치니, 왕이 말하기를 "그 두 사람이 죽도록 하는 것은 열어보지 않고 단지 한 사람만 죽는 것만 못하다." 하였다. 일관이 아뢰기를 "두 사람은 서민이고, 한 사람은 왕입니다."라고 하였다. 왕이 그것을 그럴듯하다고 여겨 열어보니 편지 가운데 "거문고 갑을 쏘라."고 적혀 있었다. 왕이 궁에 들어가서 거문고 갑을 보고 그것을 쏘았다. 곧 내전에서 분향 수도하던 승려와 궁주가 몰래 간통을 하고 있었다. 두 사람은 사형을 당했다.

이 기록에서 왕을 죽이고자 했던 것은 단지 왕권에 대한 반란을 도모한 것이 아니었다. 왕권에 도전한 세력이 분수승과 궁주였다는 점에 주목할 필요가 있다. 분수승은 향을 피우면서 기도하는 승려이다. 그리고 궁주는 궁을 소유할 정도로 높은 지위의 왕족이다. 이들 두 세력이 연합하여 소지왕을 해치려고 했던 것이다. 한편으로 이들이 숨어 있던 곳이 거문고 함이라는 것도 중요한 점을 시사한다. 당시 현악기는 거문고와 가야금인데, 그중 거문고는 고구려를 상징하는 악기이다. 즉 이들은 불교를 신봉하면서 고구려의 지원을 받고 왕권에 도전하고자 했던 세력인 것이다.

왜 그러한 일이 벌어진 것일까. 소지왕대는 고구려 장수왕의 남진 정책이 한창 진행 중이던 시기이다. 이 남진 정책에 대항하여 백제와 신라가 나제동맹을 맺고 결사적으로 고구려와 대항을 하던 시기였다. 실제 장수왕은 백제를 침공하여 개로왕을 죽인 뒤에 그 창끝을 신라로 돌려 신라의 왕경 인근까지 공격하려 했다. 백제와 혼인동맹까지 맺었던 신라는 원군을 백제에 요청했고, 가야까지 동원하여 고구려군을 막아내었다.

이러한 대외관계 속에서 국내적으로도 당연히 고구려 세력과의 한판 승부를 벌여야 하는 상황이었을 것이다. 여전히 궁궐 내전에서 분향 수도하던 승려가 있을 정도로 고구려 세력은 신라 내에서 자리 잡고 있었다. 소지왕의 고구려 대항 정책은 이들에게 커다란 불만이었을 것이고, 그런 연유로 위와 같은 이야기에 나오는 사태가 벌어졌을 것이다.

그런데 위에서 중요한 조언을 한 인물이 바로 일관이다. 일관은 고대 사회에서 왕의 측근으로 역법, 간지 등을 관장하며 일월성신, 즉 천체의 운수를 알려주는 관리이다. 일관은 국가의 정책 결정에 깊게 관여했다. 위 이야기에서 일관의 이름은 나오지 않지만, 이야기를 전해 들은 왕이 '한 사람이 죽는 것이 낫다'는 결론을 내리자 왕에게 조언을 한다. 그 한 사람이 바로 왕 자신이라고. 결국 편지를 뜯어보고 거문고 갑을 쏘라고 지시를 했던 것이다. 이처럼 중요한 결정을 내리는 데 일관은 결정적인 역할을 해서 왕을 살리고 그의 정책을 지원했던 것이다.

가락국 좌지왕대 박원도

———

박원도는 가야국 좌지왕 때의 신하이다. 좌지왕이 용녀를 총애하여 그녀의 인척을 씀으로써 내정이 혼란스러워지고, 또 신라가 가야를 칠 계획을 꾸몄을 때 간언을 하여 왕이 올바른 정치를 할 수 있도록 한 인물이다. 박원도가 어느 정도의 지위에 있었는지 알 수 없지만, 국왕의 실정에 대해 간언을 할 정도의 위치에 있으면 적어도 하급 관리는 아니었을 것이다. 즉 고위 관리라고 할 수 있을 터인데 간언이 받아들여지지 않으면 자신의 모든 기득권을 내려놓아야 하는 상황에 처했을 것이다. 그럼에도 불구하고 충고를 했다는 것은 그만큼 나라의 상황이 절박하지 않았을까.

　　박원도의 간언에 논리적 근거가 되었던 것은 점쟁이의 해괘이다. 해괘란 『주역』에 나오는 64괘 가운데 하나로, 진괘와 감괘가 거듭된 것이라 한다. 그 구체적인 내용은 우레 아래에 물이 있는 형상이라고 하는데, 여기서 우레는 강한 운동성을 상징하고 물은 험난함을 상징한다. 해괘는 강한 운동력으로 험난함으로부터 벗어나는 것을 의미하는 것이다. 박원도가 점쟁이의 해괘를 언급한 것은 그만큼 가야가 어려운 환경에 처해 있다는 것을 의미하며, 이를 극복하기 위해서는 특단의 대책이 필요하다는 것을 알려준다.

좌지왕은 가락국의 제6대왕이다. 여기서 가락국은 금관가야를 의미한다. 가락국은 김수로가 건국하고, 허황옥의 세력과 결합하여 발전하였다. 즉 커다란 두 개의 정치 세력이 가락국을 지탱하는 버팀목이었던 것이다. 그런데 좌지왕이 즉위할 무렵은 가락국의 정세가 불안정한 시기였다. 특히 제5대 이시품왕대에는 가야 연맹 내에서의 입지가 크게 흔들렸다. 이러한 상황에서 좌지왕이 즉위하였던 것이다. 그런데 좌지왕도 불안정한 정국을 안정시키기에는 역부족이었던 듯하다. 『삼국유사』에는 해당 기록이 다음과 같이 나와 있다.

의희 3년에 즉위하였다. 용녀에게 장가를 들어 여자의 무리를 관리로 삼으니 나라 안이 소란스러웠다. 계림국이 꾀를 써서 치려하니, 박원도라는 한 신하가 간하여 말하기를 "남겨진 풀을 보고 또 보아도 역시 털이 나는데 하물며 곧 사람에 있어서이겠습니까. 하늘이 망하고 땅이 꺼지면 사람이 어느 곳에서 보전하겠습니까? 또 점쟁이가 점을 쳐서 해괘를 얻었는데, 그 말에 이르기를 '소인을 없애면 군자가 와서 도울 것이다.'라고 했으니 왕께선 역의 괘를 살피시옵소서." 하니 왕은 사과하여

"옳다."고 하고 용녀를 내쳐서 하산도에 귀양 보내고, 그 정치를 고쳐 행하여 길이 백성을 편안하게 하였다.

　　좌지왕이 즉위한 후에 용녀와 혼인했다고 되어 있다. 앞서 이야기한 바와 같이 가락국의 양대 정치 세력은 수로 계열인 왕족 집단과 허황옥 집단이었다. 이 두 집단은 혼인 관계를 통해 정치적인 결합을 하였다. 그런데 좌지왕대에 용녀로 대표되는 새로운 정치 세력이 등장을 하게 된 것이다. 용녀 집단이 가락국의 왕권을 안정시켰다면 별다른 문제가 없었을 터인데, 용녀 집단을 관리로 대폭 등용하면서부터 기존 정치세력들의 반발하였던 것으로 보인다. 나라 안이 소란스러워졌다는 표현이 바로 그것이다. 상황이 이렇게 되고 보니 신라에서 가락국을 본격적으로 노리기 시작했다.

　　그러나 가락국에도 정세를 잘 파악하고 왕에게 간언을 하는 충직한 신하가 있었다. 바로 박원도였다. 박원도는 신라 눌지마립간이 가락국을 노리고 있다는 정황을 포착하고 그 대비책으로 왕에게 간언을 하였다. 점쟁이의 말을 인용하여 "소인을 없애면 군자가 와서 도울 것이다."라고 하며 좌지왕이 정치를 제대로 할 것을 주문하였다. 여기에서 소인은 용녀 집단을 지칭하는 것이고, 군자는 허황옥 집단을 의미하는 것이다. 즉 원래의 안정적인 정치 질서를 되찾아야 한다고 간언하였던 것이다. 좌지왕은 이 같은 박원도의 간언을 받아들였다. 용녀를 귀양을 보내는 등 그녀를 둘러싼 세력을 내쳤던 것이다. 이 시기는 가야 연맹의 주도권이 금관국에서 반파국(경북 고령)으로 넘어가던 시기였다. 절체

절멸의 시기에 박원도 같은 인물이 있었다는 것은 가락국의 입장에서 매우 다행스러운 일이었다고 할 것이다.

신라 경문왕 김응렴과 범교사

범교사의 정확한 이름이 범교인지 범교사인지는 정확하게 알 수 없다. 범교사 전체를 이름으로 볼 수도 있고, 범교를 이름으로 사를 승려를 높여 부르는 말로 이해할 수도 있기 때문이다. 아무튼 범교사라는 인물은 『삼국사기』에는 흥륜사의 중이라고 나와 있고, 『삼국유사』에는 범교사라고 나온다. 범교사는 『삼국유사』에 화랑 응렴의 낭도(화랑을 따르고 보좌하는 사람)로 나온다. 즉 승려 낭도였던 것이다. 범교사는 경문왕의 즉위와 관련해서 조언을 한 인물로 나온다. 그 조언이 그대로 적중하여 경문왕은 즉위할 수 있었다.

신라 제48대 경문왕은 이름이 응렴이다. 왕위에 오르기 전에는 화랑의 국선(화랑의 총지휘자)으로 활동했다. 당시 왕이었던 헌안왕은 아들이 없이 딸만 둘이 있었는데, 다음 왕위를 어떻게 해야 할지 많은 고민이 있었던 것 같다. 진평왕대처럼 딸에게 왕위를 넘겨 여왕으로 즉위를 시키자는 논의도 있었지만, 선례를 자주 남기면 바람직하지 못하다는 결론에 이르렀다. 당시는 신라 하대 왕위 계승 전쟁이 빈발했던 시기이다. 헌안왕은 이 같은 상황 속에서 사위가 될 사람에게 왕위를 넘겨주기로 하였다. 그래서 당시 국선이었던 응렴의 자질을 떠본다.

왕의 이름은 응렴이고 나이 18세에 국선이 되었다. 나이 20세가 되자 헌안대왕이 낭을 불러 대궐 안에서 잔치를 베풀면서 묻기를, "낭은 국선이 되어 열심히 사방을 돌아다니다가 어떤 이상한 일을 보았는가" 하니, 낭이 대답하기를, "신은 아름다운 행실을 지닌 사람 셋을 보았습니다."고 하였다. 왕이 말하기를 "그 이야기를 듣기를 청하네." 하니, 낭이 말하기를 "사람됨이 남의 윗자리에 있을 만하면서 겸손하여 남의 밑에 자리 잡은 것이 그 첫째이고, 큰 부자이면서도 옷은 검소하고 편하게 입는 것이 그 둘째이며, 사람이 본래 귀하고 세력이 있으면서도 그 위세를 보이지 않는 것이 셋째입니다." 하였다.

헌안왕의 시험에 든 응렴은 나름대로 답변을 잘 했다. 면접시험을 잘 치른 것이다. 특히 아름다운 행실을 지닌 세 가지 유형의 사람을 언급하여 헌안왕을 흡족하게 만들었다. 헌안왕은 응렴의 대답을 통해 그가 현명하다는 사실을 깨달았다. 그 말을 듣고 자신의 딸들 가운데 한 명을 시집보내겠다는 의사를 표시하게 된다.

왕이 그 말을 듣고서 그의 현명함을 알고 눈물이 흐르는 줄도 모르고서 일러 말하기를, "짐에겐 두 딸이 있는데 수건과 빗을 받들게 하기를 청하네." 하였다. 낭이 자리를 피하며 절을 하고는 머리를 조아리고 물러갔다. 부모님께 아뢰니 부모님이 놀라고 기뻐하며 그 자제들을 모아 의논하여 말하기를, "왕의 맏공주는 얼굴이 매우 초라하고 둘째 공주는 매우 아름다우니 그에게 장가가는 것이 좋겠다."고 하였다.

낭의 무리 가운데 우두머리인 범교사라는 자가 이를 듣고 집에 와서 낭에게 물어 말하기를, "대왕께서 공주를 공의 아내로 삼고자 한다는데 사실입니까?" 하니 낭이 말하기를 "그렇습니다." 하였다. 말하기를, "누구에게 장가가실 겁니까?" 하니, 낭이 말하기를, "부모님께서 나에게 명하시기를 동생이 좋겠다고 하셨습니다." 하였다. 범교사가 말하기를, "낭께서 만약 동생에게 장가간다면 나는 낭의 면전에서 반드시 죽을 것이며, 그 언니에게 장가든다면 반드시 세 가지 좋은 일이 있을 것이니 살피시기 바랍니다." 하였다. 낭이 말하기를 "시키는 대로 하겠습니다." 하였다.

이윽고 왕이 날을 택하여 낭에게 사람을 보내 말하기를, "두 딸 중 공의 의사대로 결정하라."고 하였다. 사신이 돌아와서 낭의 의사대로 아뢰어 말하기를, "맏공주를 받들겠다고 합니다."라고 하였다.

그 후 3개월이 지나자 왕이 병이 위독하여 여러 신하들을 불러서 말하기를, "짐은 남자 자손이 없으니 죽은 후의 일(宜家之事)은 마땅히 장녀의 남편인 응렴이 계승해야 할 것이다."라고 하였다. 다음 날 왕이 죽으니 낭이 유조를 받들어 즉위하였다. 이에 범교사가 왕에게 나아가 아뢰기를, "제가 아뢰었던 세 가지 좋은 일이 지금 모두 드러났습니다. 맏공주에게 장가가서 지금 왕위에 오른 것이 그 첫째이고, 예전에 흠모하던 동생에게 이제 쉽게 장가를 들 수 있음이 그 둘째이며, 맏공주에게 장가를 들었기 때문에 왕과 부인께서 매우 기뻐하는 것이 셋째입니다." 하였다. 왕은 그 말을 고맙게 여겨 대덕(덕망이 높은 고승) 벼슬을 주고 금 1백 30냥을 내려주었다.

그런데 또 하나의 난제가 남아 있었다. 헌안왕의 딸 가운데 누구를 아내로 삼을 것인가 하는 것이다. 이때 응렴의 부모는 아름다운 둘째에 관심을 보인다. 그러나 응렴의 낭도 가운데 범교사라는 인물이 응렴을 찾아와 둘째 딸에게 장가를 간다면 내가 이 자리에서 죽을 것이다, 그러나 못생긴 첫째 딸에게 장가들면 좋은 일 세 가지가 생길 것이라고 조언한다. 낭도의 입장에서 자기가 따르는 화랑이 잘 되기를 바라는 마음에서 비롯된 것이겠지만, 자신이 그 자리에서 죽어버리겠다고 협박할 정도로 둘째 딸에게 장가가면 응렴의 앞날에 문제가 많이 생길 수 있다는 것을 예측하였던 것이다.

헌안왕에게 아들이 없었기 때문에 향후 왕위 계승을 놓고 분란이 벌어질 가능성이 높다고 예측했을 것이고, 그 경우 첫째 딸과 혼인하는 것이 왕위에 오를 가능성이 가장 높다고 판단했기 때문일 것이다. 강경한 범교사의 조언에 따라 응렴은 헌안왕의 첫째 딸과 혼인을 했다. 얼마 후 헌안왕은 맏사위 응렴에게 왕위를 물려주라는 유언으로 남기고 숨을 거둔다. 그렇게 해서 응렴은 신라의 48대 왕으로 즉위하였다.

정치적인 판단은 세속적인 판단과 다르다. 세속적인 기준인 미모를 판단해서 혼인을 했다면 둘째 사위가 되어 왕위는 누군지는 모르지만 맏사위에게 돌아갔을 것이다. 범교사는 정치적인 판단을 하고 응렴이 맏사위가 되도록 조언을 했던 것이다. 범교사의 말을 듣지 않았다면 응렴은 경문왕이 될 수 없었을 것이다.

경문왕이 단순히 사위로서 왕위에 오른 것은 아니다. 응렴은 43대 희강왕의 손자였다. 희강왕은 왕위 계승전에서 폐위가 된 왕이다. 응렴의 정치적 입지가 그다지 높지 않았다고 생각해볼 수 있다. 그런데 응렴의 아버지인 계명은 민애왕의 반란 때 김우징이 의탁했던 청해진에 합류했고, 뒤에 김우징의 왕위 계승을 도왔다. 이러한 배경으로 신무왕의 딸과 혼인을 할 수 있었다. 이후 문성왕대에는 다시 계명이 헌안왕의 즉위를 도왔다. 이러한 이유로 헌안왕은 처음부터 응렴에 대해서 왕위 계승자로 예의 주시했다고 할 수 있다.

해몽과 해결책을 제시한 인물들

5

앞에서 모시는 주군이 바른 판단을 할 수 있도록 조언을 해준 인물들에 대해서 살펴보았다. 『삼국유사』에는 이와 비슷하지만 어떠한 현상에 대해서 무엇을 의미하는지 풀이를 해주는 사람들이 있다. 일관이 대표적이지만, 무당도 그러한 역할을 하기도 하고, 그 밖에도 많은 사람들이 그런 역할을 담당했다. 즉 풀이와 해결책을 제시한 인물들이다.

　어떠한 현상에 맞닥뜨렸을 때 대부분의 사람들은 그것이 무엇을 의미하는지에 대한 궁금증뿐 아니라 일종의 두려움 같은 것을 느끼기도 한다. 그때 자신은 알지 못하는 현상을 명쾌하게 해석해주는 사람이 필요하다.

신라 아달라왕대 일관

신라 제8대 아달라왕은 혁거세 이후 배출되어 오던 박씨의 마지막 왕이었다. 비록 700여 년 후에 신덕왕이 박씨 왕으로 다시 즉위를 하지만, 신라 상대에서는 마지막 박씨 왕이었다. 아달라왕의 치세에 신라는 경주 일원을 벗어나 경상북도 일원을 장악하는 영역 확장을 이루었다. 그 필연적인 결과로 주변 국가들과 부딪히게 되었다. 특히 아달라왕 때에는 백제와의 갈등이 주류를 이루었다.

신라와 백제는 당시에 호각세를 이루며 각축전을 벌였다. 백제와 전쟁이 벌어지면 자연히 배후에도 신경이 쓰이기 마련이다. 신라가 백제와 전쟁을 치를 때 왜가 신라를 공격해오면 당연히 신라는 양쪽에서 공격을 당하게 되는 형국이라 어려운 상황에 빠지게 된다. 따라서 왜와는 특별한 외교관계를 수립해야 할 필요성이 있는 것이다. 『삼국유사』에는 이 시기 신라와 왜와의 관계를 일러주는 기사가 나온다. 연오랑세오녀로 알려진 설화가 바로 그것이다.

제8대 아달라왕 즉위 4년 정유에 동햇가에 연오랑과 세오녀 부부가 살았다.

하루는 연오랑이 바다에 가서 해조를 따는데 한 바위(혹은 한 물고기라고도 한다.)가 태우고는 일본으로 가버렸다. 나라(일본) 사람들이 그를 보고 말하길, "이 사람은 평범한 사람이 아니다."라 하고 곧 세워서 왕으로 삼았다.(『일본제기』를 살펴보니, 전후로 신라인이 왕이 된 사람은 없었다. 이는 곧 주변 읍의 작은 왕이고 진짜 왕은 아닐 것이다.)

세오녀가 남편이 돌아오지 않는 것을 괴이하게 여겨 그를 찾다가 남편이 벗어놓은 신발을 보았는데, 또한 그 바위에 오르니 바위가 역시 신고는 전과 같이 가버렸다. 그 나라 사람들이 놀라워하며 왕에게 아뢰니,

부부가 서로 만나게 되었고, 세워서 귀비로 삼았다.

이때에 신라에 해와 달이 빛이 없어졌다.

일관이 아뢰기를, "해와 달의 정기가 내려와 우리나라에 있다가 지금 일본으로 가버려 그 때문에 이 괴이함에 이른 것입니다."라고 하니 왕이 사신을 보내 두 사람을 오게 하였다.(찾았다.)

연오랑이 말하길, "내가 이 나라에 이른 것은 하늘이 시켜서 그러한 것이다. 어찌 돌아가겠는가. 비록 그러하나 짐의 아내가 짜놓은 고운 명주가 있으니 이를 갖고 하늘에 제사를 지내면 될 것이다."라고 하였다. 그리고 그 명주를 하사하였다. 사신이 돌아와 보고하였다. 그 말에 따라 제사를 지내니 그 뒤로 해와 달이 전과 같아졌다.

그 명주를 왕의 창고에 보관하고 국보로 삼았으며 그 창고를 이름 지어 귀비고라 하였다. 하늘에 제사를 지낸 곳은 영일현 또는 도기야라고 이름 지었다.

이 설화는 너무나도 유명하다. 경북 포항에는 연오랑세오녀 테마공원이 생겨날 정도이다. 또한 축제도 진행된다. 연오랑과 세오녀는 경북 영일 지역에서 살던 부부였다. 해조류를 채취하던 연오랑이 바위에 실려 왜로 가게 되었고, 남편을 찾던 세오녀마저 왜로 가게 된다. 본인들의 의지와 관계없이 바위를 타고 간 것으로 나온다. 바위를 타고 간 연오랑은 왜인들에 의해 신성한 사람으로 취급받아 왕으로 추대되었고, 뒤따라간 세오녀도 왕비가 되었다. 일연 스님도 적었듯이 왜 전체를 다스리는 왕은 아니었을 것이고 아마도 도착한 지역의 수장 정도였을 것이다.

연오랑 세오녀가 왜로 건너가자 신라에는 해와 달의 빛이 없어졌다고 한다. 있을 수 없는 일이므로 아마도 일식이나 월식 현상이 있었던 것이 아닐까 짐작이 되지만, 이러한 신기한 자연 현상은 신의 뜻이라고 해석되기 십상이다. 이때 천체 관측과 해석을 관장하는 일관이 해석하기를, 해와 달의 정기가 일본으로 갔기 때문에 괴이함이 생겼다고 해석해준다. 아달라왕은 일관의 이야기를 듣고 왜에 사신을 보내 연오랑과 세오녀를 불렀으나 오지 않고 대신 세오녀의 명주를 보내 제사를 지내게 한다. 그 뒤로 해와 달이 전과 같아졌다는 것이다.

왜는 혁거세 시대부터 신라를 침공하였다. 혁거세 때 왜가 변경을 침공하려다가 시조가 덕이 있는 인물이라는 말을 듣고 퇴각하였다. 탈해이사금 때는 침입하여 방어군을 내보냈으나 이기지 못하고 방어군 지휘관이었던 각간 우오가 전사하였다. 지마이사금 때는 동쪽 변경을 침입해 들어왔다. 이처럼 신라는 왜에 지속적으로 침공을 당했다. 그런데 이러한 외교관계가 아달라왕 때에 변한다. 위에서 언급한 것처럼 아달라왕 때에는 백제와의 대립관계가 중요한 이슈로 등장했다. 따라서 왜와의 관계 변화가 이루어지지 않으면 안 되는 시기였다.

연오랑 세오녀 설화는 아마도 아달라왕 시대에 왜와의 외교관계를 수립하는 과정을 표현한 것이라고 생각된다. 아달라이사금 5년에 왜인이 사신을 보내와 예방하였다는 기록이 보인다. 이전에는 갈등관계에 있던 양국이 일시적이나마 친선관계를 맺는 모습을 보여주는 대목이다. 연오랑 세오녀는 신라와 왜와의 가교 역할을 한 것이고, 가서 수장이 된 것으로 보아서는 문화적 우위를 갖고 왜인들을 교화하는 임무를 담당하지 않았나 싶다. 그리고 해와 달이 빛을 잃었다는 것은 일시적으로 왜와의 관계에서 문제가 생긴 것이 아니었을까. 그리고 세오녀의 명주를 갖고 하늘에 제사를 지낸 후에 정상화되었다는 것은 외교관계에서 공물이 오고 감을 표현한 것으로 보인다.

백제 의자왕대 무당

———

백제의 마지막 왕인 의자왕은 즉위 초년에는 해동증자로 불릴 정도로 칭송받는 임금이었다. 그러다가 즉위 15년부터 변하기 시작했다. 아마도 왕권에 도전하는 귀족세력들과의 관계가 악화되고, 이로 인해 백제의 정국이 불안정해진 것과 관련이 있을 것이다. 의자왕은 집요하게 신라를 공격했다. 신라와의 잦은 전쟁은 백제의 정치와 경제를 피폐하게 만들었고, 전쟁에 인력과 물자를 동원해야 하는 귀족세력들은 의자왕에게 노골적으로 불만을 제기하였다.

　　이러한 상황은 『삼국유사』에서 잦은 이변들로 표현되었다. 백제 오회사에 붉은 말이 나타났다 사라진 것, 여우 떼가 의자궁 안으로 들어와 한 마리가 좌평의 책상 위에 앉았다는 것, 태자궁의 암탉이 작은 참새와 교미하였다는 것, 부여강의 물고기가 나와서 죽었는데 그 고기를 먹은 사람도 죽었다는 것, 궁중의 나무가 울었다는 것, 왕도의 우물물이 핏빛이 되었다는 것, 개구리 수만 마리가 나무 위로 모여들었다는

것 등이다. 나라가 망할 조짐이라고 흔히들 이야기하는 이변들이다. 이
변들은 해석을 어떻게 하느냐에 따라 그에 대한 대응책이 달라진다.

6월에는 왕흥사의 승려들이 모두 배가 큰 물결을 따라서 절 안으로 들어오
는 것 같은 광경을 보았고, 들사슴과 같은 큰 개가 서쪽에서 사비의 강변까
지 와서 왕궁을 향하여 짖더니 잠시 후 그 간 곳을 모르게 되었다. 성 안의
개들이 길 위에 모여 짖기도 하고 울기도 하다 한참이 지나자 흩어졌다.

귀신 하나가 궁에 들어와서 큰 소리로 부르짖기를 "백제는 망한다. 백
제는 망한다." 하고는 땅 속으로 들어갔다. 왕이 그것을 괴이하게 여겨
사람을 시켜 땅을 파보니 깊이가 석 자가량 되는 곳에 거북이 한 마리가
있었다. 그 등에 글이 있는데 "백제는 보름달이고 신라는 초승달과 같
다."고 하였다.

무당에게 그것을 물으니 말하기를 "보름달이란 가득 찬 것이니 가득
찬 것은 곧 기울게 되고, 초승달과 같은 것은 아직 가득 차지를 못했으
니 가득 차지 못한 것은 곧 점점 차게 되는 것입니다."라고 하였다. 왕이
노해서 그를 죽이자 어떤 이가 말하기를 "보름달은 융성한 것이고 초승
달과 같다는 것은 미약한 것이나 뜻은 (우리)나라는 성하고 신라는 미약
함에 머문다는 것입니다." 하자 왕이 기뻐하였다.

귀신이 백제는 망한다를 외치며 땅 속으로 들어가, 왕이 사람을 시
켜 땅을 파보니 거북이 한 마리가 있었고, 그 등에 백제는 보름달, 신라
는 초승달이라 적혀 있었다고 한다. 백제는 보름달, 신라는 초승달이

라는 글귀의 의미를 해석한 무당은 보름달은 차서 기울게 되는 것이고, 초승달은 앞으로 차게 되는 것이라는 해석을 왕에게 내놓는다. 즉 백제의 운명을 기울고, 신라의 운명을 차오른다는 의미이니 의자왕이 노여워할 만하다. 그런데 만약 의자왕이 이 해석에 귀 기울여 무엇인가 방안을 모색했다면 어땠을까. 불행히도 의자왕은 그렇게 하지 않았다.

예나 지금이나 윗사람이 듣기 좋은 말을 하는 간신배가 있기 마련이다. 위 이야기에서 나온 어떤 이가 바로 그런 인물이다. 보름달은 융성한 것이고 초승달은 미약한 것이라는 아부를 한다. 그러자 의자왕이 그 말을 듣고 기뻐했다는 것이다. 결국 백제는 신라와 당의 연합군에 의해 멸망당했다. 무당의 올바른 해석에 귀 기울이지 않은 왕의 실정이 나라를 멸망으로 치닫게 했던 셈이다.

신라 신문왕대 일관 김춘질

김춘질은 신라 신문왕대 감은사를 창건할 당시에 일관을 역임한 관리이다. 김춘일이라고도 한다. 신문왕이 아버지 문무왕을 위해 동해에 감은사를 창건할 당시에 동해 가운데에서 이상 현상이 나타났는데, 이때 김춘질이 점을 쳐서 그 현상을 해석하였다. 김춘질의 점 결과에 의해서 신문왕은 신라의 보물인 만파식적을 얻을 수 있었다고 한다.

신라 제31대 신문왕은 삼국 통일의 위업을 이룬 문무왕의 둘째 아들로, 문무왕이 죽은 후에 즉위하였다. 문무왕의 첫째 아들인 소명태자가 먼저 죽어서 태자에 책봉되었다. 왕권이 그리 강하지 않았던 시기에는 태자가 죽으면 왕의 아우 등이 왕위를 계승하는 경우도 있지만, 문무왕대의 경우에는 왕권이 강력했던 시기였기에 둘째가 태자의 지위를 이을 수 있었던 것이다.

신문왕은 재위기간 내내 삼국을 통일하여 영토가 크게 확장된 국가의 통치체제를 재정비하는 데 총력을 기울였다. 즉위 직후에 장인인 김흠돌이 난을 일으켰으나 진압하고, 이를 계기로 귀족세력을 대대적으로 숙청하였다. 즉 왕권 도전세력을 과감하게 처단한 것이다. 왕비 또한 폐비되었고, 당시 상대등이었던 김군관은 김흠돌의 난을 사전에 알고도 알리지 않았다는 이른바 불고지죄로 처형되었다.

신문왕은 그 뒤로도 국학을 설립하여 유교적 소양을 갖춘 관리의 양성에 힘쓰는 한편, 확장된 영토를 효율적으로 통치하기 위한 지방 통치 체제를 재정비하였다. 즉 전국을 9주 5소경으로 나누고 지방 행정조직을 강화하였다. 한편으로는 귀족세력의 권한을 대폭 축소시키기 위해 수조권(세금, 주로 토지세를 거둘 수 있는 권리)만 행사할 수 있는 문무 관료전을 지급하였고, 노동력을 징발할 수 있는 녹읍을 폐지하였다. 이처럼 신문왕은 신라 중대 전제적 왕권 수립에 결정적인 역할을 하였다. 이와 같은 신문왕대의 노력은 이후 태평성대를 구가하는 신라의 전성기를 가져왔다. 『삼국유사』에서는 이러한 신라 전성기의 이면에 호국신들의 보살핌이 있었음을 기록해놓았다.

이듬해 임오 5월 초하루에(어떤 책에는 천수 원년, 즉 690년이라고 했으나 잘못이다.) 해관 파진찬 박숙청이 아뢰기를, "동해 중에 작은 산 하나가 있는데 물에 떠서 감은사를 향해 오는데, 물결을 따라서 왔다 갔다 합니다." 하였다. 왕이 그것을 이상히 여겨 일관 김춘질(또는 춘일이라고 쓴다.)에게 명하여 그것을 점치도록 하였다. 아뢰기를, "돌아가신 부왕께서 지금 바다의 용이 되어 삼한을 수호하고 있습니다. 한편 또 김공유신은 곧 33천의 한 아들로서 지금 내려와 대신이 되었습니다. 두 성인이 덕을 같이 하여 나라를 지킬 보배를 내어주려 하시니, 만약 폐하께서 해변으로 나가시면 반드시 값으로 계산할 수 없는 큰 보배를 얻게 될 것입니다."라고 하였다.

파진찬 박숙청이 동해 중에 작은 산 하나가 감은사를 향해 온다고 보고하였고, 왕이 일관 김춘질을 시켜 그 의미를 파악해보라고 하였다. 일관이 해석하기를 죽은 문무왕이 바다의 용이 되어 나라를 수호하고, 김유신과 더불어 큰 보물을 하사하려 하니 왕께서 그것을 받으시라고 하였다. 특이하게도 일관의 이름이 명기되어 있는데 김춘질이란 인물은 이곳 외에는 등장하지 않기 때문에 어떤 삶을 살았는지는 알 수 없다. 다만 신이한 자연 현상을 풀이해 왕에게 해석해 보고했고, 그 결과 신문왕은 신라의 국보를 얻게 되었던 것이다.

일관이 아뢴 바에 따라 신문왕이 대나무를 얻게 되어, 그것으로 피리를 만들었으니 이것이 바로 만파식적이다. 이 피리를 불면 나라의 모든 걱정과 근심이 해결되었다고 한다. 만파식적을 말 그대로 피리를 불면 온갖 파도를 쉬게 하는 효능을 지닌 피리라는 의미이다. 한번 불면 몰려왔던 적군이 물러가고 앓던 병이 나았으며, 홍수나 가뭄과 같은 자

감은사 삼층석탑(신라, 경주) 신문왕대 창건된 사찰로, 현재는 삼층석탑만 남아 있다.

연 재해도 해결되었다고 한다.

신라 선덕왕대 아찬 여삼

아찬(신라 17관등 중 여섯째 등급) 여삼은 신라 선덕왕대 관리이다. 후대 원성왕이 되는 김경신이 어느 날 꿈을 꾸었는데, 사람을 시켜 점을 쳐보니 좋지 않은 징조들이었다고 한다. 그러나 여삼이 김경신을 찾아 그 꿈이 길몽이라는 해석을 해주었다. 여삼이 예언한 대로 김경신이 왕위에 올랐지만, 여삼은 일찍 죽은 상태여서 원성왕은 그의 자손들에게 포상을 해주었다. 여삼에 대한 기록은 원성왕의 즉위 기사에만 나와서 그의 신분이나 이력이 정확하게 어떠했는지는 잘 알 수 없다.

여삼의 조언을 받아 왕위에 오를 수 있었던 김경신은 내물왕의 11세손 또는 12세손으로 되어 있다. 『삼국사기』와 『삼국유사』에 각각 기록이 다르게 되어 있어서 어느 쪽이 정확한지는 알 수 없다. 『삼국사기』에는 선덕왕인 김양상과 형제지간이라는 기록도 있어서 가계가 불분명하다.

신라는 혜공왕 이후로 하대로 접어든다. 신라 하대는 신라의 쇠퇴기로 진골 귀족들이 왕위 계승을 둘러싸고 치열한 경쟁을 벌이던 시기였다. 그 처음을 열었던 시대가 바로 선덕왕대이다. 선덕왕의 뒤를 이을 유력한 왕위 계승자는 김주원이었다. 그는 대신들의 추대로 왕위에 오를 예정이었다. 그러나 왕위에 즉위하기 위해 궁궐로 가는 도중에 개천 물이 불어나서 궁궐로 들어가지 못하자 그 틈을 타서 김경신이 왕위에 올랐다고 한다. 김경신은 곧 원성왕이다. 이 같은 정황이 『삼국유사』에 기록되어 있다.

이찬 김주원이 처음 상재가 되고 왕이 각간으로 두 번째 재상이 되었는데 꿈에 복두를 벗고 소립을 쓰고 12현금을 들고 천관사 우물 속으로 들어갔다. (꿈에서) 깨자 사람을 시켜 그것을 점치게 하니, 말하기를 "복두를 벗은 것은 관직을 잃을 징조요, 가야금을 든 것은 형틀을 쓰게 될 조짐이요, 우물 속으로 들어간 것은 옥에 갇힐 징조입니다."라고 하였다. 왕이 이 말을 듣자 매우 근심스러워 두문불출하였다. 이때 아찬 여삼이 와서 뵙기를 청했으나, 왕은 병을 핑계로 하여 사양하고 나오지 않았다. 재차 청하여 말하기를 "한번만 뵙기를 원합니다." 하므로 왕이 이를 허락하였다.

아찬이 말하기를 "공께서 근심하는 것은 어떤 일입니까?" 하니, 왕이 꿈을 점쳤던 연유를 자세히 설명하였다. 아찬이 일어나 절하며 말하기를 "이는 곧 좋은 꿈입니다. 공이 만약 대위에 올라서도 나를 버리지 않으신다면 공을 위해 꿈을 풀어보겠습니다." 하였다. 이에 왕이 좌우를 물리치고 해몽하기를 청하자 말하길 "복두를 벗은 것은 위에 거하는 다른 사람이 없다는 뜻이요, 소립을 쓴 것은 면류관을 쓸 징조이며, 12현금을 든 것은 12대손까지 왕위를 전한다는 조짐이며, 천관사 우물로 들어간 것은 궁궐로 들어갈 상서로운 조짐입니다." 하였다. 왕이 말하길, "위에 주원이 있는데 어찌 왕위에 오를 수 있겠소?" 아찬이 말하기를 "청컨대 은밀히 북천신(北川神)에게 제사지내면 될 것입니다." 하자, 이에 따랐다.

얼마 지나지 않아 선덕왕이 세상을 떠나자, 나라 사람들이 김주원을 왕으로 받들어 장차 궁중으로 맞아들이려 했다. 그의 집은 북천 북쪽에 있었는데 홀연히 냇물이 불어나 건널 수가 없었다. 왕이 먼저 궁궐로 들어가 왕위에 올랐다. 상재의 무리들이 모두 와서 그를 따랐으며, 새로 즉위한 왕께 경배하고 축하하니 이가 원성대왕이 되었다. 왕의 이름은 경신이고 김씨이니 대개 길몽이 맞은 것이다.

위 이야기에서 볼 수 있듯이 김경신은 처음에 왕위는 오르지 못할 나무로 여겼다. 김경신의 꿈을 처음 해몽한 사람은 관직을 잃고 옥에 갇힐 것이라는 이야기를 전함으로써 오히려 김경신을 위축시켰다. 그래서 칩거를 하고 있자 이때 아찬 여삼이라는 인물이 등장한다. 김경신을 어렵게 만난 여삼은 김경신이 왕위에 오를 꿈이라는 해몽을 내놓았고, 이에 자극을 받은 김경신은 여삼의 말을 실행에 옮김으로써 왕위에 오를 수 있었다.

그러나 흉몽이라는 예측에 두문불출했던 김경신을 찾아갔다는 점과 관등이 아찬이라는 점을 보아 6두품 신분이었을 것이다. 그가 죽은 뒤에 자손들이 받은 포상이 벼슬이었다는 점에서도 그러하다.

일반적으로 진골 귀족이라면 식읍(공이 많은 신하에게 내리는 토지와 백성. 국가를 대신해서 조세권을 행사하고, 백성들의 노동력을 징발할 수 있었다.) 등으로 포상을 했을 것이다. 신라 중대 이후 6두품 신분은 유학적 소양을 바탕으로 관계에 진출하였으며, 이들은 왕권에서 요구하는 행정적 실무 능력을 인정받으면서 왕권과 밀착되어갔다. 그러나 골품제도라는 신분제 하에서 6두품은 아무리 능력이 출중하더라도 관부의 장, 즉 장관이 될 수 없었다. 직책으로는 차관급까지만 오를 수 있었고, 관등으로는 아찬까지만 받을 수 있었다. 그러므로 6두품은 여전히 진골 귀족의 간섭과 지휘하에 놓일 수밖에 없는 신분이었다. 여삼이 두문불출하는 김경신을 찾아가 꿈에 대한 해몽을 해주었던 것은 아마도 불합리한 사회제도에 대한 불만을 정권 창출에 기여하면서 바꾸어보고자 했던 시도가 아닐까 싶다. 여삼이 예언한 대로 원성왕이 즉위한 뒤로 이른바 원성왕계의 인물들이 왕위에 잇달아 오르게 된다. 원성왕은 경덕왕과 성덕왕의 사당을 허물고, 자신의 아버지, 할아버지, 증조할아버지의 사당을 세운다. 아울러 내물왕, 무열왕, 문무왕과 할아버지, 아버지를 국가 오묘로 지정하여 왕위의 정통성을 세웠다. 이는 이후 원성왕계 왕들의 가계 통합에 대한 기제로 작용하게 되었다.

충성과 배신의
인물들

6

『삼국유사』는 승려가 저술했기 때문에 불교와 관련된 내용이 많다. 그러나 『삼국유사』가 지어진 시대가 몽골의 침입과 무신정권의 지배로 인해 고려 사회의 질서가 붕괴된 상황이었던 만큼 국가적 단합을 위한 유교적인 내용도 많이 들어 있다. 그 대표적인 이념이 국가에 대한 충성이다. 국가에 대한 충절은 동서고금을 막론하고 필요한 덕목이다. 고대 사회에도 예외는 아니었다, 그러나 충신이 있으면 역적도 있기 마련이다. 국가가 존망의 위기에 처했을 때 고대 사회의 사람들은 어떻게 대처했을까.

고조선 성기와 조선상 노인 등

고조선의 대신이었던 성기는 우리나라 역사 기록에 최초로 등장하는 충신이라고 할 수 있다. 성기의 구체적인 출신과 이력은 알 수 없으나 한나라에 대항해 최후의 결전을 벌였던 인물로 알려져 있다. 그러나 성기는 우리에게 그다지 잘 알려져 있지는 않은 인물이다. 오히려 고조선의 관리로서 한나라에 투항하고자 했던 조선상 노인, 상 한도, 니계상 삼, 장군 왕겹과 같은 인물들이 더 많이 알려져 있다.

한나라에 투항하고자 했던 인물들의 직함이 대체로 상을 띠고 있는 것으로 보아서 이들은 고조선의 고위 귀족으로 일정 지역을 세력 기반으로 했던 존재로 생각된다. 조선상이나 니계상과 같은 직함이 바로 그것을 표현한다. 이들은 한나라와 고조선과의 전쟁이 계속되면 될수록 자신의 세력 기반이 붕괴될까 두려워했던 존재들이었다. 그 때문에 결사 항전을 택하기보다는 투항을 통해서 자신의 지위와 기반을 계속 유지하고자 했던 것이다. 그런데 성기는 달랐다. 성기는 대신이라는 표현으로 보아 지역의 세력 기반을 지닌 인물이라기보다는 왕권과 밀착된 신료로 보는 것이 타당할 듯하다. 그는 왕이 살해되고 다른 중신들이 모두 투항한 상태에서도 한나라에 끝까지 저항하였다. 그러다 왕자와 조선상 노인의 아들들에게 선동된 성내의 사람들에게 살해되었다.

고조선은 우리나라 역사상 최초로 건국된 국가이다. 그 시작은 불분명하지만 대체로 기원전 4세기경부터는 중국에 이름을 알려질 정도로 성장한 국가였다. 단군이 건국한 고조선은 진한교체기에 접어들면서 커다란 변화를 겪게 된다. 그것은 한나라가 건국된 후에 그 내부에서 일어난 이성 제후들에 대한 숙청이 일어났기 때문이다. 한나라가 건국되면서 한 고조 유방을 도와 건국의 주체로 섰던 공신들이 있었다.

이들 가운데는 한나라 왕실과 같은 성인 유씨들도 있었고, 성이 다른 이성 공신들도 있었다. 이들은 건국 공로에 대한 포상으로 제후로 책봉되어 각 지역을 통치하였다.

한 고조 유방의 통치 시기에는 이들에 대한 대우가 달라질 수 없었다. 그러나 고조가 말년에 병으로 드러눕자 여태후가 정권을 장악하면서 이성 제후들에 대한 숙청이 본격화되었다. 개국 공신이었던 한신이나 팽월, 경포 등이 숙청되었고, 연왕이었던 노관도 숙청 대상이 되었다. 그렇지만 노관은 한에 대항하여 반란을 일으킨다. 그러나 반란은 진압군에 잇달아 패배하였고, 노관은 흉노로 도망치게 된다. 이때 전쟁터가 된 연 지역에서는 유이민들이 발생을 했는데, 이들이 한반도로 유입되는 것이다.

유이민들 가운데 대표적인 인물이 위만이다. 위만은 노관의 반란을 틈타 자신을 추종하는 세력 1,000여 명을 이끌고 고조선으로 망명해 왔다. 당시 고조선의 왕이었던 준왕은 위만에게 서쪽 변경의 수비를 맡겼다. 이 정책은 도리어 준왕에게 해가 되었다. 중국 쪽에서 이주해오는 유이민들을 포섭한 위만은 점차 세력을 불려 준왕에게 칼을 겨눈다. 결국 준왕을 축출하고 고조선의 정권을 장악하게 되었다. 이른바 위만조선이 성립된 것이다. 위만조선은 주변 여러 정치체들을 지배하면서 이들이 중국과 직접 교역하는 것을 방해하고 고조선을 통한 중개무역을 주관했다. 즉 중국과의 교역 이익을 독점했던 것이다. 이에 불만을 품은 주변 정치세력들이 중국에 건의를 하게 되고, 한나라 황제는 조선에 경고를 하게 된다. 그러나 조선은 한나라의 경고를 가볍게 무시한다. 이때 중국의 사신으로 온 섭하는 조선의 장수를 죽이고 달아나는데, 이는 뒤에 요동으로 부임해온 섭하를 조선이 살해하는 계기가 된다.

섭하의 살해에 분노한 한나라 무제는 병력을 징발해 조선을 공격하였다. 그러나 조선은 쉽게 무너지지 않았다. 조선의 수도인 평양성을 포위한 한나라 군대는 1년여 기간 동안 함락시키지 못하고 있었다. 아래 기사는 당시 조선 조정의 모습을 잘 보여준다.

전한 조선전에 이르길, "(중략) 천자가 오랫동안 결판이 나지 않자 옛 제남태수 공손수를 보내어 그것을 바로잡도록 하고 편의에 따라 일을 처리할 수 있게 하였다. 공손수가 도착하여 누선장군을 체포하고, 그 병사를 합하여 좌장군과 함께 조선을 맹렬히 공격하였다. 조선상 노인과 상한도, 니계상 삼, 장군 왕겹(사고가 이르길, 니계는 지명이니 네 명이다'라고 하였다.)이 서로 함께 모의하여 항복하고자 하였으나, 왕이 이를 받아들이지 않았다. 한도와 왕겹과 노인이 모두 도망하여 한나라에 항복하였는데, 노인은 도중에 죽었다.

원봉 3년 여름, 니계상 삼이 사람을 시켜 왕 우거를 죽이고 와서 항복하였다. 왕검성이 아직 함락되지 않으니 그 때문에 우거의 대신인 성기가 또 반란을 일으켰다. 좌장군이 우거의 아들 장과 노인의 아들 최를 보내어 그 백성들에게 고하여 회유하니, (백성들이) 성기를 도모하여 죽였기 때문에 마침내 조선을 평정하고 진번, 임둔, 낙랑, 현토 4군으로 삼았다."라고 하였다.

소강상태에 접어든 전황을 개선하기 위해 한 무제는 공손수를 보내 지지부진한 누선장군을 체포하였으며, 군대를 합해 맹공을 퍼부었다. 급격한 공격이 이루어지자 조선 조정 내부에서는 의견들이 엇갈린다. 조선의 왕이었던 우거왕은 끝내 사수를 주장하였다. 반면에 조선상 노인과 상 한도, 니계상 삼, 장군 왕겹 등은 항복을 주장하였다. 우거왕이 받아주지 않자 한도와 왕겹, 노인은 도망쳐서 한나라에 항복하였다. 그다음 해에는 조선에 남아 있던 니계상 삼이 사람을 시켜서 우거왕을 살해하고 항복하는 일이 벌어진다.

노인이나 한도, 삼, 왕겹은 조선의 입장에서 봤을 때 배신자라고 할 수 있다. 물론 항복을 하는 이유는 많을 것이다. 무고한 백성들과 병사들의 희생을 막아야 한다는 명분도 있었을 것이고, 자신들의 안위를 지켜야 한다는 내심도 있었을 것이다. 하지만 국가적 위기 상황에서 다음 기회가 없는 항복은 충절을 외면한 행동이라고 볼 수밖에 없다. 반면 우거왕이 살해된 다음에도 그 대신이었던 성기는 항전을 포기하지 않았다. 그러나 결국 한나라의 회유에 넘어간 백성들이 성기를 살해하면서 조선은 끝내 멸망하고 말았다.

신라 물계자

물계자는 신라 제10대 내해이사금 때의 장수이다. 우리에게는 잘 알려져 있지 않은 인물이지만, 삼국시대 신라의 명장으로 군공을 세웠다. 물

계자의 일생이 지닌 의미는 우리에게 시사해주는 것이 많다. 그는 3세기 초 가야 지역에서 이른바 포상팔국의 전쟁이 있을 무렵, 아라가야의 구원 요청을 받고 신라군이 출동할 당시 참전해서 큰 공을 세웠다. 그리고 그 뒤에도 가야의 나라들이 신라를 침공하였을 때도 공을 세웠다.

그러나 두 차례 모두 그 공을 인정받지 못하였는데, 사령관으로 참전한 태자 내음과의 사이가 좋지 않았기 때문이다. 그럼에도 불구하고 물계자는 아랑곳하지 않고 오히려 자신의 불충을 탓하였다. 『삼국유사』의 기록은 아래와 같다.

제10대 내해왕 즉위 17년 임진에 보라국·고자국·사물국 등 8국이 힘을 합쳐 변경을 쳐들어왔다. 왕은 태자 내음과 장군 일벌 등에게 명하여, 병사를 거느리고 그들과 겨루도록 하니, 8국이 모두 항복하였다. 이때 물계자의 군공이 제1이나, 태자의 미움을 받은 바, 그 공에 대한 상을 받지 못하였다. 어떤 이가 물계자에게 이르길, "이 전투의 공은 오직 당신뿐이다. 그런데 상이 당신에게 미치지 못하고, 태자가 미워하는 것이 자네는 원망스럽지 않은가?" 하니, 물계자가 말하길, "임금이 위에 계시는데, 어찌 신하를 원망하겠는가." 하였다. 어떤 이는 말하길, "그렇다면 임금에게 아뢰는 것이 좋을 것이다." 하니, 물계자가 말하길, "공을 얻으려고 목숨을 다투고, 몸을 드러내고 다른 사람을 가리는 것은 뜻있는 선비가 할 바가 아니니, 때를 기다릴 뿐이다."

10년 을미에 골포국 등 3국의 왕이 각각 병사를 거느리고 갈화를 공격해왔다. 왕은 친히 병사를 거느리고 그것을 막자, 3국은 모두 패하였다.

물계자가 머리를 밴 것이 수십 급이었으나, 사람들은 물계자의 공을 말하지 않았다. 물계자가 그의 부인에게 일러 말하길, "내가 듣기로 임금을 섬기는 도리는 위태로움을 보고 목숨을 다하며, 어려움에 임해서는 나를 잊고, 절개와 의리에 기대어 생사를 돌아보지 않는 것이 충성이다. 무릇 보라·갈화의 전쟁은 참으로 이 나라의 환란으로 임금이 위태로웠으나, 나는 일찍이 나를 잊고 목숨을 다하는 용기가 없었으니, 이는 충정이 깊지 못함이라. 이미 불충하여 임금을 섬겼으니, 선대에 폐를 끼친 것이고, 어찌 효라 할 수 있겠는가? 이미 충효를 잃었으니, 무슨 면목으로 다시 조정과 저자에서 웃을 수 있겠는가!" 이에 머리를 풀어 헤치고 거문고를 메고, 사체산에 들어갔다. 대나무 같은 성질이 병임을 슬퍼하며, 그것에 기대어 노래를 짓고, 시냇물 소리를 본떠 거문고를 뜯어 곡조를 지으며, 숨어서 살면서 다시 세상에 나오지 않았다.

물계자가 참전한 포상팔국 전쟁은 3세기 전반기 동아시아 국제 정세의 변화를 반영한 전쟁이었다. 후한이 멸망하면서 중국 군현과 활발히 교역을 진행했던 변한 지역의 정치 집단들은 커다란 영향을 받게 된다. 이러한 상황 속에서 지역의 패권을 장악하고자 했던 경남 해안 지역의 가야 국가들이 전쟁을 일으킨 것이다. 이들이 연합하여 아라가야를 공격하였는데, 아라가야의 구원 요청을 받은 신라가 전쟁에 개입하면서 변한 지역 내부의 전쟁이 아닌 한반도 동남부 전역이 참여한 전쟁으로 확대되었다. 이 전쟁은 포상팔국의 패배로 끝났으며, 그 결과로 전기 가야연맹의 중심이었던 금관가야가 쇠퇴하고, 내륙에 있던 안라가야 등이 부상하는 계기가 되었다.

물계자는 포상팔국과의 전쟁에서 군공이 제일로 평가받을 정도로 뛰어난 군인이었다. 그러나 사령관이었던 태자 내음과 사이가 좋지 않아 포상을 받지 못한다. 3년 뒤에 가야의 신라 침입 때에도 내해이사금의 휘하에서 공을 세웠으나 포상팔국 전쟁 이후 논공행상의 경험 탓인지 아무도 물계자의 군공을 언급하지 않았다. 이쯤 되면 물계자는 분노와 배신감에 휩싸일 만 한 상황이 된 셈이다. 그러나 물계자는 남 탓을 하지 않고, 자신을 잊고 목숨을 다할 수 있는 용기가 없었던 자신을 탓하며 끝내 조정에서 물러나 산으로 들어가 칩거하게 된다.

어쩌면 물계자는 전쟁에서의 승리보다는 이후의 논공행상으로 왈가왈부하는 조정에 환멸을 느꼈을 수 있다. 당시 신라는 진한 지역에서 주도권을 장악하기 위해 여러 나라를 통합하기 시작한 때였다. 이처럼 중차대한 시기에 논공행상으로 인해 조정이 어지러워지고 국론이 분열되는 것이 커다란 문제가 될 수 있다고 여겼던 것은 아닐까.

백제 성충, 흥수, 의직, 상영, 계백과 문사

국가에 대한 충절을 확인할 수 있는 가장 좋은 계기는 국가가 존망의 위기에 처했을 때이다. 궁지에 몰린 사람들의 선택이 어떠한 것인지를 잘 알 수 있게 되기 때문이다. 백제의 멸망과 관련된 이야기들은 이러한 사람들의 모습을 여실히 드러내어준다. 대표적인 인물이 성충이나 홍수와 같은 사람들이고, 직접 나가서 결사 항전한 계백과 같은 인물들이다. 백제가 위기에 몰렸을 때 백제 조정의 모습을 『삼국유사』에서는 다음과 같이 기록하였다.

당시 백제의 마지막 왕인 의자는 호왕(무왕)의 장자였다. 영웅스럽고 용맹하여 담력과 기운이 있었으며 부모 섬기기를 효도로 하고 형제간에 우애가 있어 당시 해동증자라고 불렀다. 정관 15년 신축에 즉위하였다. 주색에 빠져서 정사가 어지럽고 나라가 위태로웠다. 좌평 성충이 지극하게 간하였으나, 듣지 않고 옥 안에 가두었다.

(성충이) 몸이 여위어 죽게 되었을 때 글로 말하기를 "충신은 죽어서도 임금을 잊지 않으니 한 말씀드리고 죽기를 원합니다. 신이 일찍이 시류의 변화를 살펴보니 반드시 병란이 있을 것입니다. 무릇 병사를 씀에 있어서는 그 지세를 살피고 택해야 하니 상류에서 적을 맞이하면 보전할 수 있을 것입니다. 만약 다른 나라의 군사가 온다면 육로로는 탄현을 지나지 못하게 하고, 수군은 기벌포에 들어오지 못하게 하십시오. 험한 곳에 웅거해서 적을 막은 이후에야 (나라의 보존이) 가능할 것입니다."라고 하였다. 왕은 살피지 않았다.

이때 좌평 홍수가 죄를 얻어 고마미지의 현에 유배되었는데, (왕이) 사람을 보내어 그에게 묻기를 "일이 급하게 되었으니 어찌하면 좋으냐?" 하자, 홍수가 말하기를 "대개 좌평 성충의 말과 같습니다." 하였다. 대신들이 믿지 않고 말하기를 "홍수는 결박되어 있는 중이어서 임금을 원망하고 나라를 사랑하지 않습니다. 그 말은 써서는 안 됩니다. 오히려 당군으로 하여금 백강으로 들어와 따라 내려오게 하되 배를 벌리지 못하게 하고, 신라군으로 하여금 탄현을 올라서 좁은 길을 따라 말을 나란히 하고 오지 못하게 하고, 이때를 당하여 군사를 풀어서 그들을 치면 삼태기 속에 든 닭이며 그물에 든 고기와 같을 것입니다."라고 하였다. 왕이 "그렇구나." 하였다. 또한 당과 신라군이 이미 백강과 탄현을 지났다고 들었다.

장군 계백을 보내어 결사대 5천을 지휘하여 황산에 나아가 신라군과 싸우게 하였다. 네 번 싸워서 네 번 모두 그들을 이겼으나, 군사가 부족하고 힘이 다하여 끝내 패전하고 계백은 그곳에서 전사하였다.

나라가 위기에 처하자 국론들이 분열되는 전형적인 모습을 보인다. 성충은 백제 의자왕대 좌평(백제의 최고위 관직)으로 왕의 주색을 비난하다가 투옥되었다. 그럼에도 불구하고 상소를 올려 외적의 침입에 대비할 계책을 말하였다. 의자왕은 성충의 의견을 무시하였다. 흥수 또한 의자왕 때 좌평이었다가 죄를 얻어 유배되었다고 한다. 여기에서 죄를 얻었다는 것은 아마도 의자왕의 실정에 대한 간언을 하였다가 미움을 샀다는 표현일 것이다. 흥수는 나당연합군이 쳐들어오자 성충과 같은 의견을 말하였으나 의자왕은 이 역시 무시하였다. 오히려 간신들이 성충, 흥수와 정반대의 의견을 내자 이를 따랐다가 화를 자초했다.

성충과 흥수는 충신이었다. 충신의 절박한 간언을 왕이 무시하고, 오히려 왕의 말을 잘 쫓는 간신들의 건의를 받아들여 끝내 나라를 멸망의 길로 접어들게 했던 것이다. 계백은 이 같은 상황에서도 결사대를 이끌고 신라군에 맞서 싸웠다. 네 번의 전투에서 모두 승리하였으나 중과부적으로 결국 패전하고 전사하였다. 계백이 결사대 출전에 앞서 가족들을 모두 목 베고 출전을 하였다든지, 네 번의 잇단 패배에 궁지에 몰린 신라군이 나이어린 화랑 관창을 내세워 군사들의 사기를 올려 결국 승리했다든지 하는 에피소드들은 너무나도 잘 알려져 있다.

한편, 나라의 위기 상황에서 본인의 욕심만 채우는 사람을 비판하며 충절을 지킨 사람도 있다. 백제 의자왕의 손자인 부여문사가 대표적이다.

> 정방이 그 성을 포위하자 왕의 둘째 아들 태가 스스로 즉위하여 왕이 되고 무리를 거느리고 굳게 지키니, 태자의 아들 문사가 왕 태에게 일러 말하기를 "왕이 태자와 같이 나가셨는데 숙부께서 마음대로 왕이 되었으니, 만일 당군이 (포위를) 풀고 물러가면 우리들이 안전을 보전할 수 있겠습니까?" 하고 좌우를 거느리고 성을 넘어 나갔다. 백성들이 모두 그를 따르니, 태가 막을 수 없었다. 정방이 군사를 시켜 성첩을 넘어 당나라 깃발을 세우니, 태는 매우 급하게 되어 이에 성문을 열고 항복하기를 청했다. 이에 왕과 태자 웅, 왕자 태, 대신 정복과 여러 성이 모두 항복하였다.

위 이야기에 나오는 문사는 의자왕의 손자이며, 태자 효의 아들이다. 나당연합군의 침공으로 사비 도성이 위태롭게 되자, 의자왕은 태자 효와 사비성을 탈출하여 웅진성으로 피신하였다. 왕이 도망을 가자 둘째 아들 태가 스스로 왕이 되어 도성을 지켰다. 그러나 태자의 아들인 문사는 태자가 있음에도 둘째 아들이 스스로 왕이 된 것이 불만을 품고 성을 나갔다. 결국 사비 도성도 항복하고, 웅진성에 피신하였던 의자왕 일행도 모두 당나라 군대에 항복하여 백제는 결국 멸망에 이르게 되었던 것이다.

신과 하늘을
감동시킨 인물들

『삼국유사』에는 많은 고승들이 나온다. 이들 대부분은 불교에 심취하여 자기 분야에서 일가를 이룬 승려들이다. 대부분의 승려들은 중국으로 유학을 가서 중국의 고승들에게 수학을 한 후에 귀국하여 해당 불교 사상을 국내에 전파·확산시켰다. 그러나 몇몇 승려들은 단순한 수학이 아니라 고행의 수도 생활을 하면서 깨달음을 얻기 위해 노력했다. 심지어는 목숨이 위태로울 정도로 용맹 정진하여 득도에 이르기도 하였다. 이 같은 수도 생활은 신과 하늘을 감동시키기에 충분했다.

목숨을 건 수도, 진표

진표는 신라의 고승이다. 옛 백제 지역인 완산주 만경현 출신이고 아버지는 진내말, 어머니는 길보랑이라고 한다. 경덕왕 때 유가론과 유식론을 중심으로 한 법상종을 금산사에서 개창하였다. 또한 진표는 미륵 신앙에 심취하였는데 미륵설계와 점찰법(무교의 점복 행위와 비슷한 방법으로 점을 쳐서 과보의 차별을 살피고 그에 따라 참회 수행하게 하는 법회)으로 민간을 선도하였다고 한다. 민간에서 대단히 많은 호응을 받았기 때문에 실천적 종교운동으로 발전하였다.

진표가 이렇듯 고승이 될 수 있었던 것은 그의 용맹 정진 덕분이었다. 삼국시대와 통일신라 초기 고승들이 대부분 중국 유학을 통해서 불교 사상과 이론에 대한 성취를 이루고 고국으로 돌아와 교세를 확장한 것과 달리 진표는 토종 구법승이었다.

나이 열두 살에 이르러 금산사 숭제법사의 강석 하에 들어가 중이 되어 배우기를 청하였다. 그 스승이 일찍이 일러 말하기를 "나는 일찍이 당나라에 들어가 선도삼장에게서 수업하였고, 연후에 오대산으로 들어가 문수보살의 현신에 감응하여 오계를 받았다."고 하였다. 진표가 아뢰어 말하기를 "삼가 수행하기를 어찌하여야 계를 받을 수 있습니까" 하니 숭제법사가 말하기를 "정성이 지극하면 곧 1년을 넘기지 않는다." 하였다. 진표가 스승의 말을 듣고 명산(名山)을 두루 돌아다니다가 선계산 불사의 암에 석장을 머무르고 삼업을 갖추어 수련하여서 망신참으로 ■■■(원저작에 글자가 비어 있다.)하였다. 처음에 일곱 밤을 기약하고 오체를 돌에 부딪혀 무릎과 팔뚝이 모두 부서지고 피를 바위에 흩뿌렸으나 성응이 없는 듯하여 몸을 버릴 것을 결심하고 다시 7일을 기약하였다. 14일이 끝나자 지장보살을 보고 정계를 받았다. 곧 개원 28년 경진 3월 15일 진시였고 이때 나이가 23세였다. 그러나 뜻이 미륵보살에게 있기 때문에 도중에 그치지 않고 이에 영산사(혹은 변산 또는 능가산이라고도 한다.)로 옮겨 또한 처음처럼 부지런하고 용감하게 수행하였다.

진표의 구법 수도는 매우 격렬했다. 마치 목숨을 건 사람처럼 했다고 한다. 위 이야기에서 "오체를 돌에 부딪혀 무릎과 팔뚝이 모두 부서지고 피를 바위에 흩뿌렸으나 성응이 없는 듯하여 몸을 버릴 결심을 하고 다시 7일을 기약하였다"고 나온다. 맨 정신에 이렇게 할 수 있는 사람은 거의 없을 것이다. 그만큼 고행의 수도 끝에 정계를 받을 수 있었고, 미륵보살계를 받기 위해 다시 처음과 같은 고행을 되풀이하였다.

진표가 불도에 뜻을 두게 된 계기는 어려서 있었던 개구리와의 일화 때문이었다. 『해동고승전』의 기록에는 진표가 어려서부터 활을 잘 쏘았는데 어느 날 개구리를 잡아 나뭇가지에 꿰어 두고 잊어버렸다고 한다. 이듬해 봄에 개구리 우는 소리를 듣고 그 생각이 나서 그곳에 갔는데 그때 잡아둔 개구리가 아직도 나뭇가지에 꽂혀 울고 있는 것을 보고 참회를 하고 불도에 뜻을 두었다는 것이다. 그의 나이 12세 때였다.

진표는 지장보살의 계를 받고 다시 미륵보살에게 계를 받기 위해 고행을 한 끝에 미륵보살의 현신으로부터 『점찰경』 두 과 점치는 대나무쪽인 간자 189개를 받았다. 진표가 이처럼 목숨을 건 고행을 한 이유는 아마도 어린 시절 목격했던 개구리의 고통을 느끼기 위함이 아니었을까 싶다. 고행 끝에 계를 받은 진표는 그 뒤에 경덕왕의 부름으로 궁

중에서 보살계를 베풀고 왕실로부터 시주를 받아 여러 사찰에 나누어
주어 불교를 융성하게 하였다고 전한다.

지성이면 감천, 욱면

종교의 가장 큰 장점은 종교 앞에 신분 귀천이 존재하지 않는다는 것이
다. 그러나 신분제 사회에서는 엄연한 차별이 존재할 수밖에 없었다. 그
럼에도 불구하고 욱면의 일화는 신분에 구애받지 않고 용맹 정진하여 기
원을 하면 비록 천한 신분일지라도 성불할 수 있다는 것을 보여준다.

경덕왕 때 강주의 선사 수십 명이 서방을 구하려는 뜻으로 주 경내에 미
타사를 세우고 만일을 기약하고 계를 만들었다. 그때 아간 귀진의 집에
욱면이라는 이름의 한 여종이 있었다. 그 주인을 따라 절에 가서 마당에
서서 스님을 따라 염불하였다. 주인은 그녀가 직분에 어긋나게 행동하
는 것을 미워하여 매양 곡식 두 섬씩을 주며 하루 저녁에 그것을 찧게 하
였다. 여종은 초저녁에 다 찧고는 절에 가서 염불하기를 밤낮으로 게을
리 하지 않았다.

마당 좌우에 긴 말뚝을 세우고 노끈으로 두 손바닥을 뚫어서 꿰어 말
뚝 위에 매어놓고 합장하여 좌우로 움직이면서 격려하였다. 그때 허공
에서 하늘의 외침이 있어 "욱면 낭자는 법당에 들어가서 염불하라."고
하였다. 절의 대중이 이 소리를 듣고 여종에게 권하여 법당에 들어가 예

에 따라 정진하게 하였다.

얼마 안 되어 하늘의 음악이 서쪽으로부터 들려오더니 여종이 솟구쳐 집 대들보를 뚫고 나갔다. 서쪽으로 가 교외에 이르러 형체를 버리고 진신으로 변하여 나타나 연화대에 앉았다가 큰 광명을 발하면서 서서히 사라지니, 공중에서는 음악소리가 그치지 않았다. 그 법당에는 지금도 뚫어진 구멍자리가 있다고 한다.(이상은「향전」이다.)

지성이면 감천이라는 표현과 딱 들어맞는 이야기가 바로 욱면 이야기이다. 이 욱면에 관한 이야기는 두 가지 버전이 있다. 하나는「향전」이고 다른 하나는「승전」이다.「향전」은 위에 보이는 것처럼 아간 귀진 집의 계집종인 욱면이 주인 귀진의 방해에도 불구하고 염불 수행에 정진하여 끝내 부처로 승천했다는 이야기이다. 반면「승전」은 전형적인 불교의 업보 설화로 욱면이 전생의 잘못으로 인해 부석사의 소가 되었는데 불경을 싣는 일을 하다가 그 힘으로 아간 귀진 집의 여종으로 환생하였다고 한다. 그녀가 미타사에 가서 불도를 닦았는데 9년 만에 부처가 되어 승천하였다는 이야기이다.

「향전」의 기록이 아간 귀진과의 갈등에도 불구하고 여종 욱면이 염불 수행을 계속해서 승천했다는 이야기, 즉 세속적인 주인과 수도에 정진하려는 여종과의 갈등 국면으로 이야기를 진행시킨 반면,「승전」은 전생의 업보로 인해 소로 태어났다가 불경 운반의 공덕으로 비록 여종이지만 사람으로 환생한 이야기를 담고 있다. 즉 불가에서 이야기하는 인과응보를 주요 모티프로 하고 있는 셈이다. 아마도 속세에서 전한 이야기들을 수록한 「향전」과 불교계에서 고승의 행적과 신이한 사실들을 기록한 「승전」의 차이에서 비롯된 것일 듯하다.

아무튼 두 기록 모두 욱면이라는 여종의 염불 수행이 지독한 것이었음을 전한다. 「향전」에서는 여종이 염불하는 것이 못마땅한 귀진이 곡식을 찧으라고 하였으나 그것을 빨리 끝내고 염불 수행에 돌입하거나, 긴 말뚝에 손바닥을 뚫어 노끈으로 묶고 자칫 게을러질 수 있는 마음을 고행으로 다잡는 수행을 행한다. 「승전」에서는 주인을 따라 절에 가서 염불 수행을 한 지 9년 만에 승천을 하는 등 오랜 기간 동안 꾸준한 수행을 했음을 전하는 것이다.

사회적으로 최하층민이었던 노비 욱면이 부처가 되어 승천하였다는 이야기는 신라 이후 고려시대까지 사람들 사이에서 회자되며 영향을 미쳤다. 죽은 다음 내세에서 극락으로 가는 것이 아니라 현생에서 바로 극락으로 갈 수 있다는 신라의 정토신앙의 모습을 가장 잘 나타내 주는 설화이다.

욕정을 인내하다, 광덕과 엄장

수도를 하는 데 가장 큰 방해가 되는 것은 바로 욕정이다. 인간이 갖고 있는 오욕칠정이라는 것이 수도 생활에는 커다란 방해가 된다. 특히 식욕, 색욕, 수면욕 등은 참기 어려운 욕정일 것이다. 『삼국유사』에도 수도 생활에서 욕정을 견뎌낸 이야기들이 더러 있다. 광덕과 엄장에 관한 이야기가 대표적이다.

문무왕대에 중 광덕과 엄장이라는 사람이 있었다. 두 사람은 서로 친하여 밤낮으로 약속하여 말하기를 "먼저 극락으로 가는 사람은 모름지기 알려야 한다." 하였다. 광덕은 분황사의 서쪽 마을에 은거하며 짚신을 만드는 것을 업으로 삼으며 처자를 끼고 살았고, 엄장은 남악에 암자를 짓고 나무를 불태워 힘써 경작하였다.

하루는 해 그림자가 붉은 빛을 띠고 솔 그늘이 고요히 저물었는데 창밖에 소리가 들려 알리기를 "나는 이미 서쪽으로 가니 자네는 잘 살다가 빨리 나를 따라오라." 하였다. 엄장이 문을 밀치고 나와 그것을 살펴보니 구름 밖에 천악 소리가 들리고 밝은 빛이 땅으로 이어져 있었다. 다음 날 그 집을 찾아가니 광덕은 과연 죽어 있었다. 이에 그 부인과 함께 시신을 거두고 무덤을 만들었다.

일을 마치자 곧 부인에게 일러 말하기를 "남편이 죽었으니 함께 사는 게 어떻겠는가." 하니 부인이 "좋다."고 하여 드디어 머물렀다. 밤에 장차 잘 때 통정하고자 하니 부인이 부끄러워하면서 말하기를 "법사가 정토를 구하는 것은 나무에 올라가 물고기를 구하는 것이라 말할 수 있겠습니다." 하였다. 엄장이 놀라고 이상하여 물어 말하기를 "광덕은 이미 하였는데 나 또한 어찌 꺼리겠는가." 하니 부인은 말하기를 "남편과 나는 10여 년을 함께 살았지만 아직 하룻밤도 같은 침상에서 자지 않았는데 하물며 닿아서 더럽혔겠습니까. 다만 매일 밤 단정한 몸으로 바르게 앉아 한 소리로 아미타불만 염불하였고, 혹은 16관을 만들어 관이 이미

무르익어 밝은 달이 문으로 들어오면 이때 그 빛에 올라 그 위에서 가부좌를 하였습니다. 정성을 다하는 것이 이와 같으니 비록 서방으로 가지 않고자 해도 어디로 가겠습니까. 무릇 천리를 가는 자는 한 걸음으로도 볼 수 있다고 하는데 지금 법사의 관은 동쪽으로 가는 것이지 서쪽인지는 곧 아직 알 수 없다고 이를 수 있습니다." 하였다. 엄장이 부끄러워 얼굴을 붉히고 물러나왔다.

바로 원효법사가 거처하는 곳으로 나아가 진요를 간절히 구하였다. 원효는 삽관법을 만들어 그를 가르쳤다. 엄장이 이에 몸을 깨끗이 하고 잘못을 뉘우쳤고 한 뜻으로 관을 닦았으니 또한 서방정토에 오를 수 있었다. 삽관은 원효법사의 본전과 『해동승전』 속에 있다.

신라 문무왕대는 삼국 통일 전쟁이 마무리되면서 당나라와 일전을 불사한 시기였다. 삼국 통일 전쟁의 여파가 아직 가시기 전이었다. 일반 민중들에게는 전쟁의 후유증이 여전히 남아 있던 시기였던 것이다. 친구 사이였던 광덕과 엄장은 이러한 세파에서 함께 편안한 세계를 희망하였다. 각각의 가정을 꾸리고 짚신을 삼거나 화전을 경작하면서 살아가는 고된 나날이었기 때문이다. 그런데 광덕이 먼저 서쪽으로 간다는 소리를 남기고 죽었다. 엄장은 광덕의 처와 광덕의 장례를 치르고 함께 살기를 청하였고 광덕의 처는 이를 수락하였다. 엄장이 광덕의 처와 관계를 맺으려고 하니 광덕의 처는 광덕과 생전에도 관계를 가진 일이 없고 오로지 아미타불 염불 수행만 한 광덕의 이야기를 전했다. 이에 크게 깨달은 엄장은 원효에게 가 수도하여 마침내 뜻을 이루었다.

광덕이 수행했다고 하는 16관법은 극락왕생을 위해 수행하는 방법이다. 즉 극락에서 태어날 수 있는 방법을 16가지로 나누었는데 해를 생각하는 관, 물을 생각하는 관, 땅을 생각하는 관, 연못의 물을 생각하는 관, 누각을 생각하는 관, 연화좌를 생각하는 관, 부처님의 형상을 생각하는 관, 몸을 보는 관, 관세음보살을 생각하는 관, 대세지보살을 생각하는 관, 두루 생각하는 관, 아미타불을 생각하는 관, 상배(상품 극락)에 나는 관, 중배(중품 극락)에 나는 관, 하배(하품 극락)에 나는 관 등이 그것이다.

　원효를 비롯한 신라의 승려들은 16관법을 통해 정토가 내 마음에서 이루어진다는 것을 설파하였다. 광덕이 아내와 관계를 갖지 않고 오로지 수행을 할 수 있었던 힘도 여기에서 비롯된 것이다. 엄장이 원효에게 수행한 삽관법은 쟁관법이라고도 하는데 이는 중생이 마음의 더러움을 없애고 깨끗한 몸으로 번뇌의 유혹을 끊는 것이다. 아마도 징을 치면서 산란한 잡념을 없애며 염불 삼매의 경지에 들도록 하는 것으로 추정된다.

　결국 광덕과 엄장이 수행한 수행법은 모두 번뇌의 유혹을 끊어서 서방 정토에 극락왕생하는 것이었다. 특히 광덕의 처는 관음의 화신으로 엄장을 일깨우는 데 기여하였다. 위 설화에서 극락왕생하는 데 인간의 성욕이 금기로 제시되고 있어서 색욕이 수도 생활에 얼마나 방해가 되는지도 알려주고 있다. 문무왕대 신라 사회에 널리 퍼져 있던 정토 신앙이 설화에 투영된 것으로 보이고, 극락왕생을 염원하는 수도자의 자세와 마음가짐이 어떠해야 하는가를 보여주고 있기도 하다. 이 설화는 향가 「원왕생가」의 배경 설화이다.

시험에 들지 말게 하소서, 노힐부득과 달달박박

광덕과 엄장의 이야기에서처럼 두 친구가 서로 수도를 약속하여 극락 왕생하기를 도모하는 사례가 종종 있다. 여기에서 소개하는 노힐부득과 달달박박 또한 친구 사이로 서로 수도를 굳게 약속하고 정진하였다.

산의 동남쪽 3천 보쯤 되는 곳에 선천촌이 있고, 마을에는 두 사람이 있었다. 그 한 사람은 노힐부득인데, 아버지의 이름은 월장이고, 어머니는 미승이었다. 그 한 사람은 달달박박인데, 아버지의 이름은 수범이고, 어머니의 이름은 범마였다. 모두 풍채와 골격이 범상치 않았으며 세속을 벗어날 고원한 이상이 있어서 서로 더불어 좋은 친구가 되었다.

나이가 모두 스무 살이 되자 마을의 동북쪽 고개 밖에 있는 법적방에 가서 의탁하여 머리를 깎고 승려가 되었다. (중략) 부득은 회진암에 살았는데, 혹 양사라고 했고, 박박은 유리광사에 살았다. 모두 처자를 데리고 와서 살면서 산업을 경영하고 서로 왕래하면서 정신을 수양하고 마음을 편안히 하면서 방외의 생각을 잠시도 버리지 않았다. (중략) 마침내 인간 세상을 떠나서 장차 깊은 골짜기에 숨으려고 하였다. (중략) 박박 스님이 북쪽 고개의 사자암을 차지하여 판잣집 8자 방을 짓고 살았으므로 판방이라고 하고, 부득 스님은 동쪽 고개의 첩첩한 바위 아래 물이 있는 곳에 역시 방장을 만들고 살았으므로 뇌방이라고 하여 각자의 암자에 살았다. 부득은 미륵불을 삼가 구했고, 박박은 아미타불을 예배하고 염송하였다.

3년이 채 못된 경룡 3년 기유 4월 8일, 즉 성덕왕 즉위 8년이었다. 날이 저물 무렵에 나이 스무 살쯤 된 자태와 용모가 빼어나고 묘한 낭자가 난초와 사향의 향기를 풍기면서 뜻밖에 북암에 와서 묵기를 청하면서 (중략) 박박이 말하기를, "난야는 청정을 지키는 것을 의무로 삼으니, 그대가 가까이 할 곳이 아니오. 가시고, 이곳에 머무르지 마시오." 하고는 문을 닫고 들어갔다.

낭자가 남암으로 돌아가서 다시 앞서와 같이 청하자, (중략) 스님이 그것을 듣고 놀라면서 일러 말하기를, "이곳은 부녀자가 더럽힐 곳이 아니오. 그러나 중생을 수순함도 역시 보살행의 하나인데, 하물며 궁벽한 산골에 밤이 어두우니 그 어찌 홀대할 수 있겠소?"라고 하고, 이에 그를 맞아 읍하고 암자 안에 있도록 하였다.

밤이 되자 마음을 맑게 하고 지조를 가다듬어 희미한 등불 아래에서 염송에만 전념하였다. 밤이 이슥하여 낭자가 불러 말하기를, "제가 불행히도 마침 해산기가 있으니 화상께서는 짚자리를 좀 깔아주십시오." 하였다. 부득이 불쌍히 여겨 거절하지 못하고 촛불을 은은히 밝히니 낭자는 벌써 해산하고 또 목욕할 것을 청하였다. 노힐이 부끄러움과 두려움이 마음에 교차하였다. 그러나 불쌍한 생각이 더해짐이 그치지 않아 또 통을 준비하여 속에 낭자를 앉히고 물을 데워 목욕을 시켰다. 조금 있다가 통 속의 물에서 향기가 강렬하게 풍기고 금빛 물로 변하였다. 노힐이 깜짝 놀라자, 낭자가 말하기를, "우리 스님께서도 여기에서 목욕하십시오."라고 하였다. 노힐이 마지못해 그대로 따랐더니, 갑자기 정신이 상쾌해지고 살갗이 금빛으로 변하는 것을 깨달았다. 그 옆을 보니 문득 하나의 연화대가 생겼다. 낭자는 그에게 앉기를 권하고 이로 인해 일러 말하기를, "내가 바로 관음보살인데 와서 대사가 대보리를 성취하도록 도운 것이다."고 하였다. 말을 마치자 보이지 않았다.

　박박은 노힐이 오늘밤에 틀림없이 계를 더럽혔을 것이니, 장차 돌아가 그를 비웃어주어야겠다고 생각하였다. 다다른 후에 노힐이 연화대에 앉아 미륵존상이 되어 광명을 발하고 몸은 금빛으로 단장되어 있는 것을 보고는 (중략) "나는 곧 업장이 무거워서 다행히 대성을 만나고도 도리어 만나지 못한 것이 되었습니다. 대덕은 지극히 인자하여 나보다 먼저 뜻을 이루었으니, 원컨대 옛날의 약속을 잊지 마시고 일을 모름지기 함께했으면 합니다"고 하였다. 노힐이 말하기를, "통에 남은 물이 있으니 목욕할 수 있습니다."고 하였다. 박박이 또 목욕했더니 역시 앞서처럼 무량수를 이루어 두 존상이 엄연이 상대하였다. 산 아래 마을 사람들이 이 소식을 듣고 다투어 와서 우러러보고 감탄하면서 말하기를, "드물고 드문 일이다."고 하니, 두 성인이 법요를 설강해주고 온 몸으로 구름을 타고 가버렸다.

　노힐부득과 달달박박은 신라 성덕왕대 사람들이다. 성덕왕대는 신라 중대 시기이고 신라의 전성기 시절이었다. 또한 신라 중고 시대를 거치면서 불교도 교세를 대폭 확충하였다. 그러한 와중에 일반인들은 성불에 대한 꿈을 꾸었다. 노힐부득과 달달박박은 그러한 일반인들이었다. 이들은 연화장 세계에 사는 부처가 되기를 염원하여 중이 되었다. 처자를 거느리고 살았던 그들은 더욱 수행에 정진하기 위해 세속과의 인연을 끊고 산속으로 들어갔다. 노힐부득은 미륵불을, 달달박박은 미타불을 갈구하였다.

이때 젊은 여인이 수행중인 암자에 찾아왔다. 달달박박은 수행에 방해가 되는 여인의 숙박을 일언지하에 거절하였다. 반면에 노힐부득은 여인의 숙박뿐 아니라 해산을 돕고 목욕까지 시켜주었다. 그런데 그 여인이 바로 관음보살의 현신이었다. 목욕물로 미륵불이 된 노힐부득을 보고 뒤늦게 달달박박도 목욕을 하고 미타불이 되어 성불의 꿈을 이루었다.

이 설화도 광덕과 엄장 설화와 마찬가지로 청정 수도와 성적 욕망 사이의 갈등을 다루고 있다. 중생을 제도하는 임무를 지닌 관음보살이 등장하여 성불의 꿈을 이루어주는 역할을 함으로써 이 이야기가 관음 신앙에 바탕을 두고 있음을 알 수 있다. 아울러 중생을 도와준 노힐부득이 좀 더 관음신앙에 충실한 인물로 표현된다.

경덕왕대 절을 세우고 두 부처를 안치했는데 미타불은 얼룩이 남았다고 전한다. 그것은 뒤에 남은 물로 목욕을 한 달달박박의 아미타상인데, 목욕물이 부족하여 몇몇 얼룩이 졌다는 것인데 이것이 노힐부득을 좀 더 관음신앙에 가까운 인물로 나타낸 대목이라 할 수 있다. 여인에 대한 두 인물의 대비적인 서사가 이야기를 더 흥미롭게 만들어주고, 진정한 수도 생활이 어떠해야 하는지를 알려주는 교훈적인 이야기이다.

2인자와 패배자로 지낸 인물들

8

『삼국유사』에 수록된 인물들은 대체로 주인공이다. 그러나 주인공의 그늘에서 평생 주인공이 되어 보지 못한 채 지낸 인물들도 있다. 또한 주인공의 적대자로 승부를 했다가 패배하여 평생을 패배자로 보낸 인물들도 있다. 주인공보다 나은 자신의 모습을 보여주기 위해 극적인 시도를 하다가 결국 패배한 인물도 있다. 사람이 사는 세상의 다양한 모습들을 보여주고 있는 것이다.

평생을 2인자로 산 인물, 김인문

어느 시대나 자신이 처한 지위 때문에 어쩔 수 없이 주인공의 그늘에서 평생을 보내야 하는 사람들이 있기 마련이다. 특히 사회적인 격변기에 있어서는 더욱 그렇다. 신라는 삼국 통일을 이룩한 뒤에 당나라를 신라의 영역에서 몰아내기 위해서 연합군이었던 당나라 군대와 싸워야 했다. 당나라가 처음부터 신라의 온전한 삼국 지배를 용인할 리 없었기 때문에 이를 간파한 신라는 전략적으로 접근해야 했다. 더욱이 당나라에는 신라 문무왕의 친동생인 김인문이 숙위로 당나라에 있었기 때문이다. 명분은 숙위지만 실제로는 인질이었다.

김인문은 신라의 왕족이자 태종무열왕의 둘째 아들, 문무왕의 친동생이다. 단순히 혈연적으로 지위가 높은 것이 아니라 장군 및 정치가였다. 신라의 삼국 통일 전쟁에 참여하여 활동하였고, 당나라에 사신으로 다녀오기도 했다. 그런 존재가 당나라 숙위로 들어가 있었던 것이다. 그래서 신라가 당나라의 비위를 거스르는 행동을 하면 여지없이 당나라 조정에 불려 들어가 대신 야단을 맞고는 했다. 신라 왕의 동생으로서 겪지 않아도 될 수모를 겪었던 것이다. 특히나 백제와 고구려를 모두 멸망시킨 뒤 신라와 당나라 사이에 갈등이 일어나자 김인문의 고생은 이루 말할 수 없었다. 신라와 당나라 사이에서 어느 쪽의 입장에도 설 수 없는 곤란한 처지에 있었던 것이다.

이때 당의 유병과 여러 장병들이 진에 머물러 있으면서 장차 우리를 습격하려고 계획하였다. 왕이 그것을 깨닫고 그곳에 병사를 일으켰다. 이듬해에 고종이 인문 등을 불러서 꾸짖어 말하기를, "너희들이 우리 군사를 청해 고구려를 멸하고도 우리를 해치려는 것은 무슨 까닭이냐?"라고 하고, 곧 옥에 가두고 군사 50만 명을 조련하여 설방을 장수로 삼아 신라를 치려고 하였다.

이때 의상법사가 서쪽에 유학하면서 당에 들어가 와서 인문을 만났는데, 인문이 그 일을 알려주었다. (중략) 그 후 신미(671년)에 당이 다시 조헌을 보내 장수로 삼고 또한 군사 5만 명으로써 쳐들어왔는데, 또 그 법을 썼더니 배들이 전과 같이 침몰하였다.

이때 한림랑 박문준이 인문을 따라 옥 중에 있었는데, 고종이 문준을 불러 말하기를, "너희 나라에는 무슨 비법이 있기에 대군을 두 번이나 일으켰는데도 살아서 돌아온 사람이 없느냐?" 하였다. 문준이 아뢰어 말하기를, "배신 등은 상국에 온 지가 10여 년이나 되어 본국의 일을 알지 못합니다. 다만 멀리서 한 가지 일을 들었을 뿐인데, 상국의 은혜를 두터이 입어서 삼국을 통일하였기에 그 은덕을 갚기 위하여 낭산 남쪽에 천왕사를 새로 짓고, 황제의 만년 장수를 축원하는 설법의 자리를 오래 열었다는 사실뿐입니다."라고 하였다. (중략)

왕이 문준이 잘 아뢰어 황제가 너그럽게 사면해줄 뜻이 있음을 듣고, 이에 강수 선생에게 명하여 인문을 사면해달라고 청하는 표문을 지어서 사인 원우를 시켜 당에 아뢰었다. 황제가 표문을 보고 눈물을 흘리면서 인문을 사면하고 그를 위로해서 보냈다. 인문이 옥에 갇혀 있을 때 국인이 그를 위해 절을 지어 인용사라고 하고 관음도량을 개설하였더니, 인문이 돌아오다가 해상에서 죽으니 그 도량을 고쳐서 미타도량으로 삼았는데 지금까지 전한다.

김인문은 신라가 당나라의 노여움을 사는 일이 있을 때면 불려가서 고통을 당했다. 위에서도 신라가 당나라의 뜻을 어길 조짐을 보이자 김인문을 감옥에 가두는 것으로 신라에 대한 압박을 시도했던 것이다. 다행이 박문준이라는 신라 사신이 당나라 황제의 노여움을 풀어 김인문은 사면될 수 있었다.

김인문은 신라 사회에서는 가장 높은 신분이었으나, 당나라에 자주 가 있었던 관계로 인해 신라 사회에서의 입지는 그리 확고하지 못했던 것으로 보인다. 게다가 태종무열왕 뒤에 형인 문무왕이 즉위하면서 권력의 핵심으로부터 멀어지는 지위가 된 것이다. 그는 진덕여왕대 이미 당나라 숙위로 들어가 있었으며, 아버지인 김춘추가 즉위하자 귀국하여 압독주 총관이 되었다. 신라가 본격적인 통일 전쟁에 나서기 위해 당나라에 원군을 청하는 임무를 맡아 사신으로 갔는데, 당나라에서는 소정방을 신구도 대총관으로 삼고, 김인문을 부총관으로 임명하여, 졸지에 당나라 장수가 되어 백제를 정벌하게 된다. 그 뒤로 계속 당나라에 숙위하면서 고구려 정복 당시에는 군량을 보급하는 역할을 했고, 신라의 장수로 출전하여 당과 함께 고구려를 멸망시켰다.

김인문의 인생은 평탄하지 못했다. 이전에 숙위할 당시에도 그랬지만, 신라가 삼국을 통일한 후에 당나라의 세력을 한반도로부터 축출하기 위해 당군과 전쟁을 벌이면서 양국의 사이가 벌어지자 당 고종은 김인문을 신라의 왕에 임명하였다. 신라에는 문무왕이 있었지만, 당에 의해 임명된 신라 왕 김인문이 한 명 더 있음으로 인해 두 명의 왕이 존재했던 것이다. 이 문제는 문무왕이 당 고종에게 사죄를 하면서 일단락되었지만, 왕으로 임명된 김인문의 속마음도 편치 않았을 것이다. 그

김인문의 묘비(신라, 국립경주박물관)

뒤에 김인문은 당으로부터 보국대장군 상주국에 임명되었고, 694년 당
나라 장안에서 세상을 떠났다. 김인문은 높은 신분으로 태어났지만 일
생을 이인자로 살아야 했던 숙명을 지닌 인물이었다고 할 수 있다.

왕위 계승자에서 반란의 주역으로, 김주원

김주원은 태종무열왕의 둘째 아들 김인문의 5세손으로 알려져 있다.
다른 기록에서는 김문왕의 후손으로 나와 있어서 정확하지는 않다. 앞
서 문무왕의 동생으로 평생을 당나라와 신라 사이에서 고생했던 김인
문의 삶에 대해서 살펴보았는데, 그 후손인 김주원의 삶 또한 좌절의
연속이었다.

얼마 지나지 않아 선덕왕이 세상을 떠나자, 나라 사람들이 김주원을 왕으로 받들어 장차 궁중으로 맞아들이려 했다. 그의 집은 북천 북쪽에 있었는데 홀연히 냇물이 불어나 건널 수가 없었다. 왕(김경신, 원성왕)이 먼저 궁궐로 들어가 왕위에 올랐다. 상재의 무리들이 모두 와서 그를 따랐으며, 새로 즉위한 왕께 경배하고 축하하니 이가 원성대왕이 되었다. 왕의 이름은 경신이고 김씨이니 대개 길몽이 맞은 것이다. 주원은 물러나 명주에서 살았다.

선덕왕 김양상이 재위 6년 만에 죽었는데, 이때 왕위 계승 서열 1순위가 김주원이었다. 선덕왕이 승하하자 대신들은 당시 1인자였던 김주원을 왕위 계승자로 추대하고 즉위식을 하고자 했다. 앞서 여삼 이야기에서 등장했던 김경신은 당시 김주원에 이어 서열 2위였는데 자신의 꿈 해몽이 좋지 않게 나오자 집권을 포기하고 집에서 칩거하였다. 그러던 중에 여삼의 설득에 따라 북천신에게 제사를 지내는 등 반전을 도모한다.

즉위식이 있는 날 김주원이 궁중으로 들어오려고 하자 궁궐로 가기 위해 건너야 했던 북천의 물이 갑자기 불어나 건널 수가 없었다. 그 사이에 김경신이 대신들을 설득하여 왕위에 오르게 되었다. 왕위를 빼앗긴 김주원의 심정이 어떠했을지는 쉽게 짐작이 간다. 그러나 김경신과의 대결에서 패한 김주원은 신변상의 안전을 도모해야 했다. 당시 왕위 계승전에서 패한 귀족들의 재산과 노비들은 모두 왕권에 의해 몰수되기 일쑤였기 때문이다.

김주원은 하슬라(강릉 지역)로 피신을 했고, 거기에 머물렀다. 2년 후에 김주원은 하서주 도독에 임명되고, 명주군왕에 책봉되었다. 원성왕도 김주원의 강릉 지역 세력에 대해 인정을 하고 김주원을 제후로 책봉을 했던 것이다. 이 같은 상황은 신라 하대 중앙정부의 지배력이 얼마나 와해되었는지를 잘 보여주는 사례라 할 것이다. 한편으로는 김주원의 세력이 그만큼 강성했다는 반증이기도 하다. 하서주는 이후에도 김주원의 후손들이 도독을 세습하면서 일종의 신라 내 독립국처럼 존재했다. 그래서 일명 명주국으로 불리기도 하였다.

김주원 본인도 억울했겠지만, 그 후손들의 분노는 쉽게 사그러들지 않았다. 김헌창은 김주원의 둘째 아들이었는데 아버지가 왕이 되지 못한 것에 원망을 품고 헌덕왕대에 이르러 반란을 일으켰다. 김헌창은 당시 웅천주(공주) 도독이었는데 신라 조정에 항거해 새로운 정부를 수립하고 국호를 장안, 연호를 경운이라 하였다. 이 반란은 지금의 충청·경상·전라 일부 지역이 반란 세력에게 장악될 정도로 전국적 규모의 반란이었는데 중앙군에 의해 반란의 중요 거점인 웅진성이 함락되고 김헌창이 자결함으로써 진압되었다. 김헌창의 아들인 김범문은 진압과정에서 피신해 살아남았는데, 그 뒤에 다시 반란을 일으켰다가 진압되었다.

이 반란은 김주원으로 대표되는 태종무열왕계와 원성왕계의 대결로 이해할 수 있다. 이 대결의 결과 원성왕이 승리함으로써 이후 왕실은 원성왕계에 의해 장악되고 무열왕계는 크게 몰락하게 된다. 반란에 가담한 많은 귀족들이 죽임을 당했고, 살아남았을지라도 신분이 강등되거나 경제적 기반을 몰수당했던 것이다.

아비를 넘지 못한 아들, 신검

신라의 무장이었던 견훤이 완산주를 근거지로 해서 신라에 대항하는 반란을 일으키고, 이어서 후백제를 건국하였다. 견훤은 신라, 태봉과 함께 후삼국 시대를 열었던 인물이다. 신라 지방 호족의 아들로 태어나 군인으로 이름을 날렸고, 후백제를 건국하여 지속적으로 신라를 압박하며 궁예의 태봉, 왕건의 고려와 한반도를 장악하기 위한 대결을 거듭하였다. 서라벌로 쳐들어가 신라 경애왕을 자살하게 하고, 후임으로 경순왕을 세운 일은 그 가운데 가장 압권이었다. 견훤은 그만큼 일세를 풍미한 호걸이었다. 견훤은 슬하에 많은 자녀를 두었다. 아들만 10명이 넘었는데 맏이는 신검, 둘째는 양검, 셋째는 용검, 넷째는 금강이었다.

신검은 아버지 견훤을 도와 후백제의 장군으로 활약하였다. 초대 왕의 장자로서 다음 왕위를 물려받을 지위에 있으면서 그만큼의 역량을 쌓아나갔다. 특히 고려와의 대결에서 신검은 아우 양검과 함께 고려 조물성을 공격하는 등의 군공을 세웠다. 아울러 신라 서라벌을 공격하면서 고려의 유금필과 접전을 벌였으나 끝내 패하였다. 이때 많은 휘하의 병사를 잃었다고 한다. 아마도 신검의 군공을 기대한 견훤에 입장에서는 대단히 실망스러운 결과였을 것이며, 아울러 신검의 입장에서도 아버지를 볼 면목이 없었을 것이다.

견훤은 후백제를 강국으로 키우기 위해서는 맏아들이라서 왕위를 계승하는 것이 아니라 그만한 실력이 있어야 한다고 믿었다. 그 때문에 신검은 아버지의 그러한 방침으로 많은 스트레스를 받았던 것 같다. 자신의 책사인 능환은 이러한 신검의 마음을 꿰뚫어보고 있었다. 견훤의 마음이 맏아들인 자신이 아니라 넷째 아들인 금강에게 가 있다는 것을 알자 신검은 더 이상 견딜 수 없었다.

견훤은 처첩이 많아서 아들 10여 명을 두었는데, 넷째 아들 금강은 키가 크고 지혜가 많아 견훤이 특히 그를 사랑하여 왕위를 전하려 하니 그의 형 신검·양검·용검 등이 알고 몹시 근심하고 번민하였다. 이때 양검은 강주도독, 용검은 무주도독으로 있어서 홀로 신검만이 견훤의 곁에 있었다. 이찬 능환이 사람을 강주와 무주에 보내서 양검 등과 모의하였다. 청태 2년 을미 봄 3월(935년)에 영순 등과 함께 신검을 권해서 견훤을 금산의 불당에 가두고 사람을 보내서 금강을 죽였다. 신검이 자칭 대왕이라 하고 나라 안의 모든 죄수들을 사면해주었다.

결국 견훤이 10여 명의 아들 가운데 넷째 아들이자 신검의 이복동생인 금강에게 왕위를 전할 뜻을 보이자, 신검의 불만은 극에 달한다. 책사인 능환과 아우 양검 등의 권유를 받아 마침내 아버지를 거역하는 쿠데타를 일으켰다. 신검은 아버지 견훤을 금산사에 유폐하고 아우인 금강을 죽였다. 한동안은 대리청정 형태로 후백제를 통치하다가 후백제 2대 왕으로 즉위하였다.

금산사에 유폐된 견훤은 기회를 엿보다가 탈출하여 고려의 왕건에 귀부하였다. 적대국의 군왕에게 항복하는 견훤의 심정이 어떠했을까. 아마 왕건에게 항복한다는 수치심보다 아들 신검의 배신에 대한 분노가 더 컸던 탓에 그런 일이 가능했을 것 같다. 견훤은 왕건에게 쿠데타를 일으킨 아들들을 응징할 수 있도록 도움을 요청하고, 왕건은 그 요청을 받아들여 후백제와 전쟁을 벌이게 된다.

고려군에 대항하여 후백제의 병사들이 초반에는 적극적으로 방어를 하였으나, 견훤의 사위인 박영규가 견훤을 따라 고려로 귀화하자 전세가 불리해지게 되었다. 게다가 고려군과 같이 나타난 견훤의 모습을 본 후백제군은 싸울 의지를 잃고 말았다. 결국 전투가 벌어지기도 전에 애술을 비롯한 후백제의 장수들은 항복하였다. 신검은 후퇴를 거듭하다가 황산에 이르러 전투를 벌였으나 크게 패배하면서 항복하였다.

견훤은 왕건에게 신검이 아버지에게 반란을 일으킨 패륜을 처벌해달라고 요청하였다. 그러나 왕건은 반역의 책임을 신검이 아닌 동생 양검과 용검, 그리고 책사 능환에게 있다고 그들에게 처벌을 내렸다. 능환은 처형되고 양검과 용검은 귀양을 보낸 후에 살해하였다. 신검의 최후는 알려지지 않았다. 『삼국사기』견훤 열전의 주석에 신검 삼형제가 모두 벌을 받아 죽었다고 한 것으로 보아 신검도 양검, 용검과 같은 길을 걸었을 것으로 짐작된다. 신검은 왕위에 오를 욕심에 아버지 견훤을 배신하고 왕위를 찬탈하였다. 그 이면에는 나도 아버지만큼은 할 수 있을 거라는 자신감이 있었을 것이다. 그러나 결국 신검은 아버지를 넘지 못하였다.

예지와 신통력을 지닌
인물들

『삼국유사』에는 남다른 통찰력을 지닌 인물들이 나온다. 이들은 자신들의 능력을 바탕으로 닥친 현안들을 해결해나가며 업적을 쌓았다. 남다른 통찰력은 신이한 측면도 없지 않지만, 그것보다는 그들이 평소 갈고 닦은 실력에 따른 것이다. 예를 들어 선덕여왕이 미리 세 가지 일을 예측한 것을 보면, 바로 예리한 관찰력에서 비롯되었음을 알 수 있다. 이처럼 예지와 신통력은 그냥 생기는 것이 아니라 그 뒤에 많은 노력이 수반되었다.

예리한 관찰력, 선덕여왕

선덕여왕은 신라 제27대 왕이다. 한반도 역사상 최초의 여왕이기도 하다. 이름은 덕만이고 진평왕과 마야부인 김씨의 딸이다. 아들이 없던 진평왕의 뒤를 이어 즉위하였다. 선덕여왕은 최초의 여왕이었기 때문에 신라 내 많은 진골 귀족들의 도전을 받았으며, 국제적으로도 이웃 나라들로부터 업신여김을 당하기도 했다. 그러나 재위 초반부터 민생의 안정에 주력하여 구휼정책을 활발히 추진하고, 천문관측대인 첨성대를 건립하여 농사에 도움이 되도록 하였다. 분황사와 영묘사 등의 사찰을 건립하여 신라의 사상적 통일을 공고히 하였다. 특히 호국과 천하통일의 의지를 담은 황룡사 9층 목탑을 세웠다.

『삼국유사』에는 선덕여왕이 미리 예측한 세 가지 일이 수록되어 있는데, 당 태종의 모란꽃과 여근곡의 백제 군사, 여왕의 죽음과 도리천이 그것이다.

선덕여왕이 즉위하던 해 당 태종이 빨간색, 자주색, 하얀색의 모란 그림과 그 씨앗을 선물로 보내왔다. 여왕이 이를 보고 "이 꽃은 향기가 없을 것이다."라고 하였는데 씨앗을 심어보니 과연 그러했다. 훗날 신하들이 여왕에게 물으니 "꽃 그림에 나비가 없어서 안 것이다. 이는 배우자가 없는 나를 희롱한 것이다."라고 답하였다.

여왕 즉위 4년째 영묘사를 건립하였는데, 어느 겨울에 영묘사 옥문지에 개구리들이 며칠간 계속해서 울었다. 여왕이 각간 알천, 필탄에게 병사 2,000명을 주어 서라벌 북쪽 부산 아래 여근곡을 습격하게 했는데, 백제 장수 우소가 매복해 있다가 신라군의 공격을 받고 죽었다. 나중에 여왕은 "개구리가 심히 우는 모습은 병사의 모습이고, 옥문이란 여자의 음부이다. 여자는 음이고, 그 색깔은 흰색인데 곧 서쪽이다. 또한 남근이 여근에 들어가면 죽는 법이다."라고 대답하였다.

　여왕이 어느 날 신하들을 불러 "내가 죽으면 도리천에 장사지내라. 낭산 남쪽이다."라고 하였다. 왕이 죽은 뒤에 신하들이 낭산 남쪽에 장사를 지냈는데, 문무왕대에 이르러 선덕여왕의 무덤 아래 사천왕사를 세웠다. 이는 불경에 "사천왕천 위에 도리천이 있다."는 내용이 그대로 실현된 것이다.

　선덕여왕의 재위기간은 신라가 국내외적으로 매우 급박한 상황이었다. 백제와의 고질적인 전쟁은 지속되었고, 이에 대한 공격과 격퇴가 반복되었다. 대야성 전투에서는 김춘추의 사위 부부가 죽음을 당하는 비극이 일어나기도 했다. 또한 백제는 나제동맹으로 되찾은 한강 유역을 신라에 빼앗기자 집요하게 이 지역에 대한 공격을 계속했다. 당과의 외교 및 교역의 주요한 거점인 한강 유역은 신라에게도 매우 중요한 지역이었다. 이런 상황에서 당나라에 숙위를 보내는 등 외교관계를 더욱 공고히 하는 한편, 고구려에 백제를 물리치고자 원군을 요청하기도 하였다.

　선덕여왕은 이 같은 시기에 김춘추를 외교 사절로, 김유신을 국방의 책임자로 중용하면서 난국을 헤쳐 나갔다. 이 둘을 중용한 것은 성골 신분으로 마지막 왕이 될지도 모르는 왕위 계승과 왕권을 지켜내기 위한 나름의 예지였다. 선덕여왕은 즉위 이후부터 당나라를 비롯한 이웃 나라는 물론 국내에서도 여왕이라고 업신여김을 당했다. 선덕여왕 말년에 일어났던 비담의 난이 대표적인 사례이다. 비담은 당시 상대등이었다. 상대등은 귀족회의를 대표하는 직책으로 비담은 진골 귀족을 대변하는 위치에 있었다. 그러한 상대등 비담이 '여자가 나라를 다스리도록 할 수 없다.'며 반란을 일으킨 것이다. 선덕여왕은 김유신을 시켜 진압하도록 했다. 어려움이 있었지만 김유신의 지혜로 반란은 진압되었다. 비담의 난 와중에 선덕여왕은 죽었고, 뒤를 이어 진덕여왕이 즉위하였다.

진평왕대부터 진덕여왕대까지는 신라의 전환기로 평가받는다. 진흥왕대 강력한 군사력과 대외 정복활동이 끝나고 고구려와 백제가 연합하여 신라를 공격하면서 많은 변화가 생겼기 때문이다. 선덕여왕은 이 같은 시기에 당과의 친선을 강화하고 불교를 진흥하여 국가적 단합을 도모함으로써 위기를 극복하고자 하였다. 또한 귀족 자제들을 당나라 국학에 입학시키고 황룡사 9층 목탑을 세우는 등의 일을 과감히 추진하였다. 김춘추와 김유신을 중용함으로써 삼국 통일의 기반을 닦았다. 선덕여왕의 미리 예측한 세 가지는 여왕의 이러한 예지와 통찰력을 잘 보여주는 사례라 할 것이다.

적을 물리치는 신통력, 명랑

———

명랑은 7세기 신라의 승려이다. 사찬(신라 17관등 가운데 11관등) 재량의 아들이며 왕족 출신으로 자장의 외조카이기도 하다. 선덕여왕대 당나라에서 유학하고 신라로 돌아와 활동하였다. 유학에서 돌아오는 길에 용궁에 들어가 비법을 전하고 용궁에서 황금을 시주받았다고 한다. 귀국 후 용왕이 시주한 황금으로 자기 집터에 절을 짓고 탑상을 장식하여 금광

사라고 이름을 지었다.

668년 당나라 군대의 신라 침공 소식을 듣고 사천왕사를 창건하면 물리칠 수 있다고 건의하였고, 실제 문두루비밀법을 써서 당나라 군대를 물리쳤다고 한다. 명랑이 당나라에 유학하면서 배운 것은 밀교로 이를 신라에 전파한 인물이다. 나중에 신인종의 조사가 되었다.

이듬해에 당나라의 고종이 (중략) 군사 50만 명을 조련하여 설방을 장수로 삼아 신라를 치려고 하였다. 이때 의상법사가 서쪽 당나라로 가서 유학하고 있다가 인문을 찾아보았는데, 인문이 그 사실을 알렸다. 의상이 곧 귀국하여 왕에게 아뢰니, 왕이 매우 염려하여 여러 신하들을 모아놓고 방어책을 물었다. 각간 김천존이 아뢰기를, "근래에 명랑법사가 용궁에 들어가서 비법을 전수해왔으니 그를 불러 물어보십시오."라고 하였다. 명랑이 아뢰기를, "낭산 남쪽 신유림이 있으니, 그곳에 사천왕사를 세우고 도량을 개설함이 좋겠습니다."라고 하였다. 이때 정주에서 사자가 달려와서 보고하기를, "당나라 군사들이 수없이 우리 국경에 이르러 바다 위를 순회하고 있습니다."라고 하였다. 왕이 명랑을 불러서 말하기를, "일이 이미 급박하게 되었으니 어찌하면 좋겠소?"라고 하였다. 명랑이 말하기를, "채색 비단으로 (절을) 임시로 지으십시오."라고 하였다. 이에 채색 비단으로 절을 짓고, 풀로 오방신상을 만들고, 유가명승 12명이 명랑을 우두머리로 하여 문두루비밀법을 지으니, 그때에 당나라와 신라의 군사가 싸우기도 전에 풍랑이 크게 일어 당나라의 배가 모두 물에 침몰하였다. 그 후 절을 고쳐 짓고 사천왕사라고 했는데, 지금까지 단석이 끊어지지 않았다.

명랑은 신라가 고구려와 백제를 멸망시킨 후 당나라와 일전을 불사할 무렵에 활약하였다. 당나라 군사가 겁박해오자 왕의 해결책 문의에 명랑은 사천왕사의 창건을 언급한다. 그러나 절을 지을 만큼의 여유로운 상황이 아니자 비단으로 임시 절을 짓게 하고 오방신상을 두고 유가명승들이 문두루비밀법을 지어 당나라 군사를 물리칠 수 있었다고 한다. 재미있는 것은 그를 추천한 각간 김천존이 명랑이 용궁에서 비법을 전수해왔다고 했다는 사실이다. 각간 김천존은 삼국 통일 전쟁기에 김유신과 함께 전장을 누린 장수로서, 통일 전쟁 이후 문무왕대에 중시까지 되었던 인물이다. 이런 인물이 명랑의 밀교를 알고 있었다는 것은 그만큼 신라 사회가 밀교에 대해서 잘 알고 있었음을 의미한다. 더욱이 왕 또한 명랑의 해법대로 시행한 것도 밀교의 가치를 인정했다는 뜻이 될 것이다.

명랑이 중국에서 배워온 밀교는 비밀의 가르침이란 뜻이다. 즉 경전 중심의 사상이 아니라 이를 초월한 가르침을 의미한다. 진언종이라고도 한다. 밀교는 금강승이라고도 하는데 오늘날 티베트 불교의 대부분을 차지한다. 불교에는 삼보가 있다. 불, 즉 부처가 하나이고 법, 즉 부처의 가르침이 하나이고, 승, 즉 부처의 가르침을 실천하는 사람이 하나이다. 금강승은 그 가운데 법을 가장 중시하는 종파이다. 삼국시대 다른 승려들이 화엄경 등 불경을 중심으로 한 불교 종파에 종사한 반면 명랑은 밀교에 종사했다.

사천왕사 출토 부조상(신라, 경주국립박물관)

　　명랑이 전쟁이 시작되었을 때 사용한 것이 문두루비밀법이다. 이
때문에 접전을 벌이기도 전에 큰 풍랑이 일어 당나라 배가 모두 침몰
하였다고 한다. 문두루비밀법의 문두루는 범어 무드라(mudra)의 음사
로 신인으로 번역된다. 그래서 신인종이라고도 한다. 문두루비밀법은
『불설관정복마봉인대신주경』에 기반을 두고 있다. 이 불경에 의하여
불단을 설치하고 다라니 등을 독송하면 국가적 재난을 물리치고 국가
를 수호하여 사회를 편안하게 할 수 있다는 것이다. 명랑은 당시 신라
에서 유행하던 불교와는 다른 불교의 종파를 믿었다. 진언종의 별파인
신인종이 그것이다. 명랑은 신인종의 중흥 조사가 되었는데 명랑 이후
에도 호국, 호법과 결부되어 교세를 떨쳤다고 한다.

여우 잡는 활 솜씨, 거타지

주몽의 건국신화에서 활쏘기라는 탁월한 능력을 바탕으로 고구려를 건국한 사례를 앞서 보았다. 고대국가의 전쟁에서 활쏘기는 필수적인 전투 기술이었다. 그렇기 때문에 활을 만드는 사람과 활을 쏘는 사람을 양성하는 것은 국가적인 임무였다. 우리나라의 활은 동아시아 최강이었다. 중국의 창, 일본의 칼, 한국의 활 이렇게 각국의 특성에 맞는 무기를 발전시켜왔던 것이다. 한국의 활은 중국에서 일찍부터 탐내는 것으로 유명했다. 그만큼 활이 정확히, 멀리 날아갈 수 있도록 제작되었기 때문이다. 활은 크게 두 가지로 분류된다. 하나는 길이가 짧은 단궁, 다른 하나는 길이가 긴 장궁이다. 단궁은 단거리 전투에서 신속하게 쏠 수 있다는 장점이 있고, 장궁은 원거리 전투에서 멀리 쏠 수 있다는 장점을 갖고 있다.

삼국의 전투 방식은 보병과 기병이 연합작전을 펼치는 보기전이었다. 말 타기를 자유롭게 할 수 있는 기병의 숫자가 보병보다 적을 수밖에 없기 때문에 전투가 벌어지면 싸움의 대부분은 보병이 맡았다. 그러나 승패가 걸린 중요한 싸움은 결국 속도전으로 결판이 났고, 여기에서 기병의 역할을 절대적일 수밖에 없었다. 그 때문에 말을 타면서 전투를 치를 수 있는 기병의 능력이 중시되었고, 말을 타면서 활을 쏠 수 있도록 만들어진 단궁(길이 1미터 이내의 짧은 활)이 발달하였다.

반면, 삼국시대 중요한 전투들은 모두 산성을 바탕으로 이루어졌다. 즉 성을 공격하는 공성과 성을 방어하는 수성이 일반적이었다. 특히 수성전에서는 접전, 즉 맞서서 싸우는 전투보다는 적들이 다가오기 전에 물리칠 수 있는 원거리 전투무기가 필요했다. 이때 필요한 것은 장궁이었다. 단궁과 장궁은 각각 가까운 곳에서 쏘는 활, 먼 거리에서 쏘는 활로 이해하면 된다.

신라의 경우 원성왕대 독서삼품과를 시행하기 전까지 말을 타고 활을 쏘는 기사를 인재 등용의 가장 중요한 기준으로 삼았다고 한다. 그만큼 활쏘기가 중시되었던 것이다. 고구려의 경당에서도 말 타기와 활쏘기는 기본적인 교육내용이었다. 바보 온달의 기록을 보면 평원왕대 벌어진 사냥 대회에서 온달이 가장 많은 사냥감을 잡아 등용되는 내용이 나온다. 이는 당시에 활쏘기를 얼마나 중시했는가를 보여주는 사례라 할 것이다. 또한 당나라에서 신라의 쇠뇌 장인 구진천을 소환하여 신라 쇠뇌를 당나라에서 제작하게 했다는 이야기를 보면 당시 당나라에서 얼마나 신라의 활을 탐냈는지 알 수 있다.

거타지라는 인물은 9세기 신라의 군사였다. 그의 활쏘기 솜씨는 대단했던 듯하다.

이 왕의 시대에 아찬 양패는 왕의 막내아들이었다. 당나라에 사신으로 갈 때에 백제의 해적이 진도에서 길을 막는다는 이야기를 듣고 궁수 50명을 뽑아서 그를 따르게 했다. 배가 곡도에 이르니 풍랑이 크게 일어났으므로 열흘 남짓 묵게 되었다. 공이 근심하여 사람을 시켜 점을 치니, 말하기를 "섬에 신령한 못이 있으니 그곳에 제사지내는 것이 좋겠습니다."라고 하였다. 이에 못 위에 제전을 갖추었더니, 못물이 한 길 남짓이나 솟아올랐다. 그날 밤 꿈에 노인이 나타나 공에게 말하기를, "활 잘 쏘는 사람 한 사람을 이 섬 안에 머무르게 하면 순풍을 얻을 수 있을 것입니다."라고 하였다. (중략) 군사 중에 거타지란 자가 있어 그의 이름이 물속에 가라앉았으므로 이에 그를 머물게 하니 순풍이 갑자기 일어나 배는 지체 없이 나아갔다. 거타가 수심에 쌓여 섬에 서 있었더니 갑자기한 노인이 못으로부터 나와서 말하기를, "나는 서쪽 바다의 신이오. 매번 한 중이 해가 뜰 때에 하늘로부터 내려와 다라니를 외우면서 이 못을 세 바퀴 돌면 우리 부부와 자손들이 모두 물 위에 떠오르는데 중은 내 자손의 간과 창자를 취하여 다 먹어버리고 오직 우리 부부와 딸 아이 하나가 남았을 뿐이오. 내일 아침에 또 반드시 올 것이니 청컨대 그대가 중을 쏘아주시오."라고 하였다. 거타가 말하기를, "활 쏘는 일은 나의 장기이니 말씀대로 따르겠습니다."고 하였다. 노인이 그에게 고맙다고 하고는 사라지고 거타는 숨어서 기다렸다. 다음날 동쪽에서 해가 뜨자 중이 과연 와서 전과 같이 주문을 외우며 늙은 용의 간을 취하려고 하였다. 이때 거타가 활을 쏘아 중을 맞추니 곧 늙은 여우로 변하여 땅에 떨어져 죽었다.

진성여왕 때 왕의 막내아들인 김양정(양패)이 당나라에 사신으로 가게 되었는데, 백제 지역의 해적들을 염려하여 궁수 50명을 딸려 보냈다. 배가 어느 섬에서 풍랑으로 머물게 되었는데 김양정의 꿈에 노인이 나타나 활 잘 쏘는 사람 한 사람을 섬에 남겨주면 풍랑이 순풍으로 바뀔 것이라 하였다. 50명의 궁수 가운데 거타지가 뽑혀 남게 되었고, 나머지는 순풍을 달고 당나라로 떠났다. 혼자 남은 거타지에게 노인이 나타나 자신의 서해의 신인데 중에게 자손들이 해를 입으니 그 중을 활로 쏘아달라는 부탁을 하였다. 거타지는 승낙하고 다음 날 중이 나타나자 활로 쏘자 죽였다.

거타지는 탁월한 활 솜씨를 지녔다. 늙은 여우가 변신한 중이 다라니를 외우며 서해 신의 자손들에게 해를 입혔다는 것은 늙은 여우가 밀교를 익혀서 자신의 이익을 취하기 위해 그것을 이용했다는 것이다. 그런데 거타지가 활로서 그 늙은 여우를 제압하였다. 거타지가 늙은 여우를 처리하자 서해의 신은 자신의 딸과 혼인을 해달라고 청하고, 딸을 꽃으로 변하게 하여 거타지의 품속에 넣어주었다. 거타지는 당으로 가서 김양정 일행과 만나 무사히 귀국하였다. 품고 온 꽃은 다시 여자로 변하여 거타지와 함께 살았다고 한다. 탁월한 능력으로 많은 것을 얻은 그였다.

새로운 세상을 꿈꾼 인물들

10

역사상 어느 시기를 막론하고 새로운 세상을 꿈꾸었던 인물들이 있다. 새로운 세상이란 지금까지 세상과 완전히 다른 세상이 아니라 이상적으로 생각하는 방향으로의 변화였다. 물론 앞에서 본 아찬 여삼과 같은 인물은 6두품으로서 김경신의 왕위 계승을 추진함으로써 신분의 한계를 넘을 수 있는 세상을 꿈꾸었다. 만약 다른 나라의 속박에 눌려 있는 나라라면 그 속박으로부터 벗어나기 위해 노력을 할 것이고, 고정관념에 사로잡힌 종교계라면 그 고정관념을 타파하기 위해서 노력할 것이다.

자신이 속해 있는 사회와 다른 사회의 사람들에게 자신의 사회 규율을 강제하기보다는 양자 간에 절충된 새로운 규율을 만드는 것도 좋을 방법이 될 수 있을 것이다. 이 모든 것이 새로운 세상이다. 그리고 새로운 세상을 만들기 위한 시도들이다.

고구려의 속박에서 벗어나려는 꿈, 눌지왕

눌지마립간은 신라 제19대 임금이다. 내물이사금이 재위 37년에 실성을 고구려에 볼모로 보냈는데, 실성은 여기에 한을 품었다. 내물이사금의 아들인 눌지를 몰아내고 왕위에 오른 뒤 눌지의 동생 복호와 미사흔을 각각 고구려와 왜에 볼모로 보냈다. 내물이 자신을 고구려에 볼모로 보낸 것에 대한 복수였다. 그 뒤에 고구려인을 시켜 눌지를 살해하려고 하였으나 오히려 눌지가 실성을 시해하고 왕위에 올랐다. 왕위에 오른 눌지의 가장 큰 과업은 동생들을 볼모에서 해방시켜 귀국시키는 일이었다. 박제상(또는 김제상)을 시켜 두 동생을 귀국시키는데, 『삼국유사』에 그에 대한 내용이 있다.

> (눌지왕) 10년 을축에 왕이 친히 여러 신하와 나라 안의 여러 호협한 사람들을 모아 잔치를 베풀었는데, 술이 세 순배 돌게 되자 모든 음악이 시작되었다. 왕이 눈물을 흘리면서 여러 신하에게 일러 말하기를 "(중략) 고구려만이 화친을 맺자는 말이 있었으므로 내가 그 말을 믿고 아우를 고구려에 보내었소. 그런데 고구려에서도 아우를 억류해 보내지 않고 있으니, 내가 비록 부귀를 누린다 하여도 일찍부터 하루라도 이들을 잊거나 울지 않는 날이 없소. 만일 두 아우를 만나 함께 선왕의 사당을 보게 될 수만 있다면, 나라 사람에게 은혜를 갚으려 하오. 누가 능히 이 계책을 이룰 수가 있겠소."라고 하였다. 이 말을 듣고 백관이 모두 말하기를 "이 일은 결코 쉬운 일이 아닙니다. 반드시 지혜와 용맹이 있어야 가능

합니다. 신들의 생각으로는 삽라군 태수로 있는 제상이 가할까 합니다."
하였다.

이에 왕이 불러서 묻자 제상은 두 번 절하고 대하여 아뢰기를 "(중략) 신이 비록 불초하나 명을 받들어 행하기를 원합니다."라고 하였다. 왕은 그를 매우 가상스럽게 생각하여 술잔을 나누어 마시고 손을 잡아 작별했다.

제상이 왕 앞에서 명을 받고 바로 북해로 길을 떠나 변복을 한 다음 고구려로 들어갔다. 보해가 있는 곳으로 가 함께 도망할 날짜를 약속하고 (제상은) 먼저 5월 15일 고성의 수구로 돌아와 배를 대어놓고 기다렸다. 약속한 기일이 가까워지자 보해는 병을 핑계로 며칠 동안 조회에 나가지 아니 하다가 야음을 틈타 도망하여 고성의 바닷가에 이르렀다. (고구려) 왕이 이 일을 알고 수십 명의 군사를 시켜 그를 뒤쫓게 하였다. 고성에 이르러 따라 붙었으나 보해가 고구려에 있을 때 늘 좌우 사람들에게 은혜를 베풀었기 때문에 군사들은 그가 다치는 것을 안타까이 여겨 모두 화살촉을 뽑고 쏘아 드디어 부상당하지 않고 돌아올 수 있었다.

눌지마립간의 이전 시대는 고구려, 백제와 많은 갈등을 빚었던 시기이다. 백제와는 눌지마립간 시대에 들어와 나제동맹을 맺어 화친을 하게 되었는데 그 이유는 바로 고구려 때문이었다. 고구려 장수왕 전의 광개토왕 시절에 신라는 왜의 침입을 받고 고구려에 원병을 요청했고, 광개토왕은 이를 받아들여 신라를 구원하였다. 그 뒤 고구려군은 그대로 철수하지 않고 신라 왕경 인근에 머물며 신라를 감시했다. 이 시기는 신라가 고구려의 간섭을 많이 받던 시기였다. 장수왕대 들어서면서 고구려는 남진정책을 전개했다. 수도를 국내에서 평양으로 옮기고 백제를 침공하면서 점점 남쪽으로 내려왔다. 이러한 상황에서 백제와 신라는 고구려에 공동 대응하기 위해 동맹을 맺었던 것이다.

이 같은 사실을 고구려가 좌시할 리 없었다. 당연히 신라에 압박을 가했을 것이다. 고구려 장수왕은 눌지왕 초년에 이미 동생 복호를 인질로 삼아 고구려에 억류시켰다. 신라는 왕의 동생 때문에 고구려와의 관계를 우호적인 관계로 유지할 수밖에 없었다. 그러나 박제상(김제상)의 활약으로 복호가 돌아온 427년 이후로는 고구려에 적극적으로 대응할 수 있었다. 그랬기에 433년에 백제와 화친을 맺을 수 있었던 것이다. 450년에는 신라의 동북쪽 변경에서 사냥을 하던 고구려 장수를 신라 하슬라성 성주 삼직이 죽였는데, 그 때문에 장수왕이 군사를 일으켰고 눌지마립간이 사죄하니 군사를 돌렸다. 454년에도 고구려가 쳐들어왔으며, 455년에는 고구려군의 백제 공격을 막기 위해 백제에 원군을 보냈다.

눌지마립간은 고구려로부터 최대한 자유로워지기를 원했다. 동생 복호를 데려온 것은 그가 동생이기 때문에 당연한 것이지만, 고구려로부터 자유로워지기 위해서는 인질 문제를 해결해야 했던 것이다. 똑같은 상황이 왜와의 관계에서도 벌어졌다. 눌지마립간 시절에 왜는 지속적으로 신라를 공격해왔다. 431년, 440년, 444년 등에 침공해왔는데 이제는 고구려에 원병을 요청할 수 없는 상황이므로 독자적으로 해결해야 했다. 특히 444년 침공 때는 금성이 포위당할 정도로 위기였으나, 왜의 군량미가 떨어지는 바람에 고비를 넘겼다. 이때 왜를 치기 위해 군사를 내었으나 대패하였는데, 이때 눌지도 죽을 고비를 넘겼다. 미사

혼이 인질로 계속 붙잡혀 있었다면 이렇게 싸움을 지속하기는 어려웠을 것이다.

이 같은 어려운 상황에 처할 수 있음에도 눌지는 고구려와의 관계를 이전의 관계보다 신라를 중심으로 바꾸고자 했다. 과거 고구려의 속박으로부터 벗어난 보다 새로운 국제 관계 질서를 꿈꾸었던 것이 아닐까.

교리와 계율로부터 자유로워지는 꿈, 원효

—

우리에게 너무나도 잘 알려져 있는 원효는 신라의 고승이다. 속성은 설씨이고 아버지는 설담날, 할아버지는 잉피공이라 한다. 원효의 출신은 정확하게 알려져 있지 않다. 그러나 적어도 진골 귀족은 아니었던 듯싶다. 그의 어머니는 유성이 품속으로 드는 꿈을 꾸고 원효를 임신하였고 만삭의 몸으로 집 근처 밤나무 밑을 지나다 원효를 낳았다고 한다. 원효는 나면서부터 총명하고 남보다 뛰어났으며 기억력이 좋았다. 고향에서 한학을 배우다가 태학에 입학하였는데 스승에게서 배울 것이 많지 않았다고 한다. 화랑으로도 활동하였다.

15세(또는 28세) 때 어머니의 죽음으로 충격을 받고 삶과 죽음에 대한 고민 끝에 출가하여 승려가 되었다. 황룡사에 들어가면서 집을 희사하여 초개사를 세우게 했고, 자신이 태어난 밤나무 옆에도 사라사라는 절을 세웠다. 그 뒤로 영취산의 낭지, 흥륜사의 연기, 고구려의 보덕, 그리고 혜공 등을 찾아다니며 수학하였다. 당대의 고승들에게서 수학한 덕분에 원효는 뛰어난 능력을 발휘할 수 있었다.

　원효는 다른 승려들과 마찬가지로 더 수행 정진하기 위해 34세와 45세 때 의상과 함께 두 차례 당나라로 유학을 시도하였다. 34세 때(진덕여왕 4년) 의상과 함께 당나라 현장에게 불법을 배우기 위해 길을 떠났다가 요동에서 고구려군에게 잡혔다가 풀려나는 일이 있었다. 첩자로 오인받았기 때문이었다. 45세 때(무무왕 1년)에 다시 의상과 함께 당나라로 유학을 떠났다. 가던 길에 날이 저물어 당항성 근처에서 하룻밤 노숙을 하였다. 잠결에 목이 말라 손에 잡히는 물을 달게 마시고는 다시 잠들었는데, 아침에 일어나 보니 해골에 담긴 더러운 물이었다는 것을 알고 토하는 일이 있었다. 이 일을 계기로 '모든 것은 마음먹기에 달렸다'(일체유심조)는 진리를 깨달아 유학을 포기하고 돌아온다.

　이때의 깨달음은 수십 년간 불도를 수학해온 원효에게는 기존의 관념을 송두리째 바꿔놓은 것이었다. 돌아온 원효는 분황사에 머물면서 저술 활동을 계속하였는데, 화엄경소는 저술하다가 절필하기도 하였다. 그는 무엇보다 민중 속에 불교를 보급하는 데 주력하였다. 기존의 불교는 왕과 귀족 중심의 불교였다. 화엄경을 비롯한 당시 신라에 유행하던 불교는 '일즉다 다즉일'(하나로부터 모든 것이 나오며, 모든 것은 하나로 귀결된다.) 사상, 즉 왕권과 귀족 세력의 기득권을 인정하는 사회질서를 뒷받침해주는 것이었다. 원효는 이러한 기존 불교의 체계로부터 벗어나 새로운 불교 사상 체계를 수립하고자 했던 것이다. 그 대표적인 사건이 바로 원효의 파계이다.

성사는 일찍이 어느 날 상례에서 벗어나 거리에서 노래를 부르기를, "누가 자루 빠진 도끼를 허락하려는가? 나는 하늘을 받칠 기둥을 다듬고자 한다."고 하였다. 사람들이 모두 (그) 뜻을 알지 못했는데, 이때 태종이 그것을 듣고서 말하기를, "이 스님께서 아마도 귀부인을 얻어 훌륭한 아들을 낳고 싶어 하는구나. 나라에 큰 현인이 있으면 그보다 더한 이로움이 없을 것이다."고 하였다.

그때 요석궁에 홀로 사는 공주가 있었다. 궁중의 관리를 시켜 원효를 찾아서 (궁중으로) 맞아들이게 하였다. 궁중의 관리가 칙명을 받들어 그를 찾으려고 하는데, 벌써 (그는) 남산에서 내려와 문천교를 지나고 있어 만나게 되었다. (그는) 일부러 물에 떨어져 옷을 적셨다. 관리는 스님을 궁으로 인도하여 옷을 벗어 말리게 하니, 이 때문에 (그곳에서) 묵게 되었다. 공주가 과연 태기가 있어 설총을 낳았다. (중략)

원효가 이미 실계하여 설총을 낳은 이후로는 속인의 옷으로 바꾸어 입고 스스로 소성거사라고 하였다. 우연히 광대들이 놀리는 큰 박을 얻었는데 그 모양이 괴이하였다. 그 모양대로 도구를 만들어 『화엄경』의 "일체 무애인은 한 길로 생사를 벗어난다."는 (문귀에서 따서) 이름을 무애라고 하고 노래를 지어 세상에 퍼뜨렸다. 일찍이 이것을 가지고 모든 마을에서 노래하고 춤추며 교화하고 음영하여 돌아오니 가난하고 무지몽매한 무리들까지도 모두 부처의 호를 알게 되었고, 모두 나무를 칭하게 되었으니 원효의 법화가 컸던 것이다.

원효가 어느 날 거리에 나가 "자루 없는 도끼 자루를 줄 사람이 없는가.” 하고 노래를 불렀는데 사람들이 모두 그 뜻을 몰랐으나 태종무열왕이 ‘귀부인을 얻어 자식을 낳고자 하는구나.’ 하고 알아차렸다. 궁중의 관리를 시켜 원효를 과부가 된 둘째딸이 사는 요석궁으로 불렀는데 원효는 일부러 물에 빠져 옷을 적시고는 관리로 하여금 요석궁으로 인도하게 하였다. 그곳에 며칠 머물면서 요석궁에 살던 공주가 임신을 하고 결국 설총을 낳았다는 이야기이다. 설총은 고려시대 일연이 한국 유교의 시조라 일컬었던 인물이다. 기존 불교계에서 승려가 계를 어기는 것은 금기사항이었다. 그러나 원효는 그것이 중요한 것이 아니라고 생각했다. 즉 승려의 계를 지키지 않더라도 부처의 도를 이룰 수 있다고 믿은 것이다. 그 방법이 무엇일까. 이야기 속에 나오는 무애가이다.

원효가 광대들이 연주하는 박을 얻고 그 박으로 무애가를 만들어 부르고 다녔는데, 모든 마을에서 따라 불렀고 모든 사람들이 나무아미타불 염불을 읊조리며 부처님을 믿게 되었다고 한다. 당나라로 유학을 가기 위해 길을 나섰다가 해골바가지의 물을 마시고 얻은 그 깨달음을 대중들에게 널리 퍼뜨리고자 했던 것이다.

원효는 출가한 뒤 다른 승려들과 마찬가지로 고승을 찾아 수학을 하였고, 남다른 총명함으로 불경에 대한 해석과 저술 등 활발한 활동을 펼쳤다. 그러나 출가한 지 19년 만에(15세 출가 시, 28세 출가 시에는 6년 만에) 중국 유학을 희망하며 의상과 길을 나섰다. 두 번째 시도 도중에 깨달음을 얻었는데, 원효가 지난 20여 년간 수행했던 내용과는 다른 전혀 새로운 깨달음이었다. 원효는 자기 자신의 깨달음에서 그친 것이 아니라 지식인이 아닌 보통 사람들에게도 무애가나 나무아미타불과 같은 염불을 통해 수행할 수 있도록 해주었고, 그 결과 대중 불교의 시조가 되었다. 이러한 원효의 일생은 한마디로 고정관념 타파였다고 할 수 있다.

세속의 대중이 지키는 최소한의 규율, 원광

원광은 신라 진평왕대의 유명한 승려이다. 속세의 성은 박씨이다. 일찍이 중국으로 건너가 불경은 연구하여 명성을 얻었다. 신라로 돌아온 뒤에는 여러 저술을 통해 신라에 새로운 불교 관련 지식들을 전파하였다. 원광은 단지 승려로서, 학자로서의 명성만 높았던 것은 아니다. 자신이 얻은 지식을 사회에 필요한 곳에 활용하고자 노력하였다. 물론 불교의 교화 활동이 주된 활동이었지만, 그 밖에도 외교문서를 작성하는 외교 관련 업무라든지, 사회 윤리를 제정하는 일이라든지 여러 분야에서 다양한 활동을 펼쳤다. 대표적인 것이 세속오계를 만든 일이다.

또한 『삼국사』 열전에 다음과 같이 기록되어 있다. 어진 선비 귀산이라는 자는 사량부 사람이다. 같은 마을 추항과 벗이 되었는데 두 사람이 서로 일러 말하기를 "우리들은 사군자와 더불어 교유하고자 기약하였으나 먼저 마음을 바로 하고 몸을 지키지 않으면 곧 모욕당함을 면치 못할 것이다. 현자의 곁에서 도를 묻지 않겠는가?" 하였다. 이때 원광법사가 수나라에 갔다 돌아와 가슬갑에 머문다는 것을 들었다. 두 사람은 문에 나아가 고하여 말하였다. "저희는 몽매하여 아는 바가 없습니다. 원컨대

한 말씀 내리셔서 평생 동안의 교훈으로 삼게 해주십시오."

원광이 말하였다. "불교에는 보살계가 있으니 그것은 열 가지로 구별되어 있다. 너희들은 다른 이들의 신하와 자식 된 자이니 능히 감당할 수 없을 것이다. 지금 세속의 다섯 개 계율이 있으니 첫 번째는 충성으로 임금을 섬긴다, 두 번째는 효로 부모를 섬긴다, 세 번째는 친구와 사귐에 믿음이 있게 한다, 네 번째는 전투에 임하여 물러섬이 없다, 다섯 번째는 살생을 함에 가림이 있게 한다이다. 너희들은 그것을 행함에 소홀함이 없게 하라." (중략) 귀산 등이 말하였다. "지금 이후로 받들어 잘 펼치고 감히 어기지 않겠습니다." 후에 두 사람이 군사를 따랐는데 모두 국가에 큰 공이 있었다.

신라 왕경 사량부에 살던 귀산과 추항 두 젊은이는 군자들과 교유를 하고자 하니 마음을 잡을 수 있는 도를 알고자 당시 중국에 유학을 다녀온 원광을 찾아갔다. 원광에서 평생의 교훈으로 삼을 만한 말을 해달라고 요청을 하자, 원광은 불교계에는 보살계가 있는데 모두 열 가지이나 세속의 사람들이 지키기 어려우니 세속에서 지킬 수 있는 다섯 개의 계율을 알려주었다. 사군이충(충성으로 임금을 섬긴다), 사친이효(효로써 부모를 섬긴다), 교우이신(신의로써 친구를 사귄다), 임전무퇴(싸움에 임해서는 물러서지 않는다), 살생유택(살생을 함에 가림이 있어야 한다)의 다섯 개이다.

다섯 계율 가운데 불교와 직접적인 관련이 있는 항목은 살생유택 하나이다. 나머지는 대부분 유교적 이념과 관련이 있다. 충, 효, 신 등이 그것이다. 승려인 원광이 이렇듯 유교적 이념을 강조한 이유는 무엇일까. 원광은 불교에 입문하기 전에 제자백가와 사서삼경, 그리고 역사서인『춘추』『사기』를 먼저 읽었다고 한다. 그것은 원광이 살았던 진평왕대가 삼국 통일 전쟁의 전조에 해당하는 시기였기 때문이다. 당시 신라는 진흥왕대 대외적 팽창의 후유증으로 고구려, 백제와의 지속적인 갈등상태에 있었다. 이 시기에 백성들에게 강조된 것은 유교적 이념에 충실한 국가에 대한 충성이었다. 바로 세속오계에 나오는 덕목이다.

원광은 중국 진나라에 가서『열반경』『성실론』을 배웠고, 다시 수나라에 가서 여러 경전을 배웠다. 특히 그는 상좌부불교와 대승불교 양쪽의 불경을 모두 공부하였다. 신라에 귀국한 그는 대승불교를 정착시키기 위해 노력하였는데, 이 대승불교는 상좌부불교가 출가자들의 수행에만 몰두하는데 대한 비판으로 나온 경향이라고 할 수 있다. 대승불교는 출가자뿐 아니라 재가자들, 즉 일반 중생들을 위한 이타행을 중시함으로써 대중들에게 한걸음 더 다가선 불교라 할 수 있다. 원광이 대승불교 정착을 위해 노력하였다는 점은 후대 원효의 행보와 함께 시사하는 바가 크다.

원광은 자신의 생각을 일반 대중들에게 전파하기 위해 어려운 용어를 피하고 평범한 말로 표현했다고 한다. 귀산과 추항에게 세속오계를 지어준 것도 같은 맥락일 것이다. 단순히 이해시키는 것보다 행동으로 옮길 수 있는 실천적인 계율이 필요하다고 본 것이다. 원광은 기존 불교가 대중과 괴리된 것과 다르게 대중들에게 좀 더 친숙히 다가설 수 있는 방법을 택했다. 그것을 통해서 대중들이 불교에서 추구하는 이상적 삶의 모습에 좀 더 다가설 수 있게 하는 것, 그것이 그가 꿈꾼 새로운 세상이었으리라.

2장

『삼국유사』와 신이한 영괴 사전

이문영

왜 미련퉁이
곰이었을까

1

단군신화와 웅녀

『삼국유사』 첫 장에 나오는 것이 '단군신화'이다. 하늘을 다스리는 신 환
인에게는 아들 환웅이 있었는데, 환웅은 하늘나라보다 인간 세상에 더
관심을 가지고 있었다. 환인은 아들이 갈 만한 곳을 찾아보았다. '삼위
태백'을 보니 널리 사람을 이롭게 할 만하여 환웅에게 그곳으로 가라고
했다.

'삼위태백'은 어디일까?

사서삼경 중 하나인 『서경』을 보면 요 임금의 대신 중 네 명의 흉
악한 자가 있었는데, 그 중 하나인 삼묘(三苗)를 삼위로 추방했다는 말이
있다. 사마천이 쓴 『사기』를 보면 삼묘가 여러 차례 반란을 일으켜 죄를
준 것이라고 나온다. 여기서 삼위는 세상의 끝에 있는 산이라고 말한

다. 그럼 환인은 하필이면 그런 세상의 끝에 아들 환웅을 보냈다는 것일까? 그럴 리가 없다. 환인이 본 곳은 삼위가 아니라 삼위태백이었다. 조선 시대에 쓰인 『신증동국여지승람』을 보면 이런 말이 있다.

> 구월산은 황해도 문화현의 서쪽 10리에 있으니 즉 아사달산이다. 다른 이름으로 궁홀, 증산, 삼위가 있다. 세상에 전하길 단군이 처음 평양에 도읍을 세웠다가 뒤에 백악으로 옮겼다고 하는데 바로 이 산이다.

구월산의 다른 이름이 '삼위'였던 것이다. 환웅은 태백산 꼭대기의 신단수에 내려와 신시를 열어 사람들을 다스렸다. 환웅의 아들 단군은 태백산 신시를 떠나 평양에서 조선을 세웠다. 바로 단군왕검이다. 단군왕검은 훗날 도읍을 구월산으로 옮겼고 무려 1,500년간 나라를 다스렸다. 그러다 은나라의 기자(箕子)가 조선에 들어오자 그에게 나라를 맡기고 자신은 구월산에 들어가 산신이 되었다.

그럼 태백산은 어디였을까? 태백산은 지금의 묘향산을 가리킨다. 묘향산에는 단군왕검에 대한 전설이 하나 가득하다. 그러니까 환인은 묘향산에서 구월산의 땅을 바라보았던 모양이다.

태백산, 그러니까 묘향산 꼭대기에 신시를 열고 사람들을 다스리고 있던 환웅에게 두 마리 짐승이 찾아왔다. 이 두 짐승은 인간에게 새로운 문명을 전파하고 있던 환웅에게 도움을 청하고자 했다. 하지만 환웅이 바로 이들의 말을 들어준 것은 아니었다. 이들이 얼마나 오랫동안 간절하게 빌고 빌었을지 모른다. 이들의 간청이 일시적인 것이 아니라는 것을 알게 된 환웅이 드디어 이들 앞에 나타났다.

"신령한 쑥 한 대와 마늘 스무 묶음이다. 너희들이 이걸 먹고 햇빛을 백 일 동안 보지 않는다면 사람의 형상을 얻으리라."

쑥 한 대와 마늘 스무 묶음으로 두 거대한 동물이 석 달 열흘을 버틴다는 건 불가능한 이야기다. 심지어 호랑이는 육식동물 아닌가. 하지만 이 음식은 보통 음식은 아니었다. 호랑이나 곰이 먹고 살 수 있도록 신력이 깃든 신령한 음식이었던 것이다.

곰과 호랑이는 같은 동굴에서 살고 있는 친구 사이였으니 생판 남과 버티는 것보다는 나았을까? 하지만 가족도 밖에 나가지 못하고 한곳에 있으면 싸움이 나게 마련이다. 곰하고 호랑이라고 뭐가 달랐을까? 둘은 아마도 서로 인간이 되겠으니 네가 나가라고 싸웠을 것이다. 그 중에 이긴 것은, 백수의 왕 호랑이가 아니라 미련퉁이 곰이었다.

곰은 백 일이 아니라 삼칠일, 즉 21일 만에 사람이 되었다. 옛날에는 아기가 태어난 집에 금줄을 치고 삼칠일이 지나야 이웃사람들이 출입할 수 있었는데, 같은 삼칠일이라는 점이 신기하다. 사람으로 인정을 받을 수 있는 시간이 21일이었던 모양이다.

곰은 인간 중에서도 여자가 되었다. 웅녀(熊女)가 된 것이다. 웅녀는 아기를 갖기를 원했지만 누구도 그녀와 결혼하려 하지 않았다. 웅녀는 매일 신단수에 가서 아기 낳기를 기원했다.

웅녀가 바란 것이 남편이 아니라 아기였다는 점이 흥미롭다. 물론 아기를 가지려면 혼인을 해야 했지만. 환웅은 이번에도 곰을 도와주었다. 환웅은 신으로 그 모습이 인간은 아니었다. 웅녀를 위해 잠시 인간 남자의 모습을 취하여 그녀와 결혼했다. 웅녀는 임신하여 아기를 낳았는데, 그 아기가 바로 단군왕검이다.

곰을 숭배하는 문화는 토테미즘에서 비롯된 것이다. 토테미즘은 특정한 동물이나 식물을 자기 종족과 관련이 있다고 생각해서 종족의 상징으로 삼고 수호신이라고 여기는 것을 가리킨다. 이때 토템은 해당 종족을 상징한다. 따라서 단군신화의 곰은 곰부족을, 호랑이는 호랑이 부족을 상징한다. 동북아시아 일대에는 곰 토템이 널리 퍼져 있었다. 이들의 이야기 역시 곰과 사람이 결합하여 아기를 낳는다는 점에서는 단군신화와 대동소이하다.

일본 북방 홋카이도에 살던 아이누족도 곰을 숭배했다. 이들은 곰을 가무이라고 불렀는데, 이 말은 신(神)이라는 뜻이기도 하다. 신이나 나라를 뜻하는 말 굴(kur-)에서 지배자를 의미하는 간(칸), 군(君), 금이 나왔는데 여기서 곰도 나왔다고 본다.

한반도에 살던 곰은 불곰과 흑곰(반달가슴곰) 두 종류였다고 한다. 덩치가 크고 사나운 불곰은, 말곰이나 큰곰으로 쓰기도 하는데 조선 초만 되어도 벌써 한반도에서는 사라지고 말았다. 단군신화에 나오는 곰은 온순한 성격을 가진 흑곰이었을 것이다.

단군신화와 연결 지어서 살펴볼 수 있는 것으로 고구려의 고분 벽화가 있다. 중국 지린성 지안시에서 발견된 각저총은 씨름을 하는 벽화가 있어서 씨름 무덤이라는 뜻의 각저총이라는 이름을 가지게 되었다. 두 사람이 씨름을 하는 장면 왼쪽에 호랑이와 곰이 등을 돌리고 서 있는 그림이 있다. 사람처럼 서 있게 그린 점과 두 동물이 등을 돌린 모습으로 함께 그려진 점은 이 그림에서 저절로 단군신화를 느끼게 해준다. 문화는 이렇게 오래도록 전승되는 것이다.

곰나루 전설
———

곰과 사람이 만나서 같이 사는 이야기는 훗날 백제에서도 되풀이 된다.

백제가 고구려 장수왕의 공격에 패해서 도읍을 옮기게 되는데, 옮겨간 곳의 지명이 의미심장하다. 이름이 웅진(熊津)인데, 웅진이라는 것은 우리말로 하면 곰나루가 된다. 『삼국유사』에는 웅진의 다른 이름이 고마성이라고 나온다. 이름에서 알 수 있듯이 곰성이라는 뜻이다. 일본어에서는 곰을 구마라고 쓰는데, 이 말 역시 우리나라에서 건너갔을 가능성이 있다. 지금 공주와 부여를 지나가는 금강도 원래는 곰강이었다는 이야기도 있다.

웅진이 곰이라면 혹시 그 후의 수도인 사비에도 뭔가 동물과 관련된 것이 있지 않을까? 이승휴가 쓴 『제왕운기』에는 웅비(熊貔)라는 말이 나온다. 소정방이 황제의 명을 받아 함락시킨 곳이 '웅비'라는 것이다. 웅은 웅진, 비는 사비를 가리킨다. 이때 사용된 비(貔)라는 한자는 맹수를 뜻하는 글자인데, 비휴라고 써서 표범을 가리키기도 한다. 소정방이 백제의 두 수도를 격파했다는 것을 곰과 표범을 잡았다는 식으로 표현한 셈이다.

『삼국유사』에 나오지는 않지만 '곰나루 전설'이라는 유명한 전설이 있다. 대강 이런 내용이다.

산속에 살고 있던 암컷 곰이 남자 한 명을 잡아갔다. 곰은 남자가 도망치지 못하게 잘 지키며 같이 살게 되었는데, 둘 사이에 아기가 생겼다. 아기가 생겼으니 달아나지 않을 것이라 생각하고 감시를 소홀히 하자 남자는 탈출을 감행했다. 곰이 아기를 데리고 쫓아갔지만 남자는 이미 강을 건너고 있었다. 곰은 첫째 아기를 물에 던졌다. 그러면 남자가 돌아오리라 생각한 것이다. 하지만 남자는 돌아오지 않았다. 곰은 둘째 아기도 물에 던졌다. 그래도 남자가 돌아오지 않자 곰도 강물에 몸을 던져 죽고 말았다. 마을 사람들은 곰의 원한을 달래 원혼이 되지 않게 사당을 짓고 제사를 지냈다.

백제는 원래 고구려와 부여에서 갈라져 나왔다. 따라서 남쪽에 있지만 북방의 신화가 면면히 내려오다가 웅진에서 다시 나타난 것일지도 모른다. 그러나 단군신화와는 달리 아기도, 곰도 살아남지 못했다. 곰은 인간이 되지도 못했다. 하지만 인간이 아닌데 인간의 아기를 낳았다는 것은 곰이 최소한 인간과의 접점을 지녔다는 뜻으로 봐야 할 것이다. 신령한 존재가 아니면 불가능한 이야기다.

돌곰(백제 추정, 국립공주박물관)
고마나루가 있는 공주 웅진동에서 발견된 곰 형상의 작은 석상. 조각 수법으로 보아 백제의 것으로 추정된다.

신령한 존재, 곰

경상도 웅천(熊川. 지금의 경상남도 진해)에는 매년 4월과 10월에 웅산신당(熊山神堂)에서 신을 영접하는 행사가 성황리에 열렸다. 『삼국사기』 지리지에는 웅지현(熊只縣)이라고 나와서 옛날부터 곰과 관련이 된 곳이라는 것을 알 수 있다. 신라 경덕왕 때 웅신현(熊神縣)으로 이름을 고쳤다. 지금도 진해에 웅산(熊山)이 남아 있다.

단군신화에서 웅녀가 어떻게 되었는지는 나오지 않는다. 단군에 대한 전승에서도 웅녀는 언급되지 않는다. 웅녀도 어쩌면 다른 전설에 나오는 곰처럼 비극적인 최후를 맞이했을까? 하지만 안심해도 될 것 같다. 『삼국유사』에는 환웅도 이후에 어찌 되었는지 나오지 않기 때문이다. 어쩌면 두 사람(?)은 환인의 하늘나라로 돌아갔을지도 모른다.

『삼국유사』에서 곰이 왕과 관련된 것은 단군신화에 그치지 않는다.

고구려 왕도 곰과 관련된 이야기를 가지고 있다. 고구려의 시조인 동명성왕의 이름은 주몽인데 어머니는 유화부인이고, 아버지는 해모수이다. 유화가 동생들과 놀고 있을 때 해모수가 나타나 그녀를 유혹했다. 해모수는 그녀를 자기 집으로 데려갔는데, 그 집은 웅신산(熊神山) 밑에, 압록강 강변에 있었다. 이 산이 어느 산인지는 알 수 없지만 '곰 신의 산'이라는 것은 분명하다.

이렇게 고조선, 고구려, 백제가 모두 신령한 곰과 연관성을 지니고 있는 것이다. 그런데 여기서 그치지 않는다.

금관가야의 시조는 수로왕이다. 수로왕의 왕비는 아유타국에서 온 허황옥인데, 그녀는 곰이 나오는 태몽을 꾸고 태자를 낳았다. 다만 이건 북방의 신화와는 관련이 없는 것 같다. 꿈에 곰을 본다는 것은 『시경』에 나오는 구절과 연결되기 때문이다. 『시경』 소아 홍안지습에 있는 '사간(斯干~산골짝 시냇물)'에 나오는 다음과 같은 구절과 연결된다.

자고 일어나

내 꿈을 점쳐보니

무슨 좋은 꿈꾸었을까?

검은곰 큰곰인가

작은뱀 큰뱀인가

점쟁이 꿈풀이 하는 말

검은곰 큰곰은

아들 낳을 징조이고

작은뱀 큰뱀은

딸 낳을 징조라 하네

곰이 아들과 연결되는 것은 곰이 가진 무서운 힘 때문일 것이다. 보통 곰은 웅(熊)이라고 쓰는데 큰곰은 비(羆)라고 쓴다. 이 비와 관련된 이야기가 신라에 있다.

삼국통일 전쟁에 나선 신라는 황산벌에서 계백의 5천 결사대와 만나 치열한 싸움을 벌였다. 이때 이곳에서 전사한 사람 중 장춘랑(長春郎)

과 파랑(罷郎)이 있었다. 장춘랑과 파랑이 백제와 전쟁이 한창일 때 태종무열왕(김춘추)의 꿈에 나타났다.

"신들은 지난날 나라를 위해 목숨을 바쳐 지금은 백골이 되었습니다. 나라를 지키기 위해 군대를 따라 다니며 게으름을 피우지 않았는데 당나라 장군 소정방의 위엄에 눌려 남의 뒤만 쫓아다니는 신세가 되었습니다. 부디 대왕께서 우리에게 작은 힘이라도 보태주시길 바랍니다."

태종무열왕은 이 두 사람을 위해서 불경을 읽게 하고 절을 세워 명복을 빌었다. 황산벌 전투에서 백제 멸망까지는 그 기간이 길지 않은데, 이런 말이 나온 것은 아마도 그 후에 벌어진 백제 부흥운동 때의 일일 것 같다. 신라는 백제의 강력한 부흥운동에 크게 고생을 했는데 이 때문에 사기를 높이기 위해서 이와 같은 이벤트가 필요했을 것이다.

두 사람에 대한 기록이 부족해서 어떤 사람이었는지 더 자세한 것은 알 수 없지만 황산벌 전투에서 용맹하게 싸웠기 때문에 그 이름이 남은 사람들일 것이다. 파랑은 일명 비랑(羆郎)이라고 한다. 그가 덩치가 커서 커다란 곰을 뜻하는 비랑이라 불렸을 수도 있을 것이다. 신라에서는 이처럼 곰을 용맹하고 사나운 존재로 더 생각했던 것 같다.

통일신라 때 밀교의 고승으로 혜통(惠通)이라는 사람이 있었다. 혜통은 당나라에서 공주를 괴롭히던 용을 쫓아냈는데, 이 용이 신라로 달아나 사람들을 또 괴롭혔다. 혜통은 신라로 돌아와 용을 다시 내쫓았다. 그랬더니 용은 기장산(부산광역시 기장군 달음산)에 가서 웅신(熊神)이 되었다. 용이 곰으로 바뀐 것이다. 웅신은 주위 사람들을 더욱 악독하게 괴롭혔다. 웅신이 사람들을 마구 죽이고 다니자 혜통이 기장산으로 찾아왔다. 혜통은 웅신을 만나 설법을 베풀었고 웅신은 깨달음을 얻었다. 혜통은 살생을 하지 말라는 불살계(不殺戒)를 내려주었고 이후 더 이상 웅신의 피해가 일어나지 않게 되었다.

용과 곰을 생각하면 용이 더 신령스럽고 훌륭한 존재일 것 같다. 하지만 용이 곰으로 변하자 힘이 더 세졌다는 것을 알 수 있다.

혜통이 용을 무력으로 다스리려 한 것은 실패했는데, 더 흉포한 곰으로 변했을 때 불법으로 귀의하여 감화시켰다는 점은 여러 가지 생각할 거리를 던져준다. 비슷한 이야기가 『삼국유사』에 또 있다.

변화의 상징, 곰

통일신라 때 재상을 지낸 김대성은 불국사와 석굴암을 지은 것으로 유명하다. 그와 곰이 관련된 이야기가 있다.

청년 시절에 김대성은 사냥을 좋아했다. 하루는 토함산에서 사냥을 했는데 곰을 잡았다. 그날 산 밑의 마을에서 하룻밤 잤는데, 꿈에 곰이 나왔다.

귀신이 된 곰은 화를 내며 말했다.

"너는 어찌하여 나를 죽였느냐! 내가 너를 씹어먹어 복수하겠다."

두려움에 빠진 김대성이 살려달라고 빌자 곰 귀신이 다시 말했다.

"나를 위해 절을 만들 수 있겠느냐?"

"그러겠습니다."

그러자 악몽에서 깨어났는데 이불이 흠뻑 젖을 정도로 놀랐었다. 김대성은 이후 사냥을 그만두고 곰을 잡은 곳에 절을 세워 이름을 장수사(長壽寺)라 하였다. 곰들의 장수를 비는 절인 셈이다. 김대성은 이후 불교에 더 깊이 빠져들었다. 그는 현생의 부모를 위해 불국사를 세우고, 전생의 부모를 위해 석불사(석굴암)를 세웠다.

그가 현생과 전생의 부모를 위해서 두 개의 절을 세운 데에는 사연이 있다.

김대성은 본래 서라벌 모량리의 가난한 집 아이였다. 한 고승을 만나 집안 재산을 모두 희사하였는데, 뜻밖에도 복을 받기는커녕 얼마 못 가 대성이 죽고 말았다. 그런데 대성이 죽은 날 밤, 재상 김문량의 집에 하늘에서 외치는 소리가 들렸다.

"모량리의 대성이라는 아이를 지금 너의 집에 의탁한다."

재상 집에서 놀라서 알아보니 소리가 친 날 대성이 죽은 것이 확인되었다. 이후에 임신이 되어 아이가 태어났는데, 왼손을 펼치질 않았다. 7일 후에 손이 펼쳐졌는데 금으로 된 작은 쪽지가 있었다. 쪽지에는 '대성'이라는 두 글자가 새겨져 있었다. 김문량은 대성의 어머니를 모셔 와서 함께 살도록 했다.

이렇게 해서 김대성에게는 두 부모가 있게 되었던 것이다. 죽었다가 환생한 김대성에겐 곰이 인간으로 변한 것과 마찬가지의 큰 변신이 있었던 셈이다. 그런 그를 불교로 인도한 것 역시 곰이라는 사실은 곰이 변화와 큰 관련이 있다는 것을 알려준다.

김대성의 이야기에서도 곰은 흉폭하고 잔인한 존재이다. 곰은 김대성을 씹어먹겠다고 했고, 이에 놀란 김대성이 곰을 위해 절을 세우게 된 것이다. 결과는 좋았지만 그 결과로 인도하는 길은 폭력으로 이루어져 있는 셈이다.

곰이 사람으로 변신하는 이야기가 그리스 신화에는 반대로 들어 있다. 달의 여신 아르테미스의 수하였던 칼리스토는 제우스 때문에 임신을 하게 되어 제우스의 아내인 헤라의 분노를 산다. 헤라의 저주를 받은 칼리스토는 곰이 되어버렸다. 그녀의 아들 아르카스는 사냥을 나갔다가 곰을 만나 활을 쏘려고 했는데, 어머니를 죽이게 된 셈이었다. 제우스는 이때 아르카스도 곰으로 만들어버리고, 이들 모자를 하늘로 올려 별자리로 삼았다. 우리가 북두칠성이라고 부르는 자리가 아들 아르카스를 가리키는 작은곰자리이다.

아르테미스의 수하인 칼리스토가 곰이 된 부분이 흥미롭다. 아르테미스라는 이름은 인도유럽어의 hartkos에서 유래한 것으로 이 뜻은 곰 여인, 즉 웅녀이기 때문이다.

곰은 포유류인데 겨울잠을 자는 독특한 생물이다. 이 때문에 곰은 죽었다가 부활하는 신비한 존재로 이해한다. 부활한다는 것은 생명을 되찾는다는 의미이고, 이는 생식과 연결될 수밖에 없다. 때문에 사라졌다가 나타나는 달과 공통점을 가지고 있고 이것이 바로 아르테미스가 달의 여신이 된 이유 중 하나일 것이다.

살펴본 바와 같이 『삼국유사』에서 곰은 변화의 상징이다. 곰은 사람이 되기도 하고, 사람과 교접하여 아기를 낳기도 하며, 남자아이를 낳는 상징적인 존재로 등장하기도 한다. 용맹한 사람을 의미하기도 하고 용으로부터 변신하여 곰이 되기도 한다. 겨울이 오면 죽은 것처럼 사라졌다가 봄이 오면 다시 나타나는 곰은 미련퉁이가 아니라 새로운 생명을 가져오는 변화의 존재였던 것이다.

결코 가질 수 없는 존재,
호랑이

2

단군신화와 호랑이

환웅에게 사람이 되고 싶다고 빌었던 동물은 곰만이 아니었다. 호랑이
도 있었다. 호랑이는 곰과 한 동굴에 같이 살고 있었다. 환웅이 이들에
게 말했다.

　"신령한 쑥 한 대와 마늘 스무 묶음이다. 너희들이 이걸 먹고 햇빛
을 백 일 동안 보지 않는다면 사람의 형상을 얻으리라."

　이들에게는 먹을 것이 제한되었고, 햇빛을 보면 안 된다는 조건이
걸렸다. 호랑이는 이 중 어떤 것을 지키지 못했다. 다른 것을 먹었거나,
햇빛을 본 것이다. 그것도 불과 3주를 못 가서.

　단군신화를 따르면 호랑이는 규칙을 지키지 못하거나 참을성이
없는 동물인 셈이다. 일반적으로 단군신화의 곰과 호랑이는 각각의 토

템으로 부족을 대표한다고 생각한다. 그런데 마음에 걸리는 부분이 있다. 곰과 호랑이는 한 동굴에 같이 살고 있었다는 것이다. 부족이 달랐다면 어째서 같은 곳에서 살고 있다고 했을까?

여기서 새롭게 신화를 해석할 여지를 가지게 된다.

곰은 시키는 대로 하고 아기를 낳는 것만을 바라는 전통적인 여성상, 호랑이는 그럼 남성적 지배를 거부하고 자유를 찾아 떠난 독립적인 여성일 수도 있다는 것이다. 여기서 한 걸음 더 나아간 해석도 있다.

서강대 김승희 교수는 곰과 호랑이가 한 사람의 몸 안에 깃든 두 정체성으로 파악했다. 곰은 체제 질서 안으로 들어가 여성이라는 젠더를 획득하는 존재이며, 호랑이는 본래 가지고 있던 자연 상태의 야성성이다. 웅녀는 자기 마음속의 호랑이, 즉 원초적 모습을 잃어버리게 된

산신도(조선, 국립중앙박물관)

것이다. 이 결과 웅녀는 단군을 낳는 것만이 목적이 되고, 그 후에는 존재 자체도 사라졌다. 물론 이미 추방되어 사라진 호랑이 역시 영영 등장하지 못했다.

하지만 단군신화에서 사라진 호랑이는 현대에 와서 시와 소설로 부활했다. 많은 소설과 시에서 사라진 호랑이에 주목하여 그 뒷이야기를 만들었다.

토템으로 부족을 상징하는 호랑이라고 볼 때는 호랑이가 사라진 이유는 호랑이 토템 부족이 남하했기 때문이라는 해석도 있다. 우리나라에는 호랑이를 산신으로 섬기는 수많은 이야기들이 있다. 우리나라 절의 산신도의 경우에도 산신 옆에는 대개 호랑이가 그려진다. 산신과 호랑이는 떨어질 수 없는 존재였다. 이렇게 신령한 존재로 호랑이를 보는 이야기들 역시 『삼국유사』에서도 찾아볼 수 있다.

후백제 견훤과 호랑이

후백제를 건국한 견훤도 호랑이와 관련이 있다. 견훤이 갓난아기일 때 일이다. 아버지가 밭에 나가 일을 하고 있었는데, 어머니가 아버지에게 밥을 가져다주는 동안 아기를 수풀 속에 놓아두었다. 그런데 난데없이 호랑이가 나타난 것이다. 호랑이는 아기를 덥석 물어가 간식거리로 삼는 대신, 아기에게 자기 젖을 물려주었다.

이 이야기는 견훤이 나라를 세울 만한 위대한 인물이라고 금칠하는 과정에서 나온 것이 분명하다. 하지만 호랑이라는 존재를 당시 사람들이 어떻게 여겼는지 알 수 있는 장면이기도 하다. 호랑이의 젖을 먹은 견훤. 호랑이의 위엄과 무력을 갖추었다는 뜻도 되고, 호랑이가 이런 위대한 인물을 알아보는 지혜로운 존재라는 이야기도 된다.

백제에는 호암사(虎嵓寺)라는 절이 있었다. 호암, 즉 범바위가 있는 절이었다. 범바위 근처에 정사암(政事嵓)이라는 바위가 또 있었다. 백제에서 재상을 뽑을 때면 후보자 이름 서너 명을 적어서 상자에 넣고 봉한 뒤에 이 바위 위에 두었다가 며칠 지나서 열어보았다. 이름 위에 도장이 찍혀 있어서, 그 사람을 재상으로 삼았다.

범바위에는 다른 전설도 전해진다.

『신증동국여지승람』에 있는 이야기다.

호암리에는 임(林)씨 성을 가진 사람이 살았는데 호랑이가 가져다준 식량으로 목숨을 이어갈 수 있었다고 한다. 이 고을에 고려 말, 조선 초에 임윤덕이라는 예천임씨 중시조가 들어와 살았다. 집안에 내려오는 이야기는 좀 다르다.

고려 말에 피난을 온 재상 임윤덕이 산에 올랐다가 한 바위에서 호랑이를 만났다. 호랑이가 온갖 짐승을 잡아먹으며 왕 노릇을 하는 것을 보고는 호통을 쳤다.

"네가 이 산중에 왕으로 군림하고 있으나 인간세상에서는 내가 왕이다. 감히 나를 몰라보느냐?"

이러면서 칼로 넓적다리 살을 베어주었다. 그 후로 호랑이와 같이 어울려 지낼 수 있게 되었다. 이렇게 해서 그 바위를 범바위라 부르게 되었고 마을 이름도 호암리가 되었다.

『신증동국여지승람』에 전하는 이야기는 매우 소략한데, 집안 전승 이야기와는 묘하게 다르다. 이런 묘하게 뒤틀린 이야기들 사이를 메꾸는 이야기들이 얼마든지 만들어질 수 있는데, 이런 것이 고전 텍스트가 가진 힘이라고도 할 수 있다.

『신증동국여지승람』에서는 범바위에 호랑이의 자취가 있다고 하는데, 이것은 고려 문인 이곡(李穀)의 「주행기(舟行記)」에서도 확인할 수 있다. 이곳은 바위에 호랑이 흔적이 있어서 마치 바위를 타고 올라간 것 같은 모양이라고 썼다.

임씨 문중의 전설에서도 호랑이와 왕이 연결된다. 『삼국유사』의 신라 관련 글에서도 비슷한 것을 찾을 수 있다.

신라 서라벌 남산에 우지암(亏知巖)이라는 바위가 있는데, 이곳에

청동호랑이모양 띠고리(삼한, 국립대구박물관)
호랑이는 고대부터 인간과 함께 살아가는 두렵고도 친근한 동물이었다.

서 나랏일을 의논하고는 했다. 한번은 대신들이 모여 있는 곳에 호랑이가 뛰어들었다. 모두 놀라 자리에서 일어났는데, 상대등으로 병권을 장악하고 있던 김알천(金閼川)만은 태연자약하게 앉아 있다가 호랑이 꼬리를 잡아채 땅에 패대기쳐 호랑이를 죽여버렸다. 김알천의 무력이 이처럼 뛰어났지만 그럼에도 대신들은 김유신의 위엄 아래 복종했다는 말이 적혀 있다. 호랑이도 무찌르는 최고 무력을 가진 사람이 있지만 그도 김유신에게는 한 수 접었다는 이야기니, 김유신이야말로 최고라는 이야기를 하고 있는 셈이다.

재앙과 정의의 존재, 호랑이

호랑이의 이런 무력은 올바르지 않은 쪽으로도 상징되었던 것 같다. 통일신라 혜공왕 때 여러 재변이 일어났는데, 그 중에 호랑이가 궁성 안에 들어와 추격했지만 놓쳤다는 대목이 나온다. 이런 일들이 생기면 천하에 커다란 병란이 일어난다고 했는데, 얼마 안 가서 96각간이 서로 싸우는 엄청난 난리통이 벌어졌다. 『삼국사기』에는 백제에서 다섯 마리의 호랑이가 궁에 들어왔을 때 할머니가 남자로 변하고, 온조왕의 어머니인 소서노가 죽는 일이 생겼다. 과연 이것들이 진짜 호랑이었을까?

호랑이가 관련된 재미있는 이야기가 『삼국유사』에 하나 더 있다.

지금의 경주시 내남면에 있는 성부산에 얽힌 이야기다. 원래 이 성부산이라는 이름은 별이 떠오른다는 뜻이다. 그것은 김유신이 고구

176 · 177

려 침공을 막기 위해 기도를 올려서 별을 띄워 올려 보냈다는 전설에서 비롯되었다고 하는데, 『삼국유사』에는 산의 명칭 유래에 또 다른 이야기도 전하고 있다.

관직을 얻고 싶어 하던 사람이 꾀를 냈다. 신이한 일이 일어나면 그 일을 해결할 사람을 찾아 벼슬을 내려줄 것이라 보고, 그 신이한 일을 만들어냈던 것이다. 아들에게 커다란 횃불을 만들게 해서 산 위에 올라가 들고 있으라 했다. 산꼭대기에 큰 불빛이 나타나자, 사람들은 괴상한 별이 산 위에 나타났다고 두려워했다. 왕이 그 별을 없앨 푸닥거리를 할 사람을 모집하고자 했다. 아버지는 이제나 저제나 명이 떨어지기만을 기다리고 있었다. 그런데 그때 점술을 담당하는 관원인 일관이 나와서 말했다.

"이것은 큰 변괴가 아닙니다. 단지 아들이 죽어 아버지가 울게 될 징조일 뿐입니다."

왕은 일관의 말을 듣고 푸닥거리를 할 계획을 접어버렸다. 그날 밤 아들이 산을 내려오다가 호랑이에게 물려죽었다.

이 이야기에서 호랑이는 정의를 실현하는 존재다. 왕을 속이고자 한 사람을 응징하는 것으로 왕권을 보호하는 존재로 여길 수도 있다. 이처럼 호랑이는 백수의 왕으로서 인간 세계의 왕권과도 여러모로 밀접하게 여겨진 존재였다.

김현이 호랑이에 감동하다

호랑이는 삼국시대에 모든 나라가 신봉했던 불교와도 결합하여 여러 이야기를 남겼다. 『삼국유사』에 전해지는 '김현감호'(김현이 호랑이에 감동하다.)도 그런 이야기다. 특히 이 이야기는 웅녀처럼 호녀가 인간 남자와 결합하는 이야기이기도 하다.

통일신라 원성왕 때의 일이다.

매년 2월 8일부터 15일까지 서라벌의 남자, 여자들은 전각과 탑을 돌며 복을 비는 모임을 가졌다. 귀족 가문의 김현도 흥왕사에서 밤이 늦도록 전각과 탑을 돌았는데, 한 처녀가 있어서 김현을 따라 돌며 염불을 외웠다. 김현은 그녀와 눈이 맞아 사람이 없는 곳을 찾아가 통정을 했다. 처녀가 돌아가려 하자 김현이 그녀를 따라갔다. 처녀는 몇 번이나 사양했지만 김현이 막무가내로 따라가고 말았다.

처녀는 서라벌 서쪽 산기슭의 초가집으로 들어갔다. 할머니 한 명이 나와 처녀에게 물었다.

"어떤 사람을 데리고 온 것이냐?"

처녀가 자초지종을 이야기했다. 할머니가 혀를 차며 말했다.

"좋은 일이긴 해도 없었으면 더 좋았을 거다. 이미 일이 벌어졌으니 어쩌겠느냐? 빨리 몸을 숨기도록 해야겠다. 네 형제들이 사나우니 조심해야 한다."

할머니가 김현을 구석진 곳에 숨겼는데 잠시 후에 호랑이 세 마리가 으르렁대며 집 안으로 들어왔다. 이 호랑이들이 사람의 말을 했다.

"집에서 비린내가 나는구나. 먹을 게 있으니 좋구나."

할머니가 야단을 치고 처녀도 거들었다.

"코가 이상해진 모양이구나. 어디서 미친 소리냐?"

호랑이들은 아랑곳하지 않고 집안을 둘러보았다. 그때 하늘에서 외치는 소리가 들렸다.

"너희 무리는 만물을 해치길 즐겨하니 한 놈을 본보기로 죽여서 악행을 징계하겠노라."

호랑이들이 그 말에 깜짝 놀라 어쩔 줄 몰라 했다. 그걸 보고 처녀가 말했다.

"세 오빠가 뉘우치고 멀리 떠난다면 그 벌은 제가 대신 받겠어요."

이 뻔뻔한 호랑이 오빠들은 동생의 말에 기뻐하며 달아났다. 그나마 양심이 있었는지 고개는 쳐들지 못했다.

처녀는 호랑이들이 떠난 것을 지켜본 뒤에 집 안으로 돌아와 김현을 불렀다.

"저는 애초에 당신이 우리 족속과 만나면 욕되게 여길까 부끄러워 저를 따라오지 못하게 하였습니다. 하지만 일이 이렇게 되었으니 무엇을 숨기겠습니까? 제가 낭군과 족속은 다르지만 하룻밤 즐거움을 같이 하였으니 그 의리는 혼인을 한 것처럼 소중한 것입니다."

김현도 고개를 끄덕였다.

"그러나 세 오빠의 죄악이 넘쳐 하늘이 벌주고자 하는군요. 이 벌을 제가 대신 받을 것입니다."

"그게 무슨 말입니까?"

"다른 사람에게 죽느니 낭군의 손에 죽고 싶습니다. 그렇게 해서 낭군의 은덕을 갚고자 합니다."

"아니 될 말입니다."

하지만 처녀는 아랑곳없이 말했다.

"제가 내일 시내로 들어가 사람들을 다치게 할 것입니다. 하지만 누구도 저를 당해낼 수는 없을 것입니다. 그러면 임금님이 높은 벼슬을 내걸고 저를 잡을 사람을 구할 것입니다. 낭군이 겁을 내지 않고 성 북쪽의 숲으로 오면 제가 기다리도록 하겠습니다."

김현이 길게 한숨을 내쉬고 말했다.

"사람과 사람이 사귀는 것이 인륜의 원칙이니, 다른 부류와 사귀는 것이 정상은 아닐 것입니다. 하지만 우리가 이렇게 인연을 맺은 것은 실로 하늘이 보살핀 것이 아니겠습니까? 어찌 짝의 죽음을 팔아서 벼슬자리를 구하겠습니까?"

처녀가 고개를 저으며 말했다.

"낭군은 그리 말씀하지 마세요. 제가 일찍 죽는 것은 하늘의 명령이고, 제가 바라는 것이며, 낭군에겐 경사이고, 우리 족속에게는 복이고, 나라 사람들에게는 기쁨입니다. 제가 한번 죽음으로써 다섯 가지 이득이 생기니 어찌 이를 어기겠습니까? 그저 저를 위해 절을 세우고 불경을 강론하여 좋은 공덕을 쌓게 해주시면 낭군의 은혜가 이보다 클 수 없을 것입니다."

김현은 끝내 처녀의 마음을 돌릴 수 없음을 알고 슬피 운 뒤에 작별을 고했다.

다음 날이 되자 정말 사나운 호랑이 한 마리가 도성에 들어와 날뛰는데, 아무도 대적할 수가 없었다. 원성왕이 놀라 호랑이를 잡는 사람에게 2급의 작위를 내리겠다고 명을 내렸다. 김현이 궁에 들어가 말했다.

"소신이 호랑이를 잡을 수 있습니다."

원성왕은 그에게 먼저 벼슬을 내려 격려했다. 김현은 칼 한 자루만 가지고 처녀와 약속한 북쪽 숲으로 갔다. 처녀가 그곳에서 기다리고 있었다. 처녀가 김현을 보고 반갑게 웃으며 말했다.

"낭군은 어젯밤에 나눈 우리 이야기를 잊지 마세요. 오늘 내게 상처를 입은 사람들은 흥륜사의 간장을 바르고 나발(소라 껍데기로 만든 악기) 소리를 들으면 다 나을 것입니다."

말을 마치자 번개처럼 팔을 뻗어 김현이 차고 온 칼을 뽑아들고 바로 목을 찔렀다. 처녀가 쓰러진 뒤에 가서 보니 커다란 호랑이였다.

김현이 숲을 나와 외쳤다.

"여기서 범을 단번에 잡았노라!"

김현은 처녀가 알려준 방법으로 부상을 입은 사람들을 치료해주었다. 뒤에 초가가 있던 근처에 절을 세웠는데 절 이름은 호원사(虎願寺), 즉 호랑이의 소원이라는 뜻으로 지었다. 이 절에서는 늘 범망경(梵網經)을 강독하여 호랑이의 명복을 빌었다.

범망경은 부처의 설법을 모두 건져올린다는 뜻으로 만물중생이 부처가 될 수 있다는 뜻을 담고 있다. 김현은 호랑이의 성불을 바랐던 것이다.

이 이야기에서 호랑이 처녀, 호녀는 그야말로 목숨을 바쳐 오빠들과 김현을 도와주고 있다. 오빠들이야 혈육이라 그렇다 하더라도 김현에게는 왜 이렇게까지 했을까? 호녀는 김현과 혼인을 한 것으로 간주하고 있었다. 웅녀와 달리 호녀는 이미 사람이 된(정확히는 사람으로 변신할 수 있는) 상태였다. 그녀의 오빠들은 사람의 소리를 낼 수는 있지만 아직 사람의 형상은 없지 못한 상태였다. 그런 그녀에게 부족한 것은 인간의 세상에 확실히 편입될 수 있는 존재, 즉 혼인할 대상이었다. 하지만 그렇게 통정을 한 사이가 되어도 결국 인간의 세상에 호랑이가 들어갈 수는 없었다. 그것은 단순히 김현이 원한다고 이루어질 수 없는 것이었다.

이야기를 순서대로 본다면 호랑이들이 김현을 잡아먹으려 했고, 이 때문에 하늘이 노한 것으로 되지만, 사실 이 이야기의 진정한 비밀은 다른 곳에 있는 셈이다. 만일 호녀가 정말 인간 세상에 들어갈 수 있고 김현과 행복하게 살 수 있었다면 그녀는 죽는 것을 원치 않았을 것이다.

그러나 일시적으로 인간과 결합한다고 해도 결국 인간이 될 수 없다는 것을 알고 있던 호녀는 다음 생에 사람이 되기를 기원하고 김현에게 절을 세워달라고 요청하게 된 것이다. 흔히 이 이야기의 호녀를 모든 것을 다 바친 헌신적인 여성으로 이해하는데, 과연 올바른 해석일까? 호녀가 바라는 바는 남녀 간의 사랑 말고 또 다른 것이 있었던 것인데 그것은 해탈을 바라는 마음이었다고 할 수 있다. 즉 이 이야기는 불교적인 세계관 속에서 이해가 가능한 셈이다. 종교의 세계에서는 현세의 쾌락보다 다음 생의 복록, 또는 영원히 지속될 복된 세상을 원하게 마련이다. 호녀 역시 김현보다 더 먼 세상, 궁극적인 세계를 바랐던 것이다.

하늘의 응징이 나온 후로 갑자기 등장하지 않는 할머니는 어떤 존재였을까? 호녀나 호랑이들이 그녀를 어머니로 부르지 않은 것을 보면 할머니는 호랑이가 아니었을지도 모른다. 물론 인간도 아니었을 것이다. 할머니가 어떤 존재였을지 상상해보는 것도 『삼국유사』를 보는 즐거움이라 할 수 있겠다. 이 할머니는 산속에 사는 여신이었을 가능성도 있을 것이다.

일연은 『삼국유사』에서 특이하게도 김현 이야기 뒤에 중국의 호랑이 전설을 붙여놓았다.

당나라 때 신도징이라는 사람이 임지로 부임하기 위해 길을 가다가 큰 눈보라를 만나 인근 초가로 피했는데 여기에 늙은 부부와 14~5세 된 예쁜 딸이 있었다. 신도징이 딸을 달라 청해 승낙을 받고 혼약을 맺었다. 아내가 알뜰하여 적은 급료에도 살림을 잘 해냈다. 두 사람은 오래 행복하게 살며 남매를 두었는데, 아내가 하루는 옛집에 가보길 원했다. 옛집에 가보니 사는 사람이 하나도 없었다. 그리움에 눈물짓던 아내는 문득 집구석에서 호랑이 가죽을 발견했다. 아내가 크게 기뻐하며 그것을 몸에 둘렀더니, 당장 호랑이로 변해버렸다. 호랑이는 사납게 날뛰다가 집을 뛰쳐나가 산속으로 사라졌다. 신도징은 두 아이를 데리고 아내를 찾아 울며 헤맸지만 끝내 찾을 수 없었다.

일연은 두 이야기가 모두 호녀와 인간 남자의 결합이라는 측면에서 비교할 만하다고 생각한 것 같다. 신도징의 이야기는 중국 설화집 『태평광기』에 나오는 것이다. 쉽게 알 수 있듯이 이 이야기에는 불교적인 요소가 전혀 없다. 일연은 호랑이가 가족을 버리고 떠났다는 점을 크게 질책한다.

불교와 호랑이

호녀가 불교에 귀의하여 안식을 찾겠다는 이야기라면, 호랑이와 불교가 무슨 관련이 있을까 생각하게 된다. 『삼국유사』에는 호랑이와 불교가 얽힌 다른 이야기도 있다.

원효(617~686) 때 사복(蛇福 또는 사巳)이라는 사람이 있었다. 과부의 아들이었는데, 이 과부는 남자와 관계하지 않고 사복을 낳았다. 성모 마리아처럼 수태했다는 이야기다. 그런데 이렇게 태어난 사복은 열두 살이 되도록 말도 못하고 일어나지도 못해서 뱀아이, 즉 사동(蛇童)이라고 불렀다. 복, 巳, 파 등은 모두 아이를 뜻하는 음차라고 한다.

사복의 어머니가 돌아가셨는데, 사복이 원효를 찾아와 말했다.(그러니까 열두 살이 지난 뒤에는 일어나고 말도 할 수 있었다는 이야기겠다.)

"그대와 내가 옛날에 경(經)을 싣고 다니던 암소가 지금 죽었으니 함께 장사지냄이 어떨까?"

"그러지."

원효는 시체 앞에서 포살수계(布薩授戒)를 했다. 이것은 불교의 의식인데, 여기서는 삶과 죽음의 완전한 분리를 의미한다.

"태어나지 말라, 죽는 것이 괴롭다. 죽지 말라, 태어나는 것이 괴롭다."

사복이 딴지를 걸었다.

"그것 참 말이 많구만."

원효가 다시 말했다.

"죽고 태어나는 것이 모두 괴롭다."

두 사람은 시신을 메고 산의 동쪽 기슭으로 갔다. 원효가 말했다.

"지혜호랑이를 지혜숲에 장사지냄이 마땅하지 않겠나?"

사복이 게송(부처의 가르침을 시로 읊는 것)을 짓고 노래로 불렀다.

"그 옛날 석가모니는 사라수 사이에서 열반에 드셨는데, 지금 또 그와 같은 이 있어 연화장 세계에 들어가고자 하네."

사복이 말을 마치고 띠풀을 하나 뽑았다. 그러자 그 속에 인간 세계가 아닌 다른 곳이 나타났다.

그 세계는 연화장 세계였다. 눈부시게 환하고 맑고 깨끗한 가운데 칠보로 장식한 난간과 장엄한 누각이 있었다. 사복은 시체를 업고 그 안으로 들어갔다. 사복이 들어가자 문은 다시 닫혀버렸다. 원효는 홀로 돌아왔다.

사복의 어머니는 전생에 암소라 하였는데, 원효는 그녀를 '지혜호랑이'라고 불렀다. 지혜호랑이는 육도윤회도(Bhavachakra)에 나오는 호랑이를 가리킨다. 육도윤회도는 죽음의 신 야마가 두 손, 두 발로 수레바

퀴를 잡고 있는 그림인데, 삼악도와 삼선도의 육도와 윤회의 모습을 보여준다. 그런데 이 그림의 맨 밑에는 호랑이의 꼬리와 발이 보인다. 윤회를 벗어난 해탈의 지혜를 상징하는데, 이것이 바로 지혜호랑이다.

원효는 사복의 어머니가 태어나고 죽는 괴로움을 가진 윤회에서 벗어나 해탈하기를 기원했다. 사복이 이에 응해서 어머니와 함께 연화장의 세계로 넘어간 것이다. 그럼 연화장의 세계는 무엇일까?

연화장은 극락세계이다. 비로자나불이 있는 불국토인데 커다란 연꽃 속에 존재한다. 김현 이야기에도 나오는 『범망경』에서는 연화장 세계를 이렇게 설명한다. 천 개의 잎이 있는 연꽃이 있는데 그 잎 하나

육도윤회도(버밍엄 예술박물관, 미국)

하나가 하나의 세계라고 전한다. 부여에서 발견된 백제금동대향로를 보면 용이 연꽃을 토해내고 그 연꽃 위에 장엄한 세계가 올라타 있는데, 이것이 바로 연화장 세계를 상상해서 만들어낸 것이라고 보기도 한다.

『삼국유사』에 실린 백제 중 혜현의 일대기에도 호랑이가 나온다. 혜현은 달라산(지금의 전남 영암 월출산)에서 세상의 번거로움을 피해 수행했는데, 열반에 든 뒤에 그 시체를 돌방에 두었더니 호랑이가 와서 다 먹어치우고 해골 속에 혀만 남겨두었다. 3년이 지나도록 혀는 붉고 연한 상태 그대로였는데, 그 후에 단단해져 돌과 같아졌다. 사람들이 공경의 마음으로 돌탑에 간직했다.

혜현의 혀는 왜 호랑이가 먹지 않았을까? 혜현은 늘 불경을 염송했다고 한다. 호랑이는 평생을 쉬지 않고 불경을 염송한 그 혀를 먹어치울 수 없었다. 호랑이 역시 불가의 세계 속에서 그들을 공경하는 존재이기 때문이다. 이렇게 김현과 호녀, 사복의 어머니, 혜현의 혀는 모두 호랑이와 관련이 있는데, 그 호랑이들은 불교의 세계관 안에 있는 존재였다.

경계를 넘어서는 말

3

윷놀이를 할 때 '도개걸윷모'를 사용한다. 도는 돼지, 개는 개, 걸은 양, 윷은 소, 모는 말을 뜻한다. 말이 가장 좋은 자리를 차지한 것은 물론 말이 가장 빠르기 때문이다. 모는 말의 고어였을 가능성이 있다. '말을 몰다'라는 말에서 '몰'도 말에서 온 단어라고 본다.

말은 고대로부터 신성한 존재로 여겨졌다. 말의 가장 큰 특징은 사람을 태우고 이동한다는 데 있다. 그 특성 때문에 이쪽 세계에서 저쪽 세계로 이어지는 존재로 보는 경우가 많았다. 전 세계적으로 비슷하다.

왕을 불러오는 말

―

『삼국유사』에서 보면, 박혁거세의 출현은 말과 밀접한 관련이 있다. 사로 6촌의 촌장들이 나라를 다스릴 임금을 뽑기 위해 모였을 때의 일이다. 이들이 높은 곳에 올라 남쪽을 바라보았는데, 양산 아래 나정(蘿井) 옆에 이상한 기운이 번개처럼 번쩍거리고 있었다. 자세히 살펴보니 백마가 꿇어앉아 절하는 모습이었다. 촌장들이 급히 찾아가보니, 커다란 알이 하나 있었다. 어떤 이는 그것이 커다란 푸른 알이라 하고, 어떤 이는 그것이 자주색 알이었다고 말했다. 백마는 사람들이 다가오자 길게 울음을 울고는 하늘로 날아올라갔다.

알에서 한 소년이 나왔는데, 모습이 단정하고 아름다웠다. 소년을 왕으로 삼고 혁거세 왕이라 하였다. 그 알이 마치 커다란 박처럼 보였기에 성은 박씨로 했다.

말은 알을 낳지 않으므로 혁거세 왕을 백마가 낳은 것은 아니다. 백마가 무릎을 꿇고 절을 올렸다는 것을 보아도 알 수 있다. 백마는 '하늘'이라는 다른 세계에서 인간 세상으로 왕을 날라온 사자였다.

1973년 경주의 한 무덤에서 그림이 나왔다. 말안장 밑에 대는 진

경주 천마총 장니 천마도
(신라 5세기, 국립경주박물관)

흙받이인 장니에 그려진 그림은 하얀 말이었다. 말의 머리에는 뿔이 하나 솟아 있고 주위에는 구름이 흩날리고 있었다. 하늘을 나는 말, 천마를 그린 것으로 보였다. 학자에 따라서는 말이 아니라 상서로운 짐승인 기린으로 보는 경우도 있긴 하지만, 일반적으로 천마로 보고 있다. 박혁거세의 신화와 관련된 것으로 보기도 한다.

왕을 찾은 말 이야기가 『삼국유사』에 또 있다.

동부여의 왕 해부루는 늙도록 아들을 얻지 못했다. 산천에 제사를 지내 아들 얻기를 기원했는데, 그가 탄 말이 곤연(鯤淵)이라는 연못가에 도달했을 때 큰 돌 앞에 서서는 뚝뚝 눈물을 흘렸다. 해부루가 이상해서 신하들에게 돌을 치워보라고 했다.

돌 아래에는 금빛 개구리 모양의 어린아이가 있었다. 왕이 크게 기뻐하며 말했다.

"이는 하늘이 내게 아들을 주심이로다!"

말이 찾아낸 금빛 개구리 모양의 아이는 그 모습 그대로 금와(金蛙)라는 이름을 받고 태자가 되었다. 후일 왕위에 오르니 금와왕이라 부른다.

여기서 말은 다른 곳에서 온 존재는 아니지만, 왕권을 이어받은 존재를 발견하여 연결해준 존재이다.

금와왕은 태백산 남쪽 우발수(優渤水)에서 유화라는 여인을 만났다. 바로 고구려를 세운 주몽의 어머니다. 햇빛을 받고 태어난 주몽은 명궁으로 이름이 났다. 그런데 그가 한 일은 말을 키우는 것이었다. 주변에서는 주몽은 사람으로부터 난 것이 아니기 때문에 일찍 없애야 후환이 없을 것이라 했으나 금와왕은 주몽을 없애라는 말을 따르지 않았다. 대신 그에게 말을 키우게 했다. 다른 세계로 가는 다리를 놓아준 셈이다.

주몽이 말을 키운 이야기가 『삼국유사』에는 간단하게 나오지만 고려의 문장가 이규보가 쓴 「동명왕편」에는 훨씬 자세하게 나온다.

주몽은 말먹이꾼이 된 것을 한탄했다. 천제(天帝)의 자손으로 말 먹이는 일을 하느니 차라리 죽는 게 낫다고 생각했다. 주몽은 부여를 떠나고자 했으나 어머니가 마음에 걸려 그럴 수가 없었다. 유화는 눈물을 훔치며 주몽에게 말했다.

"걱정 말고 어서 가거라. 나도 늘 괴로웠다."

유화는 주몽과 같이 마구간으로 갔다.

"장사가 먼 길을 떠나려면 좋은 말이 필요하다."

유화가 채찍을 휘둘러 말들을 놀래키니 그 중 붉은말이 두 장 높이를 뛰어올랐다. 좋은 말임을 알아보고 붉은말의 혀에 바늘을 꽂아 먹이를 먹지 못하게 했다. 말이 못 먹어서 여위게 되었다. 이렇게 해서 붉은말이 비실비실해지자 금와왕은 그 비쩍 마른 말을 주몽에게 주었다.

주몽은 바늘을 뽑고 말을 잘 먹여 기운을 차리게 했다. 그렇게 해서 주몽은 그 붉은말을 타고 부여를 떠나 고구려를 세울 땅으로 가게 되었다.

『삼국유사』에는 주몽에 대한 또 다른 전설도 싣고 있다. 이에 따르면 유화가 알을 낳아서 괴이하다 여기고 알을 내다버렸는데, 마구간에

버렸더니 말이 젖을 먹여 살려주었다고 한다.

백제에도 말과 관련된 이야기가 있다.

백제 말기의 수도인 사비성을 감싸고 도는 강 이름이 백마강이다. 『삼국유사』에는 '용암'(龍嵒)이라는 바위에서 소정방이 어룡(魚龍)을 낚았다는 간단한 이야기만 있는데, 『신증동국여지승람』에 자세한 이야기가 있다.

이 바위의 이름은 용을 낚았다는 조룡대(釣龍臺)이다. 소정방이 백제를 공격할 때 비바람이 거세게 일어 전진할 수 없었다. 이에 소정방은 백마를 미끼로 써서 용을 낚아 올렸다. 이렇게 하자 날이 맑아져 당나라 군사들이 진격할 수 있었다. 이로 인해 강 이름이 백마강이 되었다.

여기서도 백마는 다른 세계의 존재를 끌어올리는 역할을 하고 있다.

나라 이름과 말

나라 이름에 말이 들어가는 경우도 있다. 삼한 중에 으뜸이었던 나라가 마한(馬韓)이다. 이때의 마는 말을 뜻하기보다는 첫째, 으뜸이라는 뜻의 '말'을 한자로 표현한 것으로 보는 것이 더 많다. 마한은 고조선의 마지막 왕인 준왕이 위만에게 나라를 빼앗기고 남쪽으로 달아나서 세운 나라이다.

그런데 아예 '백마'라 불린 나라가 있다. 『삼국유사』에 나온다. 『삼국유사』 5권에 실린 '선도성모가 불사(佛事)를 기뻐하다'에 보면 신라의 다른 이름이 '계룡(雞龍)·계림(雞林)·백마(白馬)'라고 하여 신라가 '백마'라는 이름으로도 불렸다고 전하고 있다.

최치원은 마한이 고구려가 되었다고 말했는데, 그 근거로 고구려에 마읍산(馬邑山)이 있다는 것을 들고 있다. 『삼국유사』에 따르면 소정방이 고구려를 칠 때 마읍산을 쳐서 빼앗은 뒤, 여기에 군영을 설치하고 평양을 포위했다고 나온다. 마읍산이 고구려의 건국과 관련된 셈인데, 고구려의 멸망과 관련된 말 지명도 있다. 고구려는 말기에 연개소문이 도교를 수입했는데, 이에 대한 반발이 있었다. 고구려가 멸망한 것은 불교를 등한시하고 도교를 신봉했기 때문이라는 것이다. 이런 견해가 전설이 되어서 전한다.

고구려의 마령(馬嶺)에 신인(神人)이 나타나 "너희 나라가 망할 날이 며칠 남지 않았다."는 예언을 했다는 것이다. 이 역시 말이 이쪽 세계와 저쪽 세계를 넘어가는 존재, 즉 나라의 유지와 멸망의 경계를 오간다는 의미일 수 있다.

최치원은 마한이 백제가 되었다는 설도 소개하고 있다. 그 근거는 백제에 금마산(金馬山)이 있어서 마한과 연결되는 것으로 보는 것인데, 최치원은 이를 잘못된 것이라고 말하고 있다. 『삼국유사』에서는 백제가 금마산에서 나라를 세웠다고 말한다. 금마산은 전라북도 익산시에 있다. 백제가 익산에서 세워진 것은 아니고 익산이 수도였던 적도 없다. 백제 무왕이 익산으로 천도를 할 계획이 있었다고 생각하지만 실현되지 않았다. 어쩌면 온조가 나라를 세웠던 곳에 금마산이 있었을지도 모른다. 지명은 고정된 것이 아니라 시대에 따라, 사람들에 따라 이동하기 때문이다. 마블 스튜디오의 영화 중 『토르 : 라그나로크』를 보면 토르의 종족이 살고 있는 아스가르드는 특정한 땅이 아니라 그 사람들이 사는 곳이라는 말이 나온다. 아스가르드인이 살고 있는 곳이 아스가르드라는 것이다. 그처럼 금마산도 시대에 따라 이동했을 수 있다.

최치원의 주장인 마한이 고구려가 되었다는 것은 오늘날 크게 인정받지는 못한다. 하지만 이런 이야기로 알 수 있는 것은 삼국에 말과 관련된 지명이 많이 있었다는 것이다. 특히 그 지명들은 매우 중요하게 여겨졌다는 것도 알 수 있다.

가야의 수로왕이 허왕후를 맞이할 때 준마를 준비했고, 견훤은 왕건과 사이를 돈독하게 하기 위해 총마(갈기와 꼬리가 푸르스름한 백마)를 바쳤다.

불교와 말

신라의 경흥 법사는 문무왕이 아들 신문왕에게 유언을 남겨 국사로 삼으라고 할 만큼 뛰어난 고승이었다. 그가 병이 났을 때 십일면관음보살이 현신하여 그의 병을 고쳐줄 정도였다. 그러나 그가 국사가 되어 우러름을 받게 되자 사람이 변하고 말았다. 그가 왕궁에 들어가고자 하면 시종이 먼저 말을 준비했다. 안장과 마구가 매우 화려한데다 법사의 복장도 대단하니 사람들이 알아서 길을 피할 지경이었다.

하루는 그가 궁에 들어가려고 나오는데 말을 타고 내리는데 이용하는 하마대에 남루한 행색의 거사가 광주리를 등에 매고 지팡이를 손에 든 채 앉아 있었다. 역한 냄새가 나서 살펴보니 광주리 안에 마른 생선이 들어 있었다. 시종이 화를 내며 말했다.

"너는 중처럼 보이는데 어찌 이런 더러운 물건을 가지고 다니느냐!"

그러자 거사가 말했다.

"넓적다리 사이에 살아 있는 고기(말)를 끼고 있는 것과 시장의 마른 생선을 등에 지는 것 중에 무엇이 더 나쁘냐?"

이렇게 말하더니 일어나 걸어갔다. 마침 경흥 법사가 나오다가 그 말을 들었다. 법사는 사람을 시켜 거사를 쫓아가게 했다. 거사는 남산 문수사에 이르자 광주리를 집어던지고 어디론가 사라졌다. 그가 짚었던 지팡이가 문수보살상 앞에 있었다. 광주리를 살펴보니 마른 고기는 소나무껍질로 변해 있었다. 쫓아갔던 사람이 경흥 법사에게 돌아와 자신이 본 것을 이야기했다.

경흥 법사가 탄식했다.

"문수보살께서 내가 말 타는 것을 경계하셨도다."

이후 다시는 말을 타지 않았다.

이 이야기에서 말은 사치의 상징으로 쓰였다. 역시 경계를 넘어선다는 점은 마찬가지지만 이번에는 좋은 쪽이 아니라 나쁜 쪽의 경계를 넘어갔다.

경흥 법사를 구해준 십일면관음보살은 관세음보살의 여러 형태

중 하나인데, 그 여러 형태 중에는 마두관음보살이 있다. 마두, 즉 말머리를 가진 관음보살이라는 뜻이다. 만물을 소중히 여기는 불교의 사상처럼 말로 상징되는 짐승도 구제하는 보살이 바로 마두관음보살이다. 어쩌면 이렇게 관세음보살의 상징 중 하나인 말을 타고 다니는 것을 괘씸히 여긴 것은 아닐까? 대자대비한 관세음보살이 그럴 리는 없을 것 같긴 하지만.

　　말이 불교와 관련하여 불길한 징조로 쓰인 경우가 『삼국유사』에 하나 더 있다. 백제 멸망을 경계하여 그 1년 전에 백제의 오회사에 커다란 붉은말이 나타나 여섯 시간을 절에서 거닐다가 사라진 일이 있었다. 이 이야기를 보면, 주몽이 타고 갔던 붉은말이 생각나기도 한다.

천변만화
자유자재의 용

4

용과 고구려

고구려의 시조인 주몽의 아버지는 천제(天帝)의 아들 해모수이다. 해모수는 하늘에서 용 다섯 마리가 끄는 수레를 타고 내려왔다.

『삼국유사』는 여러 기록을 가지고 해모수와 주몽에 대해서 이야기하기 때문에 좀 혼란스럽게 되어 있다. 해모수를 천제의 아들이라고 하기도 하고, 천제라고 말하기도 한다. 해모수의 아들이 주몽이 아니라 해부루라는 기록도 있다.

고려의 문장가 이규보가 쓴 「동명왕편」에는 천제의 아들로 나온다. 용 다섯 마리가 끄는 수레를 타고 내려온 점은 똑같다. 그의 부하들 1백여 명은 고니를 타고 따라왔다. 해모수는 하백의 딸 유화를 만나 정을 통했는데, 하백이 나타나 항의했다. 오룡거는 물속도 들어갈 수 있어서 해모수는 유화와 함께 물속에 있는 하백의 궁전으로 들어갔다. 하백은 해모수를 취하게 한 뒤에 가죽으로 만든 가마에 딸과 함께 태워 오룡거에 올렸다. 해모수가 혼자 하늘로 돌아가는 것을 방지하기 위함이었다. 오룡거는 주인이 없어도 홀로 운행이 가능했다.

하백이 준 술을 마시고 취하면 7일이 지나야 정신을 차릴 수 있었는데, 해모수는 천제의 아들인지라 바로 정신을 차리고 말았다. 하지만 하백이 만든 가죽 가마를 뚫고 나올 수는 없었다. 이때 해모수를 안타깝게 여긴 유화가 자신의 황금 비녀를 빌려주어 해모수가 가죽을 뚫고 빠져나올 수 있었다. 그런데 해모수는 유화는 버려두고 혼자 하늘로 돌아갔다.

용은 원래 수신(水神), 즉 물의 신이다. 그런데 고구려는 내륙에 있던 국가라 그런지 용이 교통수단으로 이용될 뿐 물과 연관되어서 나오지 않는다. 광개토왕비에서도 주몽이 왕위에 싫증을 내자 하늘에서 황룡(黃龍)을 보내 데려갔다고 나온다. 이 이야기에서도 역시 교통수단인 것이다.

고구려 멸망 때도 용과 관련된 일화가 있다. 보장왕은 도교를 받아들여 도교가 크게 융성했다. 절을 빼앗아 도관을 만들어 도사들을 거처하게 했다. 하지만 도사들은 고구려의 유명 산천을 돌아다니며 그 기운을 진압하는 일을 했다. 평양성은 원래 초승달 같은 모양이어서 신월성이라고 불렀는데, 도사들이 남하(南河)의 용을 주문으로 불러내서 성을 더 쌓게 만들어서 만월성으로 바꿔버렸다. 초승달은 앞으로 커지는 달이지만 만월, 즉 보름달은 줄어들 일만 남은 달이다. 이처럼 고구려의 용은 나라를 지키지 못하고 오히려 나라를 멸망시키려는 도사들에게 협조하기까지 했다. 초승달, 보름달 이야기는 백제 멸망 때도 비슷하게 나오는데 용은 등장하지 않는다.

용과 백제

고구려와 뿌리가 같은 백제의 경우에는 용이 별로 등장하지 않는다. 그러다 용의 아들이 왕이 되는 이야기가 갑자기 튀어나온다. 백제 30대 무왕이 용의 아들이다. 백제에 한 과부가 사비성 남쪽 연못가에 집을 짓고 살았는데 그 연못에 용도 살았다. 과부는 용과 통정하여 아들을 낳았다. 어릴 때는 마를 캐어서 살아가서 마를 뜻하는 서(薯)자를 써서 서동(薯童)이라고 불렀다. 바로 서동요의 주인공으로 신라 진평왕의 셋째 공주 선화를 아내로 맞은 그 사람이다. 후일 백제의 왕위에 올라 무왕이 되었다.

　이 전설대로라면, 백제는 온조로부터 내려온 왕가의 혈통이 이때 단절되었다는 말이 된다. 물론 오늘날 역사학자들은 이렇게 보는 경우가 없다. 무왕이 민간에서 길러진 왕족이었을 것으로 보는 정도다. 그렇게 본다면 용은 왕의 상징인 셈이다.

　조선에서는 왕실을 높이기 위해 「용비어천가」를 만들었다. '용이 날아 하늘에 도달함을 노래한다'는 뜻이다. 이처럼 무왕을 신성시하기 위해서 용의 아들이라는 전설이 만들어졌을 것이다. 그리고 이런 믿음은 결국 백제가 멸망했을 때 여지없이 깨지고 말았다. 앞서 3부〈경계를 넘어서는 말〉에서 말한 바와 같이 당나라 장수 소정방이 백마를 미끼로 백제를 지키는 용을 잡아내버렸다.

용과 신라

박혁거세 거서간의 왕비는 알영이라 하는데 우물가에서 계룡(鷄龍)이 왼쪽 갈비로 알영을 낳았다. 또는 용이 죽어 있었는데 그 배를 갈랐더니 여자아이가 나왔다고도 한다. 계룡이란 용이긴 한데 얼굴이 닭 모양인 용이다. 재미있게도 신라에는 계룡의 이름을 딴 산이 없는데, 백제 땅에는 계룡산이 있다. 왕비가 계룡의 후손이기 때문에 신라를 가리키는 이름 중에 '계룡'도 존재한다.

닭은 신라에서 중요한 영물 중 하나였다. 신라의 왕실은 박씨, 석씨, 김씨가 번갈아 올랐는데, 김씨는 닭과 관련이 있다. 김씨의 시조인 알지는 탈해이사금 때 시림(始林)이라는 숲에서 발견되었다. 시림 가운데에서 밝고 환한 빛이 뻗어나와 찾아가보니 나뭇가지에 황금 궤가 걸려 있고, 그 밑에 흰닭이 울고 있었다. 탈해가 황금 궤를 열어보자 사내아이가 누워 있다가 바로 일어났다. 금궤에서 나와 성을 김(金)으로 정하고 발견된 숲은 계림(鷄林)이라 부르게 되었다.

석씨도 용과 관련이 있다. 석씨의 시조인 석탈해는 본래 용성국(龍城國)의 왕자였다. 용성국에는 28용왕이 있었다. 국왕에게 자식이 없어 오래 기도하여 임신에 성공했다. 그러나 왕비가 사람이 아니라 알을 낳자 불길한 일이라 생각해서 배에 태워 떠나보냈다. 적룡(赤龍)이 배를 호위하여 신라로 오게 되었다. 이처럼 신라의 왕들은 용과 깊은 관련을 가지고 있었다.

신라 24대 진흥왕이 새로운 궁을 짓고자 했다. 그 궁을 용궁 남쪽에 짓고자 했으니, 원래 용궁이라고 부른 궁이 있었다는 말이 된다. 물론 원래 용궁이란 용왕이 거처하는 곳이니 바다 속에 있어야 한다. 『삼국유사』에는 밀교의 스님 명랑법사와 용궁 이야기가 전한다. 명랑법사가 용궁을 다녀온 이야기인데 뒤에 10부 〈신기하고 희한한 보물〉에서 자세히 하도록 하겠다.

진흥왕이 궁을 짓기 시작했는데 그곳에 황룡(黃龍)이 나타났다. 진흥왕은 그곳에 궁을 짓는 것을 포기하고 절을 세웠다. 왕실의 지키는 특별한 사찰 황룡사를 만들었다. 용이 신라를 보호하는 것이다.

선덕여왕 때 자장법사가 당나라에 유학했다. 그가 오대산에 있는 연못 태화지를 지날 때 신인(神人)이 나타나 말했다.

"어떻게 이곳에 왔소?"

"깨달음을 찾아서 왔습니다."

자장의 말에 신인이 절을 한 뒤에 다시 말했다.

"그대 나라에 어떤 어려움이 있소?"

"사방에 적들이 있어 침략을 당하니 백성들이 걱정하는 바입니다."

"그대 나라는 여자가 임금이 되어 덕은 있으나 위엄이 없소. 이웃나라가 침공을 계획하니 속히 돌아가시오."

"소승이 고향에 돌아가는 게 무슨 이득이 되겠습니까?"

"황룡사의 호법룡은 내 맏아들이라오. 범왕(梵王)의 명으로 황룡사에서 호법을 하고 있으니 그대가 돌아가 절에 구층탑을 세우면 구한이 조공을 바쳐 왕업이 영원히 편안할 것이오. 탑을 세우고 팔관회를 베풀고 죄인을 풀어주면 외적이 침범치 못하리라. 나를 위해서도 정사 하나를 지어 내 복을 빌어준다면 나도 은덕을 갚을 것이오."

자장이 귀국해 구층탑을 건립하고 용을 위한 정사도 지었다. 정사 옆에 흐르는 강을 태화강이라고 불렀다. 그곳에 태화지의 용을 위한 용연(龍淵)도 만들었다.

이 용연과 얽힌 다른 고승의 이야기는 7부 〈산신과 여신〉에서 하겠다.

용은 이렇게 나라를 보호하는 존재이기도 했는데, 그런 이유로 용이 되어 나라를 보호하고 싶어 한 왕도 있었다. 삼국통일 전쟁을 마무리하고, 나당전쟁까지 끝낸 문무왕이 그 주인공이다. 문무왕은 지의법사에게 자신의 소망을 말하곤 했다.

"짐은 죽은 후에 호국대룡이 되기를 원하오. 용이 되어 불법을 받들고 나라를 지킬 것이오."

"용은 짐승이 받는 응보인데, 어찌 그러십니까?"

"나는 인간 세상의 영화에 싫증을 느낀 지 오래요. 짐승의 응보로 용이 되는 것이라면, 그것이야말로 짐의 뜻에 딱 맞소이다."

이리하여 문무왕은 죽은 뒤에 동해에 있는 큰 바위 위에서 장사지냈다. 그 바위는 지금도 남아 있어서 대왕암이라 부른다.

용이 된 문무왕은 천신이 된 김유신과 함께 신문왕에게 하나의 선물을 보냈다. 보낸 방식도 거창했다. 산 하나를 바다에 띄워서 보냈던 것이다.

동해에 작은 산이 나타나 물결에 따라 흔들리고 있었는데, 점을 쳐보니 문무왕이 아들에게 보내는 선물이라고 했다. 신문왕은 그 흔들리는 산에 사람을 보냈다. 거북의 머리처럼 생긴 산 위에 대나무가 있었다. 묘한 것이 이 대나무는 낮에 보면 둘이었는데, 밤에 보면 하나였다. 심지어 어떤 때는 산도 둘로 나누어졌다가 합해졌다. 왕이 감은사에 도착하자 그날 정오에 대나무가 하나로 합쳐지고는 천지가 진동하는 비바람이 몰아쳤다. 하늘이 컴컴해지더니 그렇게 7일이 지나서야 하늘이 맑게 개었다.

신문왕이 배를 타고 그 산으로 들어갔다. 용이 검은색 옥으로 만들어진 허리띠를 바쳤다. 왕이 용에게 물었다.

"이 산과 대나무가 갈라졌다 붙었다 하는 이유는 무엇입니까?"

"한 손으로는 손뼉 소리를 낼 수 없는 것과 같은 이유입니다. 대나무는 합쳐야 소리를 낼 수 있으니 대왕께서 소리로 천하를 다스리게 될 것입니다. 이 대나무로 피리를 만들어 불면 천하가 화평해질 것입니다. 대왕의 아버님은 바다 속 큰 용이 되었고, 김유신은 본래 천신이었는데 지금 다시 천신이 되었습니다. 두 성인이 제게 값을 헤아릴 수 없는 이 보물을 보내어 대왕께 바치게 한 것입니다."

신문왕은 놀라기도 하고 기쁘기도 하여 오색 비단과 금과 옥을 용에게 주고 수하에게 대나무를 베어오게 했다. 신문왕이 해변으로 돌아오자 산과 용이 모두 사라졌다.

신문왕이 돌아오는 길에 태자(후에 효소왕)가 마중 나왔다. 태자는 용이 바친 옥대를 찬찬히 살펴보다가 말했다.

"이 옥대의 장식이 모두 용입니다."

"그것을 어찌 아느냐?"

"장식 하나를 떼어서 증명해 보이겠습니다."

태자는 옥대 둘째 장식을 떼어서 시냇물에 던졌다. 그러자 용이 튀어나와 하늘로 올라갔고 그 자리에는 연못이 생겨났다. 그 후 그 연못을 용연(龍淵)이라 불렀다.

신라에는 이 옥대말고 또 하나의 옥대가 있었다. 신라 삼보 중의 하나로 하늘에서 내려준 것이다. 26대 진평왕이 즉위했을 때 천사가 가져다주었다. 신라의 삼보는 황룡사의 장륙존상과 구층탑, 그리고 진평왕의 천사옥대이다.

용과 불교

용이 신라를 지키니 이 용을 노리는 일도 생겼다. 소정방이 백제의 용을 잡듯이 신라의 용을 잡으려 한 것이다.

38대 원성왕 때의 일이다. 당나라에서 온 사신이 하서국 사람 둘을 수행원으로 데리고 있었다. 하서국 사람은 용을 잡는 재주가 있었다. 이들은 동천사(東泉寺)의 동지(東池), 청지(靑池)와 분황사 우물의 용까지 모두 세 마리의 용을 잡아서 주술로 작은 물고기로 둔갑시켜 통에 담아서 빼돌리고자 했다. 동천사는 박혁거세가 알에서 나온 뒤에 목욕을 한 곳에 세운 절이다. 신라 시조의 영험이 서린 곳이니 연못마다 용이 살았던 모양이다. 이 연못은 동해의 용이 와서 불법 강의를 듣던 곳이기도 했다.

동천사 용의 아내 둘이 원성왕에게 사정을 호소하고 용들을 구출해주기를 빌었다. 원성왕은 급히 당나라 사신을 추격해서 간신히 그들을 관문에서 붙잡을 수 있었다. 원성왕은 사신들을 위한 연회를 베풀고는 그들에게 말했다.

"너희들은 어찌하여 우리나라의 용을 셋이나 붙잡아 가려고 하느냐? 사실대로 말하지 않는다면 극형으로 다스리리라."

하서국 사람들은 모든 일이 탄로 난 것을 알고 용이 갇힌 통을 내주었다. 원성왕이 원래 자리로 용들을 되돌리자 연못물이 한길이나 솟아올랐다.

용들이 절의 연못에 살고 있는 것을 봐도 알 수 있듯이 원래 용은 불교와도 관련이 깊다.

의상법사가 낙산사에서 관음보살을 만나기 위해 정진했는데 이때

팔부중의 천신들이 수정염주를 바쳤고, 동해의 용은 여의보주를 바쳤다. 이 구슬들은 몽골 침입 때 위기에 빠졌다. 몽골군이 곧 쳐들어올 판이 되자 주지가 은합에 보주를 담아 달아나려 했다. 이때 절의 종 걸승이 빼앗아 땅에 묻었다. 몽골군에게 주지는 죽었지만 걸승은 살아남아 나라에 바쳤다. 무신정권에선 야별초 열 명을 보내 보주를 가져와서 궁궐에 보관했다.

원효대사도 용과 관련이 있다. 원효대사는 해룡(海龍)에게 『금강삼매경』을 해설하라는 명을 받아 『금강삼매경론』을 작성했다. 『삼국유사』에는 간단하게 나와 있지만, 여기에는 원래 긴 사연이 있다.

신라 왕비가 병에 걸려 낫지 않아 걱정이 많았다. 당나라에서 약을 구해오려고 사신이 떠났는데 바다 위에서 이상한 노인을 만나 용왕의 궁전에 가게 되었다. 용왕은 『금강삼매경』을 건네주며 대안 스님에게 분류하게 하고 원효에게 강의하게 하면 병이 나을 것이라고 알려주었다. 대안 스님은 『금강삼매경』을 여덟 개 장으로 분류하여 원효에게 전달했고, 원효는 『금강삼매경』의 주석서를 만들었다. 본래 이름은 『금강삼매경소』였지만 내용이 너무나 뛰어나서 『금강삼매경론』이라고 불리게 되었다.

54대 경명왕 때 화재로 손상을 입은 홍륜사를 수리한 일이 있다. 이때 정화와 홍계라는 두 스님이 시주를 받으러 다녔는데, 하늘에서 제석천이 내려와 홍륜사에 머물렀다. 불전과 불탑은 물론 절 안의 풀과 나무, 흙과 돌까지 기이한 향기를 뿜고 오색구름이 절을 감쌌다. 남쪽에 있던 연못에서는 어룡(魚龍)이 기쁨에 뛰놀았다. 두 스님은 제석천의 모습을 그려서 남겨놓기를 원했으나 제석천은 자신보다 더 신통력이 뛰어난 보현보살을 그려놓는 게 좋겠다고 사양했다. 일연 때까지는 이 그림이 남아 있었던 모양이다.

신라 말에 보요선사는 중국 남쪽 지방인 오월 지방에 가서 『대장경』을 구해왔다. 돌아오는 바닷길에 갑자기 바람이 불어왔다. 보요선사는 "신룡이 『대장경』을 떠나가지 못하게 하려는 것인가?"라고 말하고 주문을 외우며 기도를 올려 신룡을 달랬다. 보요선사는 결국 신룡까지 함께 신라로 오게 되었다. 용이 뱃길을 보호하여 무사히 돌아올 수 있었다. 보요선사는 연사를 세우고 이곳에 용왕당을 두어 용이 머물게 했다.

고려 태조 왕건을 도운 보양법사에게는 용의 아들 이목(璃目)이 있었다. 그가 중국에서 불법을 공부하고 돌아올 때 서해 용왕의 용궁에 들어가 경전을 외워 낭송한 일이 있었다. 용왕은 금빛 비단의 가사(중의 예복) 한 벌과 아들 이목을 시종으로 내주었다. 이목은 절 옆의 연못에 살면서 몰래몰래 보양법사를 도왔다. 한 번은 큰 가뭄이 들어 밭에 곡식이 타들어가는 일이 있었다. 보양법사가 이목에게 비를 내리게 청했고, 이목은 비를 내려 밭에 뿌려주었다. 천제는 감히 하늘의 일을 방해했다고 하여 이목을 죽여버리고자 했다. 이목이 그걸 알고 다급히 보양법사를 찾아 도와달라고 했다. 보양법사는 이목을 자기 책상 아래 숨겼다. 잠시 후 하늘에서 천사가 내려왔다.

"이목이 어디 있습니까? 그자를 내놓으십시오."

천사의 말에 이목은 조용히 뜰에 있는 배나무를 가리켰다. 그러자 천사가 배나무에 벼락을 떨어뜨린 뒤에 다시 하늘로 올라갔다. 배나무는 한자로 쓰면 이목(梨木)이 된다. 보양법사가 같은 음을 이용해서 천사를 속인 것이다.

애꿎은 배나무가 벼락을 맞고 꺾여버렸는데 이목이 나와 배나무를 쓰다듬어주었다. 배나무는 바로 다시 살아났다. 배나무는 그 후에도 오래오래 살아남았다가 일연 생전에 죽었는데, 그것으로 빗장 몽치를 만들었다고 한다. 이목은 그 이름의 유사성 때문에 이무기라는 말이 나오게 된 원인이라고도 한다.

용의 아들, 처용

용의 아들 이야기는 하나 더 있다. 49대 헌강왕 때의 일이다.

헌강왕이 바닷가에 놀러나갔을 때, 안개가 자욱하게 끼었다. 덕분에 길까지 잃어서 무슨 조화인지 알기 위해 점을 쳤다. 일관이 말했다.

"이것은 동해 용의 조화입니다. 좋은 일을 해서 풀어주셔야 합니다."

헌강왕은 근처에 용을 위한 절을 세우라고 명했다. 그러자 구름이 개이고 안개가 흩어졌다. 개운포(지금의 울산)라는 지명이 이렇게 해서 생겨났다. 동해 용은 매우 기뻐하며 일곱 명의 아들을 데리고 헌강왕 앞에 나타났다. 용과 일곱 아들은 왕을 찬양하며 춤과 노래를 선보였다. 아들 중 한 명이 왕을 따라 서라벌로 들어왔는데 이름을 처용이라 했다.

헌강왕은 처용에게 아름다운 여인과 벼슬을 내렸다. 바다로 돌아가지 못하게 한 것이다. 그런데 아내가 너무 아름다웠다. 역신(疫神)이 처용의 아내에게 반해서 그 집에 몰래 숨어들어 욕심을 채웠다. 처용이 집에 왔다가 두 사람이 자고 있는 것을 발견하고는 춤과 노래를 부르며 물러났다.

서라벌 밝은 달에
밤들어 노닐다가
집에 들어와 자리를 보니
다리가 넷이어라.
둘은 내 것인데
둘은 뉘 것인가.
본래는 내 것이다마는
빼앗긴 걸 어쩌리.

이 노래를 들은 역신이 그 모습을 드러내더니 처용 앞에 무릎을 꿇고 말했다.

"제가 공의 아내를 탐하여 방금 범하고 말았습니다. 공이 이를 보고도 화를 내지 않으니 감동하여 아름답게 여길 뿐입니다. 이제부터는 공의 얼굴을 그린 것만 보아도 그 문에 들어가지 않을 것을 맹세합니다."

이렇게 하여 처용의 얼굴을 대문에 붙이면 역신을 물리칠 수 있게 되었다.

용의 아들이란 곧 용과 다를 바가 없는데, 이들의 힘이 이렇게 컸던 것이다.

사람을 괴롭히는 용

호국용, 불가의 용들만 있었던 것은 아니다. 뜻밖에도 사람을 괴롭히는 용도 있었다.

1부 〈왜 미련퉁이 곰이었을까〉에서도 나온 혜통의 이야기를 자세히 살펴보자.

혜통은 당나라에 유학하여 불법을 공부했다. 삼장법사의 제자로 들어가고자 했지만 쉽게 받아들여지지 않아 고생했다. 당나라 공주가 병이 났을 때 삼장법사에게 봐달라고 했는데, 삼장법사는 제자인 혜통을 대신 보냈다. 혜통은 신통력을 부려 신병을 불러 병마를 몰아냈는데, 그 병마의 정체는 독룡(毒龍)이었다. 교룡은 혜통 때문에 공주의 몸에서 쫓겨나자 복수를 하겠다고 결심하고 신라로 갔다. 혜통의 모국을 괴롭히고자 한 것이다. 정공이 사신으로 와서 독룡이 본국을 해치고 있으니 귀국해서 없애달라 청했다. 이에 혜통이 귀국하여 다시 독룡을 내쫓았다. 독룡은 혜통을 불러온 정공을 해치고자 정공 집 앞의 버드나무로 둔갑했다. 이때 신문왕이 승하하고 효소왕이 즉위하여 아버지의 능을 만들고자 했는데 정공 집 앞의 버드나무가 길을 막고 있었다. 버드나무를 베어내려

하자 정공이 화를 냈다.

"내 머리를 베었으면 베었지, 이 나무는 벨 수 없다!"

효소왕은 정공이 말한 대로 해주었다. 그의 목을 베고 집을 밀어버렸다. 그러고 나니 정공과 친한 혜통이 마음에 걸렸다. 혜통을 잡아오라고 병사를 보냈다. 혜통은 병사들이 몰려오자 절간 지붕 위에 올라갔다. 그의 손에 사기병 하나와 붉은 먹이 묻은 붓이 들려 있었다.

"무슨 일이 일어나는지 보라."

혜통이 사기병의 목에 붓을 휘둘렀다. 붉은 줄이 병목에 그어졌다.

"너희 목을 봐라."

병사들이 서로의 목을 살펴보니, 붉은 줄이 그어져 있었다.

"병목을 자르면 너희 목도 잘리리라."

병사들이 놀라서 달아났다.

그 후에 효소왕이 병에 걸렸을 때 혜통이 치료해주고 정공이 독룡의 암계에 걸렸던 것임을 설명했다. 효소왕은 정공의 죄를 용서하고 유족에게 재산을 돌려주었다. 독룡은 기장산(부산)에 들어가 웅신(熊神)이 되어 사람들을 괴롭히고 있었다. 혜통이 설법으로 그를 감화시키자 드디어 피해가 사라졌다.

33대 성덕왕 때 강릉태수 김순정의 아내 수로부인은 천하절색이었다. 깊은 산이나 연못가를 지날 때면 신이한 영괴가 튀어나와 그녀를 납치했다. 한번은 동해 바닷가에서 용에게 납치당했다. 김순정이 뻔히 눈을 뜨고 봤지만 바다 속으로 들어간 아내를 찾아올 도리가 없었다.

그때 한 노인이 나타나 말했다.

"옛사람 말에 여러 사람의 입에 오르내리면 쇠와 같이 굳은 물건도 녹일 수 있다고 했습니다. 바다 속의 짐승이 어찌 사람들의 입을 무서워하지 않겠습니까? 경내의 백성을 모아 노래를 부르며 막대기로 언덕을 치면 부인을 되찾을 수 있을 것입니다."

김순정이 시킨 대로 했다. 사람들이 막대기로 언덕을 치며 노래를 불렀다.

거북아, 거북아 수로를 내놓아라.
남의 부녀를 납치한 죄 얼마나 큰가.
만약 네가 바치러 나오지 않고 행패를 부린다면
그물로 잡아 구워서 먹으리라.

용이 수로부인을 받들고 나와 바쳤다. 김순정이 부인에게 바다 속 일을 물었다.

"궁전은 일곱 가지 보물로 장식되었고, 음식은 사람 세상의 것이 아닌데 달고 향기로웠습니다."

수로부인의 몸에서는 그때까지 맡아보지 못한 기이한 향기가 흘렀다.

그런데 용이 납치를 했는데, 왜 거북이를 불렀을까? 용은 여러 생물에서 생겨난다. 물고기에서 용이 되면 어룡, 닭에서 되면 계룡, 돼지에서 되면 저룡, 곰에서 되면 웅룡, 거북이에서 되면 귀룡(龜龍)이라고 한다. 이 이야기에서는 거북이와 용을 동일시하고 있는 것이다. 신문왕이 만파식적을 얻을 때도 산의 모양이 거북이 머리 같았다고 한다.

비슷한 이야기가 『삼국유사』 가락국기에 전한다.

가야에 아직 왕이 없었을 때 그 땅은 아홉 명의 간(干)이 다스리고 있었다. 이들은 어느 날 구지봉(龜旨峯)에서 들려오는 소리를 들었다.

"여기에 사람이 있느냐?"

"내가 있는 곳이 어디냐?"

"구지봉입니다."

"황천(皇天)이 내게 명하길 이곳에서 나라를 세우고 왕이 되라 하여 이곳으로 내려왔다. 너희들은 꼭대기의 흙을 파면서 노래를 불러라. 그러면 대왕을 맞이하여 기뻐 뛰게 되리라."

목소리는 부를 노래를 가르쳐주었다. 9간이 노래를 부르며 춤을 추었다.

거북아, 거북아, 머리를 내밀어라.

내밀지 않는다면 구워서 먹으리라.

그러자 잠시 후 하늘에서 자줏빛 밧줄이 드리워졌다. 줄이 내려온 곳으로 가보니 붉은 보자기에 싸인 금합이 있었고, 금합 안에는 둥그런 황금알 여섯 개가 마치 태양처럼 빛나고 있었다.

이 알에서 여섯 명의 남자아이가 나왔는데 이 아이들은 10여 일 사이에 9자, 즉 2미터가 넘게 자라났다. 이들 여섯 명은 제각기 가야의 왕이 되었고, 그 중에는 여섯 가야의 으뜸인 대가락의 왕도 있었는데, 그 이름이 수로였다.

수로부인과 같은 이름에, 수로부인을 되찾기 위해 부른 노래와 수로왕을 세우기 위해 부른 노래도 매우 비슷하다는 것을 알 수 있다.

수로왕의 이야기에는 용은 나오지 않고 거북이만 등장하지만, 두 이야기의 유사성을 보면 수로왕 이야기의 거북이도 본래는 용이었을 것이다. 수로왕과 관련된 용도 있기는 한데, 그 이야기는 7부 〈산신과 여신〉에서 하도록 하겠다.

용은 이처럼 왕실과도, 불교와도 관련을 갖고 있고, 또 용궁의 주인으로 자기가 원하는 대로 행동하는 존재이기도 하다. 그야말로 천변만화의 가늠하기 어려운 존재이다. 심지어 용 중에는 막강한 능력에도 불구하고 쩔쩔매는 약한 용도 있는데 그 이야기는 6부 〈개와 여우의 시간〉에서 하도록 하겠다.

징그럽지만
꼭 그렇지만은 않은 뱀

5

성경에서 뱀이 이브를 꼬여 금단의 사과를 먹게 한 사건에서 알 수 있듯이 뱀은 늘 터부시 되는 동물이었다. 둘로 갈라진 혀, 무섭게 생긴 눈, 차가운 피부, 소리 내지 않는 움직임, 사람을 죽일 수 있는 독. 사람들이 무서워하지 않을 수가 없는 존재다.

박혁거세 무덤의 다른 이름, 뱀무덤

박혁거세 거서간은 나라를 다스린 지 61년째에 하늘에 올라갔다. 7일 후 박혁거세의 몸이 하늘에서 떨어졌는데 다섯 조각이 난 상태였다. 놀란 탓이었을까? 왕후 알영도 세상을 떠났다. 개국 시조의 몸이 흩어졌으니 그대로 둘 수는 없는 노릇이었다. 시신을 수습하려 했지만, 그럴 수도 없었다. 거대한 뱀이 나타나 사람들을 쫓아냈던 것이다. 결국 사람들은 시신을 합하지 못하고 그대로 찢어진 몸 그대로 다섯 개의 무덤을 만들었다. 이것을 다섯 개의 능이라 하여 오릉이라 한다. 뱀이 방해하여 만들어진 능이라고 뱀 사(蛇)자를 써서 사릉(뱀무덤)이라고도 한다.

뭔가 잘못을 저질러서 왕도 죽고 왕비도 죽은 것 같은 분위기이다. 그런데 희한하게도 왕위는 두 사람의 아들로 이어졌다. 대를 이은이는 남해차차웅이다. 거서간, 차차웅이라는 왕 칭호는 박혁거세와 남해에게만 사용되었다. 심지어 남해차차웅은 삼황(박혁거세, 남해, 유리이사금을 삼황이라 부른다) 중의 으뜸이라고까지 한다. 또한 『삼국사기』를 보면 남해차차웅의 여동생 아로가 계절마다 제사를 지냈다고 한다.

만일 박혁거세가 하늘의 미움을 받아 죽은 것이라면 그 아들이 온전히 왕위를 잇기도 어려웠을 것이고 칭송도 받기 어려웠을 것이다. 박혁거세의 죽음이 징벌인가 아닌가는 뱀의 성격과 관련해서 매우 중요하다. 『삼국유사』에 나오는 이야기도 너무 짧아서 무슨 이야기인지 쉽사리 알기가 어렵다. 이 때문에 학자들 역시 여러 가지 추측을 했다.

가장 보편적인 해석은 박혁거세를 농경신으로 보는 것이다. 중국 창세신화를 보면 거인 반고가 죽은 뒤에 그의 몸에서 만물이 나온다. 이런 종류의 신화는 중국뿐만 아니라 전 세계에 널리 퍼져 있다. 박혁거세의 몸이 분해되어 자연의 풍요를 가져오는 것이라면 그 몸은 다시붙어서는 안 된다. 이런 하늘의 뜻을 모르는 사람들이 그 몸을 붙이려하자 뱀이 나타나 하늘의 뜻을 다시 알려준 셈이다.

그렇다면 뱀은 사악한 존재가 아니라, 하늘의 뜻을 전하는 선한 존

토우장식 장경호(신라, 국립경주박물관)

토우장식 장경호 세부
뱀이 개구리의 다리를 물고 있는 모습이다.

재라는 말이 된다. 우리나라에서는 뱀이 재물을 관장하는 업신이라고 여겼다. 재물은 곧 풍요와 연결이 된다. 뱀은 허물을 벗고 새로 태어나는 짐승이라고 보아서 달과 연결이 되기도 한다. 달이 사라졌다가 다시 나타나는 것처럼 뱀도 죽었다가 되살아난다고 여겼던 것이다.

『삼국유사』 왕력에 보면 백제가 처음 도읍한 위례성이 있던 곳이 사천(蛇川)이라는 기록이 있다. 사천이란 강이 뱀처럼 구불구불했다는 뜻이다. 풍수지리에서는 물을 재물로 본다. 강을 끼고 있으면 재물이 풍부해지는 것이다. 명당자리를 나타내는 가장 간단한 말이 배산임수(背山臨水)이다. 산을 등지고 물을 마주한다는 뜻인데, 여기서 물은 역시 재물과 관련이 있다. 고대에는 물이 있어야 농사를 지을 수 있기 때문에 더더욱 재물과 관련이 있다고 봐야겠다.

그런데 물과 함께 늘 거론되는 것은 바로 물을 지배하는 용이다.

박혁거세의 왕비 알영은 계룡이 낳은 사람이다. 용의 일족인 것이고, 용과 뱀 또한 떼놓을 수 없는 존재다. 앞서 4부 〈천변만화 자유자재의 용〉에서 용은 여러 짐승으로부터 나온다고 했지만 가장 일반적인 것은 물론 뱀이다. 뱀이 용이 되려다 실패하면 이무기라는 괴물이 된다. 용은 비늘 달린 짐승들의 총 군주이기 때문에 뱀 또한 용의 명을 받고 움직인다고 볼 수 있다. 이렇게 생각해보면 박혁거세의 시신을 합치지 못하게 한 뱀은 알영과 관련이 있을 수도 있다.

이집트 신화에서는 조각난 오시리스의 시신을 왕비 이시스가 수습하여 하나로 합친다. 박혁거세 이야기와는 정반대이지만 남편 사후의 일에 아내가 관여한다는 점에서는 공통점을 찾을 수도 있다.

박혁거세의 능 이름이 사릉인 것도 뱀이 나쁜 존재가 아니었다는 뜻으로 볼 수 있다. 박혁거세의 후손들이 집권하는데, 뱀을 나쁘게 여겼다면 그 능의 이름을 사릉이라고 부르지는 않았을 것이다. 결국 우리가 이 이야기를 이해하지 못하는 것은 이 이야기가 만들어지던 당대에는 별 의문 없이 이해되던 것이 세월이 지나서 무슨 의미인지 상실해버린 경우라 할 수 있다. 『삼국유사』에 이렇게 간략히 이야기가 남은 것도 이야기의 의미가 뭔지 잊어버렸기 때문에 벌어진 일일 것이다.

재물을 관장하는 뱀

뱀과 재물이 연동된 이야기로 『삼국유사』에서 이런 이야기도 찾을 수 있다.

수로왕의 능에 금과 옥이 있다는 소문을 듣고 도적떼가 훔치러 온 일이 있었다. 사당 안에서 갑옷과 투구를 갖춰 입은 용사가 나타나 활을 쏘아댔다. 7~8명이 활을 맞아 죽었고, 놀란 도적들이 달아났다. 하지만 포기하지 않고 며칠 후 다시 도둑질을 하려고 나타났다. 아마도 활 공격에 철저히 대비를 하고 다시 왔을 것이다. 그런데 이번에는 길이가 30여 척(10여 미터)이나 되는 구렁이가 사당 옆에서 나타났다. 구렁이는 번갯불 같은 눈빛을 번뜩이며 도적떼를 공격했다. 이에 7~8명이나 물려죽었다. 도적들은 넘어지고 엎어지면서 황급히 달아났다.

신라의 자장법사가 당나라에서 석가모니의 진신사리를 가지고 와서 통도사에 두었다. 고려 때 안렴사 두 사람이 진신사리를 보고 싶어서 들어 있는 함을 열어본 적이 있었다. 한 번은 큰 구렁이가 그 안에 있었고, 다른 한 번은 큰 두꺼비가 웅크리고 있었다. 이들 뱀과 두꺼비는 모두 달과 관계 있고 재물을 지키는 존재이기도 하다.

자장법사는 만년에 서라벌을 벗어나 강릉군에 살았다. 꿈에 문수보살이 나와 대송정에서 볼 것이라 하여 아침 일찍 나가서 문수보살을 영접했다. 문수보살은 다시 이르기를 "태백산 갈반지(葛蟠地)에서 만나자."고 하고는 사라졌다. 갈반지는 칡넝쿨이 우거진 곳이라는 뜻이다. 자장은 태백산으로 가서 문수보살을 찾아다녔다. 그러다 큰 구렁이가 똬리를 틀고 있는 것을 보고 시종에게 말했다.

"여기가 갈반지이다."

구렁이는 공연히 도사리고 있는 것이 아니라 뭔가를 지키고 있는 것이다. 즉 큰 구렁이가 있는 그곳은 중요한 곳, 문수보살이 일러준 장소, 갈반지였던 것이다. 자장은 그곳에 석남원이라는 절을 세웠다.

왕과 뱀

뱀이 그 기분 나쁜 형상과는 달리 그다지 나쁘게 취급되지 않은 설화가 『삼국유사』에 또 있다.

48대 경문왕의 침전에는 저녁마다 뱀떼가 몰려들었다. 나인들이 놀라고 무서워서 내쫓으려 했지만 경문왕이 말렸다.

"과인은 뱀이 없으면 편안히 잠에 들지 못하니 쫓아내지 말라."

심지어 경문왕은 잘 때 뱀처럼 혀를 길게 내밀었는데, 가슴까지 혀가 닿았다. 경문왕은 확실히 기인이었다. 그의 귀가 당나귀처럼 길었다는 이야기도 『삼국유사』에 전해진다. 하지만 그렇다고 해서 경문왕이 뭔가 포악한 군주거나 잘못된 왕이었다는 이야기는 『삼국유사』에 나오지 않는다. 신라가 말기에 접어들어 사회가 혼란하고 어지러운 것은 사실이지만 그렇다고 그가 뱀이 가진 이미지처럼 사악하거나 포악하지는 않았다.

또 2부에서 나온 신라의 기이한 인물 사복도 뱀과 관련이 있다. 그의 이름부터 뱀아이라는 사복이었고, 뱀처럼 기어 다녔다. 하지만 그가 뱀과 유사하여서 저주받은 인물이 된 것도 아니고 그에게 해가 되었다는 것도 아니다.

뱀과 유사한데 왕과 연결된 또 다른 괴물이 있다. 거대한 지렁이다. 후백제를 세운 견훤과 관련된 이야기다.

옛날에 광주(광주광역시) 북촌에 부자가 한 명 살았다. 부자에게 자태와 용모가 단정한 딸이 하나 있었다. 하루는 딸이 말했다.

"매일 자줏빛 옷을 입은 남자가 침실로 와서 저와 자고 갑니다."

부자가 깜짝 놀라 말했다.

"긴 실을 바늘에 꿰어 그 남자의 옷에 꽂도록 해라."

딸이 아버지 말을 따라 남자의 옷에 바늘을 꽂아두었다. 다음날 아침 실을 따라 그 남자를 찾아나섰다. 북쪽 담장 아래에 큰 지렁이가 있었는데 바늘이 지렁이 몸통 중간쯤에 꽂혀 있었다. 딸이 이로 인해서 임신을 했고 사내아이를 낳았다. 아이는 15세가 되자 스스로를 견훤이라 칭했다.

이 설화를 '야래자(夜來者) 설화'라고 한다. 우리나라 전역에 분포하는 유명한 설화 유형이다. 밤마다 정체를 알 수 없는 남자가 찾아와 성관계를 맺은 끝에 위대한 인물이 탄생한다는 것이 야래자 설화의 큰 줄기이다. 야래자의 정체는 다양하다. 지렁이, 지네, 구렁이, 절구공이, 거북, 자라, 어룡, 수달, 조개까지 있다.

견훤의 아버지는 왜 하필 지렁이일까? 지렁이는 그것이 아무리 커다랗다고 해도 징그러운 환형동물에 지나지 않아서 신성성을 인정하기가 쉽지 않을 것 같다. 하필 지렁이로 된 것은 견훤의 이름 때문이라는 주장도 있다. 견훤의 견(甄)은 '진'으로 읽어야 하고 그러면 진훤이 되는데 이 발음이 지렁이와 비슷해서 그를 폄하하기 위해 지렁이 자식이라는 전설이 생겼다는 것이다. 야래자 전설이 견훤과 깊은 관계에 있다는 점을 생각하면 더욱 그렇다.

백제의 중심지였던 부여에 전해지는 야래자 전설에서 야래자의 정체는 산삼이다. 지렁이보다 훨씬 신성성이 높은 존재를 야래자로 놓은 것이다.

위 이야기에서는 지렁이가 어떻게 되었는지 나오질 않는다. 사람들이 지렁이를 죽였을까? 혹은 신령스러운 존재로 여겨 풀어주었을까?

만일 견훤의 후백제가 후삼국통일 전쟁에서 승리했다면 이 전설이 그대로 지렁이로 남았을까? 아마도 용으로 변했을 가능성이 있을 것이다. 이미 2부에서 견훤이 호랑이 젖을 먹은 비범한 존재였다는 점을 이야기했다. 그런 면에서 보면 지렁이는 뱀보다도 더 징그러우면서 징그럽지만은 않은 존재였던 것 같다.

개와 여우의
시간

6

개·돼지라는 말

개는 견마지로(犬馬之勞)라는 고사성어에도 나오듯이 충성스럽기로 으뜸
인 동물이다. 신라의 박제상이 왜국에 인질로 있던 왕제 미해(『삼국사기』
에는 미사흔이라고 나온다.)를 구출하고 붙잡혀서 신문을 받았다. 왜왕은 박
제상에게 귀순하라고 꼬드겼는데, 이때 박제상은 이렇게 말했다.

"차라리 계림(신라)의 개·돼지가 될지언정, 왜국의 신하는 되지 않
겠다. 계림의 형벌을 받을지언정 왜국의 작록은 받지 않겠다."

여기서 개는 충성의 의미보다는 하찮은 존재로 사용되었다. '개·
돼지'라는 욕도 있다시피 개와 돼지는 같이 언급될 때가 많다. 이렇게
묶여서 언급될 때는 별로 좋은 의미가 아니겠다. 특히 돼지는 일반적으
로 미련하고 둔한 이미지를 가지고 있어서 더 그럴 것이다. 하지만 주

몽 신화에서 보면 돼지가 자기 우리에 버려진 알에 입김을 쐬어주어 보호를 한 장면도 나온다. 돼지라고 그저 미련하기만 한 건 아니다. 심지어 돼지가 천하통일의 상징으로 나오기도 한다.

『삼국유사』에는 당태종에게 누군가가 머리는 하나지만 몸통이 둘에 다리가 여덟 개가 달린 돼지를 바친 이야기가 나온다. 그 돼지는 천하를 통합하는 좋은 징조를 뜻한다고 풀이했다. 그런데 이런 징조에 헛바람이 든 당태종이 고구려와 싸우다가 패배한 것이니 돼지는 그다지 좋은 징조가 아니었다고 해야 할까?

원광법사가 세속오계를 귀산과 추항에게 말해주었을 때 귀산이 물었다.

"다른 것은 알겠는데, 살생유택(殺生有擇)이라는 말은 잘 모르겠습니다."

그러자 원광법사가 설명해주었다.

"불가에서 제사 지내는 여섯 날과 봄·여름에는 살생을 하지 않으니, 이것이 때를 가린다는 것이다. 가축을 죽이지 않으니, 말·소·닭·개를 가린다는 것이다. 고기 한 점도 되지 않는 작은 생물은 죽이지 않으니, 생물을 가리는 것이다."

개는 살생유택에 들어 있는데, 돼지는 들어 있지 않다. 어쩌다 빠진 것일까, 개보다 하찮아서 빠진 것일까? 신비로운 돼지에 대한 이야기는 『삼국사기』나 『고려사』에 몇 가지 나오는데, 『삼국유사』에는 거의 나오는 게 없다. 신비로운 돼지 이야기 중 하나는 7부 〈산신과 여신〉에서 이야기하도록 하겠다.

『삼국사기』나 『고려사』에 나오는 돼지 이야기 중 하나는 돼지를 이용해서 도읍을 정하는 것이다. 돼지를 풀어놓고 돼지가 도망 다니다가 드러눕는 곳이 새로운 수도 자리가 되는 것인데, 돼지에게 이처럼 수도 자리를 정하는 신묘한 능력이 있다고 믿었던 모양이다.

어리석은 개, 현명한 개

개의 속성을 이용한 재미있는 이야기가 『삼국유사』에 있다.

산적들이 견성(경남 밀양)에 모여 있었는데 기세가 대단해서 토벌할 수가 없었다. 왕건은 견성을 무찌를 방법을 보양법사(보양법사와 용의 아들 이야기는 4부에서 나왔다.)에게 물었다.

"저들을 쉽게 제압할 방법이 무엇이겠습니까?"

"저들은 견성에 있습니다. 따라서 개의 본성을 알면 쉽습니다. 개는 밤에는 잘 지키지만 낮에는 지키는 데 관심이 없습니다. 눈앞에 보이는 건 잘 지키지만 자기 뒤에서 생기는 일은 모릅니다. 따라서 낮에 북쪽을 치면 이길 수 있습니다."

성은 정문이 남문이므로 반대편인 북쪽을 공략하라는 말이었다. 왕건이 이 말을 따라 쉽게 견성을 점령할 수 있었다.

이 이야기를 보면 개는 어리석은 동물인 것 같기도 하다. 하지만 꼭 그런 것은 아니다. 고구려 시조 주몽이 처음 태어났을 때는 커다란 알 속에 있었다. 왕이 이를 이상히 여겨 개와 돼지에게 던져주었는데 둘 다 먹으려 하질 않았다. 또한 백제가 멸망할 무렵에 개가 경고를 한 일도 있었다. 백제 말기에 온갖 징조들이 나타났는데, 그 중에는 사슴만 한 큰 개가 나타나 사비성 밖의 언덕에서 크게 짖어대다가 갑자기 사라졌다. 이때에 성 안의 개들도 길 위에 모여 짖고 울고 하다가 흩어지기도 했다. 나라의 위기를 경고한 것이다.

신라 때도 나라의 위기를 개가 경고한 바 있었다. 54대 경명왕 때의 일이다. 사천왕사의 벽화 속에 개가 있었는데, 이 개가 짖기 시작했다. 3일 동안 불경을 강론하여 간신히 멈추는가 싶었는데, 한나절이 채 가지 않고 또 짖기 시작했다. 급기야는 벽화 속의 개가 벽에서 뛰쳐나와 뜰을 돌아다니다가 다시 벽 속으로 들어가 그림이 되는 일이 벌어지기도 했다.

『삼국유사』에는 늑대와 관련된 이야기가 없다. 억지로 하나 찾아

개와 맷돼지 토우
(신라, 국립중앙박물관)

보자면 1부와 4부에서 나왔던 밀교의 혜통과 관련된 아주 간단한 이야기가 하나 있다.

혜통이 산골짜기에서 놀다가 수달을 한 마리 잡았다. 아마 잡아서 먹어치우고 뼈를 버렸던 모양인데, 다음 날 아침 지나가다 보니까 뼈가 사라졌는데 핏자국이 남아 있었다. 핏자국을 따라가 보니 굴속으로 들어갔다. 굴 안에는 새끼가 다섯 마리 있었는데 뼈가 그들을 품고 있는 것이 아닌가. 혜통은 크게 감동한 끝에 출가하여 중이 되었다. 그런데 그가 젊은 시절에 시랑(豺狼)을 쏘아 잡았다는 기록이 남아있다. 시랑은 승냥이와 늑대라는 뜻이다. 굳이 이런 말이 기록으로 남은 것을 보면 그가 명사수였다는 것을 자랑하는 것이거나 놀라운 힘을 가진 괴물 같은 늑대를 잡았다는 이야기일 것 같다. 하지만 더 이상 자세한 내용이 없다. 늑대는 놀랍게도 『삼국사기』에도 나오는 게 없다. 신라 서라벌에는 낭산(狼山), 즉 늑대산이라는 지명도 있는데, 정작 늑대에 대한 이야기는 나오지 않는다.

간을 빼먹는 간사한 여우

흔히 늑대와 함께 거론되는 여우 이야기는 『삼국유사』에 여러 편이 있다. 가장 재미있는 이야기는 거타지 설화이다. 앞에서 이미 한 번 나왔는데, 조금 이야기를 쉽게 풀어서 다시 소개해본다.

진성여왕의 막내아들 양패가 당나라에 사신으로 가게 되었다. 후백제의 해적들이 위험하다는 말을 듣고 궁수 50명을 뽑아 호위병으로 데리고 갔다. 배가 곡도(백령도 인근으로 추정)에 이르러 풍랑이 크게 일어 더 가지 못하고 열흘을 지체했다. 양패가 걱정이 되어 점을 치게 해보았다. 점괘가 나왔다.

"섬에 신령한 연못이 있으니 제사를 지내면 좋겠습니다."

제사를 올리자 연못의 물이 한길이나 뿜어져 올라왔다. 그날 밤 양패의 꿈에 한 노인이 나왔다. 노인이 말했다.

"활 잘 쏘는 사람 하나를 섬에 남겨놓으면 순풍을 얻을 것이오."

양패가 아침에 궁수들을 모아놓고 말했다.

"누구를 남겨놓는 것이 좋겠는가?"

홀로 남고 싶은 사람이 있을 리가 없었다.

"나뭇조각에 이름을 써서 물에 던진 뒤에 가라앉는 것이 있으면 섬에 남도록 하는 게 좋겠습니다."

이렇게 해서 각자 이름을 적어 물에 던졌는데 거타지라는 궁수의 나뭇조각이 물에 가라앉았다. 거타지를 섬에 남겨놓자 순풍이 불어 배가 떠나갈 수 있었다.

거타지가 근심에 잠겨 있는데, 노인이 연못 안에서 나타났다.

"나는 서쪽 바다의 신이오. 그대에게 부탁할 것이 있소. 해가 뜰 무렵에 한 중이 하늘에서 내려와 다라니를 외우는데, 그러면 우리 가족이 모두 물 위에 떠오르게 되오. 중은 그 중 하나를 골라 간과 창자를 꺼내 먹어버리니, 이제 가족이 모두 죽고 우리 부부와 딸만 남았소. 내일 아침에도 중이 올 것이니 부디 그대가 활을 쏘아 그 중을 죽여주길 바라오."

서쪽 바다의 신이라고 했으니 이 노인은 바로 용이었다. 거타지가 대답했다.

"활쏘기는 내 장기이니 말씀대로 하지요."

"고맙소."

거타지가 활을 들고 아침이 되길 기다렸다. 해가 뜨자 진짜 중이 나타나 주문을 외웠다. 용 부부와 딸이 떠오르자 중이 또 간을 내먹으려 했다. 그 순간 거타지가 활을 쏘아 중을 맞추니 중이 땅바닥에 쓰러져 절명했다. 가서 살펴보니 사람이 아니라 늙은 여우였다.

노인이 감사 인사를 하며 말했다.

"그대 덕분에 목숨을 건졌소. 보답으로 우리 딸을 그대에게 아내로 드리겠소."

거타지가 말했다.

"감사합니다. 진실로 원하던 바입니다."

노인은 딸을 꽃으로 둔갑시킨 후 거타지의 품에 넣어주었다. 그리고 다른 용 두 마리를 불러 거타지를 양패의 배로 데려가게 했다. 용들이 바람처럼 날아가 거타지를 배에 내려주고 당나라까지 배를 호위했다. 용이 호위하는 배를 보고 당나라 황제가 사신 일행을 후히 대접했다. 거타지는 신라로 돌아온 후에 꽃을 다시 여자로 돌려 행복하게 살았다.

이 이야기는 『고려사』에 나오는 왕건의 조부 작제건의 이야기와 아주 흡사하다. 작제건은 아내만 얻은 것이 아니라 돼지도 하나 더 얻어서 돌아갔는데, 이 돼지가 고려의 수도가 되는 개경 땅을 찾아내는 역할을 했다. 여기서 여우는 중의 모습을 한 괴물이었는데, 이렇게 악행을 저지른 여우 이야기가 『삼국유사』에 하나 더 있다.

선덕여왕이 병에 걸렸을 때의 일이다. 흥륜사에 있는 법척이라는 중이 병을 낫게 하려고 궁에 들어와 있었는데, 여왕의 병에는 차도가 없었다. 이때 밀본법사가 온 나라에 이름이 높아서 그를 불러들여 병을 치료하게 했다. 밀본법사가 여왕이 누워 있는 침전 밖에서 『약사경』을 읊었다. 두루마리를 다 읽자 법사의 육환장(여섯 개의 고리가 달린 지팡이)이 허공을 날아 침전 안으로 들어갔다. 육환장이 돌아나오자 여기에 늙은 여우와 법척이 꿰어져 있었다. 육환장이 이들을 뜰 아래 내동댕이치고 밀본법사에게 돌아갔다. 밀본법사의 머리 위로 오색의 광채가 떠올랐다.

늙은 여우가 여왕을 병들게 하고 숨어 있었던 것이다.

백제가 멸망할 때 등장한 여우도 있었다. 많은 여우들이 도성에 들어오더니 그 중 흰여우가 좌평의 책상에 앉아 있었다. 개와 여우가 모두 백제의 멸망을 경고한 것이다. 물론 이 여우가 좌평이 무능하다는 것을 알려준 것인지, 좌평이 귀양 가거나 전란 중에 죽을 것을 예언한 것인지는 알 수 없다.

신이 된 여우

원광법사가 나이 서른 때 일이다. 삼기산에서 홀로 불법을 닦으며 살았는데, 4년 후에 중 하나가 멀지 않은 곳에 절을 세우고 2년간 지냈다. 그 중은 성격이 포악하고 불법보다 주술을 익히는 데 열심이었다. 그러던 어느 날 신령 하나가 원광법사를 찾아와 말했다. 모습은 보이지 않고 목소리만 들렸다.

"좋구나, 좋구나. 그대의 수행이여. 수행하는 사람은 많지만 법대로 하는 이는 드문 법. 지금 이웃에 있는 승려는 주술을 닦지만 소득은 없을 것이오. 요란하게 소리를 내니 남의 정념만 끊을 뿐이오. 내가 길을 갈 때마다 방해가 되니 왕래할 때마다 미운 생각이 드는구려. 법사가 나를 위해 그 자에게 다른 곳으로 가라고 해주시오. 더 머무른다면 내가 죄업을 저지를 것 같소."

죽여버리겠다는 말을 점잖게 한 셈이었다. 원광법사는 그 중에게 가서 말했다.

"어제 신령이 찾아와 말했는데, 스님이 다른 곳으로 옮겨가는 게 좋겠습니다. 안 그러면 재앙이 있을 것 같습니다."

중이 대답했다.

"수행이 깊은 자가 마귀에 홀리기도 하는군요. 법사는 어찌 여우 귀신의 말에 근심하십니까?"

중은 비록 포악한 사람이지만 능력이 없지는 않았던 모양이다. 원광법사는 보지 못하는 신령의 본체를 파악하고 있었다. 중이 말을 듣지 않자 원광법사에게 뾰족한 수가 있을 리 없어 그냥 돌아왔다. 그날 밤에 신령이 다시 와서 말했다.

"내가 한 말을 전하니 뭐라 하오?"

원광법사가 둘러댔다. 신령이 노해서 안 좋은 일이 생길까 걱정되었다.

"아직 말을 못했는데, 제가 말을 하면 어찌 안 듣겠습니까?"

신령이 말했다.

"내가 이미 다 들었는데 무엇 때문에 말을 돌리시오? 가만히 내가 하는 일을 지켜보시오."

신령이 떠난 후 한밤중에 벼락이 치는 소리 같은 것이 들렸다. 아침이 되어 중이 있던 절에 가보니 산이 무너져 절은 흔적도 없이 사라져버렸다. 신령이 그날 밤 다시 와서 말했다.

"내가 한 일을 보았소? 어떻소?"

"너무나 놀랍습니다."

"나는 3천 년 가까이 살았고 신술(神術)도 가장 강하오. 이번에 한 일은 그저 작은 일에 불과하니 놀랄 만한 일도 아니오. 미래의 일도 내다볼 줄 알고, 천하에 모르는 것이 없소이다. 가만 생각해보니, 법사가 여기 있으면 자신을 이롭게 할 수는 있지만 남을 이롭게 하는 공덕은 없을 것이오. 지금 높은 이름을 드날리지 못하면 미래에 선업을 어찌 쌓으시겠소. 중국에 가서 불법을 배워 이 나라의 어리석은 중생들을 깨우치도록 하는 게 어떻겠소?"

"중국에 가서 불법을 배우는 것은 제 소원이긴 하지만 중국은 바다와 육지로 떨어져 있으니 갈 방법이 없습니다."

그러자 신령은 중국에 갈 수 있는 방법을 알려주었다. 원광법사는 그 계책에 따라 중국에 가서 11년을 머물며 불법뿐 만아니라 유학도 깊이 배웠다. 11년 후 귀국하여 다시 수행하던 산으로 가 신령에게 감사 인사를 전했다. 밤이 되자 신령이 찾아왔다.

"바다와 땅 먼 길 오고감이 어떠하였소?"

"신령의 큰 은혜에 편안히 다녀왔습니다."

"나도 법사에게 수계를 드리도록 하겠소."

신령과 원광법사는 윤회의 모든 세계에서 서로를 구원하기로 맹세했다. 원광법사가 말했다.

"신령의 진짜 모습을 볼 수 있습니까?"

"어렵지 않소. 내일 아침에 동쪽 하늘 끝을 바라보시오."

아침에 동쪽 하늘을 보자 커다란 팔뚝이 구름을 뚫고 하늘 끝까지 올라가 있었다. 이날 이후로 삼기산은 '긴 팔의 산'이라는 뜻의 비장산(臂長山)이라고도 불렸다. 그날 밤 신령이 와서 말했다.

"내 팔뚝을 보았소?"

"보았습니다. 너무나 신기했습니다."

"내가 이런 몸을 가지고 있어 결국 무상(無常)의 해(害)는 피하지 못할 것이오. 나는 멀지 않아 고갯마루에 몸을 버릴 것이니 법사가 와서 영원히 떠나는 내 혼을 전송해주시오."

원광법사가 약속을 하고, 그날이 되어 고갯마루에 갔다. 그곳에는 칠흑같이 검은색의 늙은 여우 한 마리가 숨을 헐떡이며 쓰러져 있었다. 얼마 가지 못해 숨을 멈추고 죽었다.

앞서 거타지 설화에 나온 여우와 밀본법사 이야기에 나오는 여우
는 중의 모습을 하고 간을 빼먹거나 사람을 병들게 하는 괴물이었으나,
원광법사가 만난 여우는 불법을 알고 있는 신령의 모습이었다. 물론 이
여우도 자기 귀에 거슬린다는 이유로 사람을 죽이는 것을 보면 선한 괴
물이라고 보기는 어려울 수도 있다. 하지만 불법을 닦아 고승이 된 원
광법사를 지원하고 그와 서로 구원하는 약속을 맺는 등 불교와 그다지
멀리 가지 않는 모습을 보이기도 한다. 여우라는 본성은 지니고 있지만
나름대로 인간 세상에 도움을 주고자 하는 면도 있는 이중성을 가지고
있는 것이다.

여우의 이중성

여색을 밝히고 정치를 제대로 하지 않다가 왕위에서도 쫓겨난 진지왕
은 죽어서도 마음에 두었던 여인을 잊지 못하고 귀신의 몸으로 찾아가
동침하였는데, 이렇게 해서 비형이라는 아이가 태어났다.

진평왕은 비형을 궁으로 불러들였는데, 비형은 밤이 되면 늘 궁을
빠져나갔다. 어디로 가는지 용사 50명을 붙여 감시했는데, 비형이 궁을
빠져나가 귀신들과 놀고 있는 것을 알아낼 수 있었다. 진평왕은 비형에
게 귀신들을 시켜서 다리를 놓아보라고 했다. 그러자 비형은 귀신을 부
려 하룻밤 만에 큰 다리를 놓았다. 그 다리를 귀신이 놓은 다리라고 귀교
라고 불렀다. 진평왕은 귀신 중에 조정에 나와 정사를 도울 만한 이가 있

는지 물었고, 이에 비형은 길달을 소개했다.

길달은 비형의 말처럼 일을 곧잘 했다. 진평왕이 총애해서 귀족의 양자로 들어가게 주선까지 했다. 길달은 흥륜사 남쪽에 문루(출입문 위에 누각을 세운 건물)를 세우고 늘 거기서 잠을 잤다. 그래서 그 문루를 길달문이라고 불렀다. 그런데 무슨 일인지 길달은 어느 날 여우로 변해서 달아났다. 비형이 그걸 보고 귀신을 보내 길달을 잡아 죽였다. 이후로 길달과 같은 무리들은 비형의 이름만 들어도 달아났다. 사람들은 비형의 이름을 넣은 주문을 적어서 대문에 붙여 귀신을 방비했다.

길달은 여우 귀신이다. 인간을 도와 문루를 만들기도 하는 등 좋은 일을 했는데, 결국 본성이 튀어나와 다시 원래 자신이 속한 세계로 돌아가고자 했던 것 같다. 길달이 어떤 나쁜 짓을 했는지는 전혀 보이지 않는다. 다만 인간이 그를 인간의 세계에 속하게 하고자 했으나 그를 거부했을 뿐이다. 귀족의 집에서 자지 않고 자신이 세운 문에서 잤다는 것은 그가 인간 세계에 속하지 않는다는 것을 보여준다. 비형은 결국 이를 용납하지 않고 그를 죽였다. 자연의 세계도 지배해야만 하는 인간의 속성을 보여준 셈이다.

여우는 이처럼 인간을 해치기도 하고, 인간을 이끌기도 하고, 인간을 위하기도 하며, 인간에 속하지 않는 존재라는 복잡한 성격을 가지고 있다. 이와 같은 여우의 이중성은 토속신앙과 불교의 대립, 자연적 질서와 인간적 질서의 충돌로 이해하기도 한다.

산신과 여신

7

『삼국유사』의 신은 처음부터 신적인 존재가 아닌 경우가 많다. 사람으로 살다가 죽어서 신이 되는 경우가 많다. 신과 사람이 마치 처음부터 섞여 살고 있었던 신비로운 곳처럼 보일 때가 많다. 산신도 원래는 인간이었던 경우가 있다. 우리는 산신이라고 하면 하얀 수염을 길게 늘어뜨린 산신령을 생각하기 쉬운데, 산신 중에는 여신도 많다. 다만 『삼국유사』첫머리에 나오는 단군이 1,908세에 아사달 산신이 되었다고 나오기 때문에 산신은 남자 신만 있다고 생각하게 된 것 같다.

신라와 백제의 산신

남자 산신으로 동악신(東岳神)도 있다. 동악이란 서라벌의 동쪽에 있는 토함산을 가리킨다. 이곳의 산신이 동악신인데, 석씨 왕의 시조인 탈해왕이 죽은 뒤에 동악신이 되었다.

탈해왕이 죽어서 장사를 지냈을 때 탈해왕의 혼령이 나타나 말했다.

"내 뼈를 조심스럽게 묻어라."

탈해의 뼈는 기이하기 짝이 없어서 거대한 뼈가 서로 엉겨 붙어 마치 하나처럼 보였다. 천하장사의 뼈 모습이었다. 이 뼈를 부수어 조각상을 만들어 궁궐에 모셨는데, 혼령이 다시 나타나 말했다.

"내 뼈를 동악에 안치하라."

이렇게 해서 탈해는 동악, 즉 토함산을 지키는 산신이 되었다. 일설에는 문무왕 때 탈해왕이 꿈에 나타나 자기 뼈를 파내서 조각상을 만들어 토함산에 안치하라고 말했다고도 한다.

신라에서는 오악(五岳)과 삼산(三山) 즉, 다섯 개의 큰 산과 세 개의 산에 제사를 지냈는데, 오악은 동악 토함산, 남악 지리산, 서악 계룡산, 북악 태백산, 중악 팔공산이었고, 삼산은 나림(명활산 또는 낭산), 골화(영천의 금강산), 혈례(정확하지 않다.)가 그곳이다.

오악의 신들은 남자인지 여자인지 정확치가 않다. 『삼국유사』에는 이들이 때로 나타났다는 기록만 있다.

북악신은 옥도금(玉刀鈐)이라고 한다. 49대 헌강왕 때 왕 앞에 나타나 춤을 춘 적이 있다. 헌강왕 때 땅의 신인 지신(地神) 지백급간(地伯級干)이 나타나 춤을 춘 적도 있었다. 춤을 춘 산신으로 남산의 신도 있다.

헌강왕이 포석정에 갔을 때 남산신이 나타나 춤을 추었는데, 이 춤은 왕의 눈에만 보였다. 남산신의 이름이 상심(祥審)이어서 이 춤을 어무상심(御舞祥審) 또는 어무산신(御舞山神)이라고 하는데 왕이 춤을 전해서 후세에 남았다. 신이 추던 춤을 공인에게 명해서 새겨놓게 하였다. 이 춤을 또 상염무(霜髥舞)라고도 부르는데 신의 형상 때문에 붙은 이름이라고 한다. 염(髥)은 구레나룻을 가리키는 한자이므로 남산신은 남자 형상을 하고 있었던 것이 분명하다. 이렇게 보면 오악의 신은 남자, 삼산의 신은 여자로 나뉘어져 있었을지도 모른다.

지백급간은 춤을 추면서 "지리다도파도파(智理多都波都波)"라는 말을 하였는데, 이것은 예언으로 '지혜로 나라를 다스리는 사람이 사태를 미리 알고 많이 도망했으므로 도읍이 장차 파괴된다.'는 뜻이었다. 나라가 망할 것을 춤과 노래로 경고한 것이지만 그날이 닥칠 때까지 이해하지 못했다.

앞서 말한 대로 삼산의 산신은 모두 여신이었는데 이들은 나라를 지키는 호국신이었다.

김유신이 화랑이었을 때 낭도 중에 백석이라는 사람이 있었다. 김유신이 고구려와 백제를 공략할 생각을 하고 있다는 걸 안 백석은 고구려를 정탐하자고 김유신을 꼬셨다. 김유신이 좋다고 말하고 백석과 함께 길을 떠났다. 고개를 지나는데 두 여자가 있다가 김유신과 백석을 따라왔다. 김유신이 골화천에 머물 때 또 한 여자가 나타나 여자 셋이 김유신과 어울렸다. 여자들은 맛있는 과일을 대접하며 즐겁게 담소를 나눴다.

김유신이 마음을 열고 자신이 길을 떠난 이유를 설명했다. 한 여자가 말했다.

"공이 말씀하신 바는 잘 알겠습니다. 바라건대, 백석을 떼어놓고 우리와 함께 수풀 속으로 들어가시죠. 우리가 말씀드릴 사실이 있습니다."

김유신이 일어나 여자들과 수풀 속으로 들어갔다. 여자들이 홀연히 신령의 모습을 드러냈다.

"우리들은 나림, 골화, 혈례의 호국신이오. 지금 적국의 사람이 공을 유인하여 데리고 가는 중이라오. 공은 눈치 채지 못하고 따라가고 있어서 우리가 말리고자 이곳에 온 것이오."

말을 마치자 세 여신은 사라졌다. 김유신은 놀라서 자빠졌다가 얼른 절을 두 번 올리고 숲에서 나왔다. 백석을 붙잡아 문초하자 고구려에서 온 첩자라는 사실을 고백했다. 백석을 죽인 뒤에 세 산의 신에게 제사를 올리자 여신들이 다시 나타나 흠향했다.

백제에도 세 개의 산에 신인(神人)이 살고 있었다. 세 산의 이름은 일산(日山), 오산(吳山), 부산(浮山)인데, 오산과 부산은 사비성 인근의 산이다. 일산은 정확치 않지만 역시 사비성 인근의 산이었을 것이다. 신인이란 신선이나 도사와 같은 말이라 생각하면 된다. 백제 전성기에 이들 세 산의 신인들은 하늘을 날아 서로 왕래하였다. 이들의 성별은 나오지 않지만 신라의 경우를 보면 이들도 여신이었을 가능성이 있다.

성도선모 이야기

여자 산신 이야기를 하나 더 해보자.

서라벌 서쪽에 있는 선도산에 신령이 살고 있었는데, 선도성모(仙桃聖母)라 불렀다. 선도성모는 본래 중국 황실의 딸이었다. 이름은 사소(娑蘇)였다. 신선의 술법을 익히고 해동으로 와서 중국으로 돌아가지 않았다. 이에 황제는 솔개의 발에 편지를 묶어 사소에게 보냈다. 편지에는 "솔개를 따라가서 멈춘 곳을 집으로 삼으라."고 적혀 있었다. 솔개가 선도산에 와서 멈추었기 때문에 사소도 이곳에서 지선(地仙, 땅에 사는 신선)이 되었다. 솔개가 멈춘 산이라는 뜻으로 서연산(西鳶山)이라고도 부르게 되었다.

또 다른 전승이 있다. 중국 황실의 딸이 바다를 건너와 신라 땅에서 아들과 딸을 낳았는데 아들은 신라의 시조가 되었고, 딸은 선도산에서 지선이 되었다는 것이다. 박혁거세 거서간이 알에서 나온 것이 아니라 사소가 낳았다는 것이다. 이 전승은 김부식이 송나라에 갔을 때 들은 것으로 신라의 전승은 아닌 것 같다. 중국의 귀한 신분을 가진 여자가 신라의 산신이 되었다는 이야기가 흥미로워 왕실의 내력까지 이어지는 이야기가 붙여진 것이 아닐까? 선도성모는 신통력에 대해서 두 가지 이야기가 전해온다.

26대 진평왕 때 비구니 지혜가 있었다. 불전을 새로 만들고자 했는데 힘이 부족해 어려웠다. 하루는 꿈속에서 여선(女仙)을 만났다. 아름다운 얼굴에 쪽머리를 구슬로 장식한 신선이 말했다.

"나는 선도산의 신모(神母)다. 네가 불전을 만들려고 하는 것을 가상히 여겨 금 10근을 보시하겠노라. 내 자리 밑을 살펴보고 금을 챙겨서 세 부처님을 장식하고 매년 점찰법회를 여는 것을 약속으로 삼거라."

꿈에서 깨어난 지혜는 선도성모를 모신 신사(神社)로 달려가 땅을 파헤쳤다. 땅속에서 160냥이나 되는 금을 발견했다. 지혜는 선도성모가 일러준 대로 불전을 세우고 불상을 장식했다.

54대 경명왕은 매사냥을 좋아했는데, 하루는 선도산에서 매사냥 중에 매를 잃어버리고 말았다. 선도성모에게 기도를 올렸다.

"매를 찾는다면 성모에게 작호를 내릴 것입니다."

얼마 지나지 않아 매가 돌아왔다. 경명왕은 선도성모에게 대왕이라는 칭호를 내려주었다. 여성으로 대왕이 된 것이다. 고려 문인 이규

경주 남산 불곡 마애여래좌상(신라, 경주 남산)
할매부처로 불리는 이 불상을 신라 초기의 여신상으로 보는 견해도 있다. 이 불상을 통해 선도성모의 모습을 추정해볼 수 있지 않을까.

보는 '동경서악제문'에서 과거 동도(경주)에 있을 때 대왕을 모셨다고 하며 경주에서 반란을 일으킨 이비를 붙잡은 것이 서악대왕의 공이라고 치사한 바 있다.

선도성모는 천선(天仙)을 불러 비단을 짜게 만든 적도 있었다. 비단은 비색(緋色=짙은 분홍색)으로 물들여 관복으로 사용했다. 선도성모는 서술성모(西述聖母)라고도 부른다. 신라 시조 박혁거세가 태어나던 때 이야기에 "서술성모가 낳았다"는 구절이 있다. 심지어 왕비 알영을 낳은 계룡도 서술성모의 현신이라고 나온다. 그렇게 되면 박혁거세와 알영은 남매지간이 되어버린다. 제우스와 헤라도 남매였고, 고대 이집트의 파라오도 남매간에 혼인을 했으니, 이런 고대의 관념이 여기도 있었다고밖에 볼 수 없다. 하지만 이런 이야기는 아마도 선도성모 이야기가 송에서 고려로 넘어온 다음에 생겨났을 가능성이 있겠다.

산신과 불교

2대 남해차차웅의 왕비는 운제부인이라고 하는데, 영일현의 운제산을 지키는 성모(聖母)가 되었다. 특히 가뭄에 빌면 비를 내려주는 능력을 가지고 있었다.

만어산 혹은 자성산, 아야사산이라 불리는 산이 있다. 지금의 경상남도 밀양에 있는 산이다. 만어산에는 나찰녀 다섯이 살고 있었다. 나찰은 마귀의 일종으로 사람을 잡아먹는데, 석가모니의 감화를 받아 불교 신자가 된 귀신이다. 만어산 옆에 가라국이 있어서 수로왕이 다스렸다.

가라국에는 옥지(玉池)라는 연못이 있었는데(옥지는 지금의 경상남도 양산시에 있었다.)에 그 안에 독룡(毒龍)이 살았다. 독룡은 본래 동해에 살던 어룡(魚龍)이었다. 나찰녀들은 독룡과 왕래하며 서로 사귀었다. 나찰과 독룡이 사귀니 번개와 비가 쏟아지는 현상이 일어났고, 이 때문에 4년 동안 오곡이 익지 않았다. 수로왕은 주술을 사용해 이들을 막아보려고 했으나 성공하지 못했다. 이에 수로왕은 부처의 힘을 청해서 도움을 받고자 했다. 부처가 나찰녀들에게 5계(출가하지 않은 사람들이 지켜야 하는 다섯 가지 계율)를 내리자 재해가 드디어 그쳤다. 이때 독룡은 돌로 변해버렸는데, 치면 종소리와 경쇠소리가 났다. 이 나찰녀들은 만어산의 산신이었을 것인데, 불교가 들어오면서 불교에 종속된 존재로 변화한 이야기에 남은 것 같다.

이렇게 산신들이 불교에 넘어가 불교의 한 체제 속에 들어가는 이야기도 『삼국유사』에서 찾을 수 있다.

문무왕 때 한 노비가 있었는데 17세 때 까마귀가 날아와 말을 걸었다.

"영취산에 가서 낭지의 제자가 되어라."

영취산(지금의 경상남도 양산시와 울산시에 걸쳐 있는 산)에 낭지라는 중이 법화경을 외우며 살고 있었다. 노비가 그 말에 따라 영취산을 찾아갔다. 산기슭에 도착해 한 나무 아래에서 쉬고 있는데 석가모니 부처의 협시불 중 하나인 보현보살이 나타나 그에게 계품을 주었다. 계품을 준다는 것은 중으로 만들어주는 의식이다. 이때 지통이라는 법명을 받았다.

지통이 낭지를 찾아가니, 낭지가 신기해하며 말했다.

"나는 지금껏 이름을 말한 적이 없는데, 내가 여기 있는지 어찌 알고 찾아왔느냐?"

지통이 그간의 사연을 이야기했다.

"놀라운 일이구나. 이것은 이 산의 산신령이 도와준 것이 분명하다. 이 산의 주인은 변재천녀(辨才天女)라고 한다더구나."

지통이 보현보살을 만나 계를 받은 곳의 나무를 그 후 보현이라 불렀다.

변재천은 음악과 노래를 주관하는 불교의 신이다. 아름다운 여인으로 묘사되고 지혜와 예능, 재복을 담당한다.

이 이야기에서 산신이 불교의 신으로 바뀌었다는 것을 분명히 알수 있다. 아마도 원래는 다른 이름이 있었을 것인데, 자신의 이름을 잃고 불교의 신 이름으로 바뀌었을 것이다. 남은 것은 여신이었다는 점뿐인 셈이다. 영취산의 동쪽에 태화강이 흐르는데 이곳에는 용이 살고 있는 용연(龍淵)이 있었다고 한다. 그 유래는 앞서 4부에서 이야기한 바 있다. 이들 용 역시 낭지와 지통에게 복종했다.

또 신라 41대 헌덕왕의 아들로 중이 된 심지의 이야기도 있다. 심지는 팔공산에 거처했는데, 하루는 부처의 뼈로 된 간자(簡子)를 얻어 산으로 돌아왔다. 산신이 두 선자(仙子)를 데리고 마중 나와 그를 산꼭대기로 인도했다. 산신은 심지를 바위 위에 앉히고 그에게 계를 받아 불가에 귀의했다.

특별한 산신들

슬픈 사연의 여신도 있다.

왜국에 가서 신라의 왕제 미해(『삼국사기』에는 미사흔이라고 나온다)를 구출시킨 박제상은 왜인들에게 붙잡혀 처형되고 말았다. 박제상의 아내는 치술령이라는 고갯마루에서 남편이 돌아오기만을 기다렸다. 세 딸을 데리고 통곡하며 남편을 기다리던 아내는 결국 그곳에서 숨을 거두었다. 박제상의 아내는 치술령을 지키는 신모(神母)가 되었다.

왜와 연결된 신으로 좀 더 특이한 경우가 있다. 신라 8대 아달라 이사금 때 동해 바닷가에 연오랑과 세오녀라는 부부 이야기다. 이 이야기는 1장의 5부 〈해몽과 해결책을 제시한 인물들〉에서 소개한 바 있다. 역사적인 설명 말고 상상력의 세계에서 이 이야기를 보면 어떤 다른 면을 볼 수 있지 않을까?

흔히 연오랑은 해, 세오녀는 달이라는 식의 인식이 있다. 그런데 『삼국유사』에는 그런 구절이 없다. 생각해보면 우리나라 전래동화를 보면 밤이 무서운 누이동생이 밝은 낮에 다니는 해가 되고, 사람들이 쳐다보니까 창피하여 눈을 찌르는 햇살을 쏘았다고 하지 않던가. 연오랑 세오녀 이야기에서도 해와 달의 정기를 돌려준 사람은 연오가 아니라 세오다. 빛의 근원은 세오라고 보는 게 맞지 않을까?

『삼국유사』에는 매우 특이한 '여자' 이야기가 하나 있다. 문무왕 때의 일이다. 문무왕이 즉위한 661년에 사비 남쪽 바다에 거인 여자 시체가 있었다. 무려 키가 73자(약 22미터)에 발은 6자(1.8미터), 음부의 길이가 3

자(약 1미터)였다. 백제를 지키던 여신이 죽어서 바다에 떠올랐던 것일까?

『삼국유사』에는 지금까지 말한 것 이외에도 독특한 신들이 등장한다. 『삼국유사』의 특별한 신에 대해서 알아보자.

북천신(北川神). 북천신은 서라벌 북천의 신이다. 38대 원성왕이 즉위하게 된 것은 북천신이 도왔기 때문이었다. 선덕왕이 후계자 없이 죽자 왕위를 놓고 김주원과 김경신(원성왕)이 대립하게 되었다. 김주원은 북천 너머에 살았는데 궁으로 오려고 할 때 갑자기 북천이 불어나 건널 수가 없었다. 그 틈에 김경신이 궁으로 들어가 즉위했다. 북천이 넘쳤던 것은 이미 그전에 김경신이 북천신에게 제사를 올려 복을 빌었기 때문이었다.

장천굴신령(掌天窟神靈). 신문왕의 태자 보천은 도를 닦기 위해 왕위를 버리고 산에 들어갔다. 신령한 골짜기의 물을 마시고 도를 닦아 하늘을 날 수 있었다. 그는 장천굴(지금 울진의 성류굴)에서 밤낮없이 수구다라니 경을 외우며 지냈다. 어느 날 굴의 신령이 나타나 말했다.

"굴의 신령이 된 지 2천 년이나 되었으나 오늘에서야 비로소 수구다라니의 참된 도리를 들었으니 보살계를 받기를 청합니다."

보천이 보살계를 내리자 그 다음 날 굴이 없어져버렸다. 이 이야기 역시 불교의 힘에 지역신이 굴복하는 내용을 담고 있다.

정성천왕(靜聖天王). 신라 말에 포산(대구와 청도군 사이에 있는 비슬산)에 관기와 도성이라는 성사(聖師)가 살았다. 고려 때도 이 두 성인을 기렸는데 해마다 향나무를 주워 절에 바쳤다. 주워온 향나무를 쪼개서 주렴 위에 널어두었다. 밤이 되면 빛을 내서 마치 촛불처럼 보였다. 이렇게 향나무가 빛을 내는 것은 포산의 두 성인 덕이거나 포산 산신의 덕이라고 칭송했는데, 산신의 이름이 정성천왕이었다. 정성천왕은 석가모니 이전의 가섭불 시대에 부처님의 당부로 중생을 구제할 뜻을 품고, 산속에서 1천 명의 출가자가 나오기를 기다려 그들의 업보를 받기로 하여, 포산의 산신으로 있게 되었다. 불교의 수호자가 된 산신의 모습이다.

대력신(大力神). 큰 힘을 가진 신이라는 뜻이다. 밀교의 밀본법사가 부린 신령이다. 삼국통일 전쟁 때 큰 공을 세운 김양도가 어린아이였을 때 일이다. 김양도의 입이 들러붙고 몸이 마비되어 말도 못하고 움직이지도 못하게 되었다. 김양도는 대귀(大鬼)가 소귀(小鬼)를 끌고 와서 집안의 모든 음식을 맛보는 것을 보았다. 무당을 불러 푸닥거리를 했지만 귀신 무리를 이길 수가 없었다. 그래서 법류사에서 중을 모셔와 독경을 시켰는데 대귀가 소귀에게 명해 철퇴로 머리를 내리쳤다. 중은 피를 토하고 죽었다. 김양도의 집에서 밀본법사를 청했다. 소귀들이 걱정을 했으나 대귀는 아무 걱정할 것 없다고 거드름을 피웠다. 하지만 그러자마자 사방에서 대력신이 나타났다. 대력신은 금갑옷에 긴 창(戟)을 들고 와 귀신들을 모두 체포했다. 그 뒤에 천신들이 나타나 김양도를 둘러쌌다. 밀본법사가 나타나자마자 양도의 마비는 모두 풀렸다.

신이한 존재들 중에는 사람이 부리는 것들도 있다. 7부에 나온 대력신이나 천신처럼 신통력 높은 법사들이 부리는 존재들도 있고, 6부의 비형랑이 부린 귀신의 무리도 있다. 비형랑이 다스린 귀신은 요망한 무리일 수 있지만 비형랑이 다스릴 때는 다리를 놓는 등 좋은 일을 할 수 있는 존재이기도 했다.

환웅의 무리 3천

『삼국유사』에는 환웅이 태백산에 내려올 때 무리[徒] 3천을 거느리고 왔다고 되어 있는데, 이 3천의 무리란 환인, 환웅이 살던 천계에서 같이 온 존재로 보통 사람일 리는 없다. 『제왕운기』에는 이들을 '귀'(鬼)라고 쓰고 있다. 즉 환웅을 보좌한 풍백(風伯)·우사(雨師)·운사(雲師)만 특별한 존재가 아니라 이들 역시 특별한 존재였다.

환웅은 웅녀와 단군을 낳은 후 어떻게 되었는지 더 이상 이야기가 나오지 않는다. 환웅과 함께 온 바람을 다스리는 풍백, 비를 다스리는 우사, 구름을 다스리는 운사 역시 어찌 되었는지 알 수 없고 귀신 무리 3천도 더는 나오지 않는다. 이들은 어찌 되었을까? 인간 세상에 사람이 되어 함께 살았을까? 아니면 모두 하늘나라로 돌아갔을까?

신병과 음병

신라의 의상법사가 당나라에 갔을 때의 일이다. 종남산에 있는 도선율사라는 고승이 있었다. 재를 올리면 하늘의 주방에서 음식을 만들어 천사가 도선율사에게 가져다주었다. 의상법사가 찾아왔을 때 함께 재를 올렸는데, 하늘에서 음식이 오지 않았다. 공양을 기다리다가 의상법사가 빈바리때로 돌아가자 그때서야 천사가 나타났다. 도선율사가 물었다.

"오늘 어찌 지체하였는가?"

"온 골짜기에 신병이 가득 차 들어올 수가 없었습니다."

이렇게 해서 도선율사는 의상법사에게 신의 호위가 있다는 것과 자신보다 도력이 더 높다는 것을 알았다.

이렇게 고승이 신병을 부리는 이야기는 4부에 나온 혜통도 보여준

바 있다.

법사들은 하늘로부터 병사들을 빌려서 쓰니까 이들을 신병이라 할 수 있는데 그와 달리 이렇게 부리는 병사들 중에 음병(陰兵)도 있다.

신라 14대 유례이사금 때의 일이다. 이서국 사람들이 쳐들어와 서라벌까지 공격을 했다. 전황이 불리하기 이를 데 없었는데 갑자기 죽엽(竹葉) 즉, 댓잎을 머리에 꽂고 나타난 이상한 병사들이 있었다. 이들의 활약으로 적군을 물리칠 수 있었는데, 전쟁이 끝나자 홀연히 사라져버렸다. 이유를 알 수 없었으나 선왕인 미추이사금의 능에 댓잎이 잔뜩 있는 것을 보고서야 선왕이 음병을 보내 도와준 것을 알 수 있었다. 이후 미추이사금의 능을 죽현릉(竹現陵)이라 하고 그 병사들을 죽엽군이라 불렀다.

금관가야의 수로왕의 능묘를 지키는 용사들 이야기는 5부에서 했는데, 이들 역시 미추이사금의 죽엽군처럼 음병이었다. 이들의 활약이 그 뒤에도 한 번 더 있었다.

고려 성종 때의 일이다. 중대부 조문선이 토지 측량을 담당하는 양전사가 되어 수로왕의 능묘에 딸린 밭을 조사했다. 그는 토지가 많이 딸려 있으니 15결만 남기고 나머지는 백성들에게 나눠주자고 보고했다. 성종은 처음에 허락하지 않았는데 조문선이 거듭 요청하자 절반을 나눠주라고 했다. 조문선이 김해부의 백성들에게 토지를 나눠주었는데, 그 일이 끝날 무렵 갑자기 피곤함이 몰려들며 잠에 빠져들었다. 꿈에 7~8명의 귀신이 밧줄과 칼을 들고 말했다.

"너는 큰 죄악이 있으니 베어서 죽이겠노라."

조문선이 아픔에 놀라 고함을 치며 잠에서 깨어났다. 하지만 그날 이후 시름시름 앓았다. 조문선은 더 있을 수가 없다고 여기고 도망쳤는데, 관문을 지나자마자 죽고 말았다.

음병에 대한 이야기를 했으니까 『삼국유사』에는 나오지 않지만 『삼국사기』에 나오는 이야기 하나는 하고 가야 할 것 같다.

김유신이 죽기 채 한 달도 남지 않은 때였다. 김유신의 집에서 융복(戎服)을 입고 병기를 손에 든 병사 수십 명이 눈물을 흘리며 나와서 떠나갔다. 그 이야기를 들은 김유신이 말했다.

"그건 분명히 날 보호하고 있던 음병들일 것이야. 내 복이 다한 것을 알고 떠난 게지. 내 수명이 다 되었네."

김유신은 10여 일이 지나기 전에 병이 났고 회복하지 못하고 세상을 떠났다. 김유신이 수로왕의 후손이라는 것을 생각하면 음병이 보호한다는 것이 또 다른 의미로 읽힐 수도 있을 것 같다.

불교와 얽힌 신이한 존재

불교에는 신이 많다. 그래서 불교와 얽혀 등장하는 신이한 존재들이 있다. 『삼국유사』에 나오는 그와 같은 존재들에 대해서 알아보자.

신라 27대 선덕여왕 때의 일이다. 자장법사가 돌아와 9층탑을 지어야 한다고 말했다. 이 사연은 4부에서 다룬 바 있다. 신라에서는 이런 거대한 탑을 지어본 적이 없었다. 그래서 탑을 지을 수 있는 공장(工匠)을 백제에서 청해 오기로 했다. 아비지라는 공장이 2백 명의 소장(小匠)을 거느리고 탑을 만들기 시작했다. 탑의 중심이 되는 찰주를 세우는 날이었다. 아비지는 자기 나라인 백제가 멸망하는 꿈을 꿨다. 그 탑을 세워서 자기 나라가 망한다면 이 일은 해서는 안 되는 것이라 생각하고 공사를 멈추었다. 그러자 갑자기 큰 지진이 일고 사방이 어두워졌다. 정신이 하나도 없는데 어둠 속의 금당문에서 노승과 장사가 나타나 찰주를 세우고는 사라졌다. 아비지는 탑을 세우는 것이 하늘의 뜻임을 깨닫고 탑을 완성시켰다.

탑과 관련된 신이한 존재의 이야기는 고구려에도 있다.

고구려의 요동성 옆에는 탑이 하나 있는데, 고구려의 성왕(누군지 모른다.)이 세운 것이라고 한다. 성왕이 순행을 나왔다가 요동성 옆에 오색구름이 덮여 있는 것을 보고 신기하게 여겨 그 안으로 들어가보았다. 구름 안에는 한 중이 석장을 짚고 서 있었다. 그런데 가까이 가보면 홀연히 사라져버렸다. 다시 멀어지면 중이 보였다. 중의 옆에 삼층으로 된 토탑(土塔)이 보였다. 위에 가마솥을 엎어놓은 것처럼 보였는데 뭔지 알 수가 없었다. 다시 한번 중이 있는 곳으로 가보았지만 역시 아무도 없고 풀만 무성했다. 성왕은 그 땅을 파보라고 했고 땅속에서 지팡이와 신발을 발견했다. 더 파들어가자 명문이 나왔다. 읽을 수 없는 글자였는데 다행히 신하 중에 읽을 줄 아는 이가 있었다.

"이것은 천축의 범어입니다. 불탑이라고 적혀 있습니다."

성왕은 이에 신심이 일어나 그곳에 칠중목탑을 건립했다.

신라 백률사에는 대비상(大悲像=관음보살상)이 있는데 이 불상은 영험하고 이로웠다. 이 상은 중국에서 온 신장(神匠)이 만들었다고 한다. 이 신장은 하늘에 있는 도리천까지 올라갔다가 내려왔는데 이때 법당 앞의 돌을 밟았다. 그 돌에 발자국이 선명하게 남았다 하니 보통 사람이 아니었던 것은 분명하다.

신라의 김대성이 석굴암을 지을 때도 천신의 도움이 있었다. 석굴암을 지을 때 감실 뚜껑을 얹어야 했는데, 돌이 갑자기 세 조각으로 쪼개지고 말았다. 이 덮개돌은 엄청난 크기와 무게를 자랑한다. 이렇게 깨져버렸으니 처음부터 일을 다시 해야 할 판이었다. 김대성은 울화가 치밀어 그냥 쓰러져 잠이 들었다. 한밤에 하늘에서 천신이 내려와 덮개돌을 천장에 올려놓고 사라졌다. 지금도 이 돌이 세 조각 난 것을 볼 수 있다. 김대성은 자다가 벌떡 일어나 남쪽 고개로 천신을 쫓아갔다. 그곳에서 향나무를 불태워 천신에게 바쳤다. 그런 연유로 그 고개의 이름이 향령(香嶺)이 되었다.

이런 존재들은 사람을 구해주는 일을 하기도 했다. 부례랑을 구한 이야기는 10부에서 하기로 하고 여기서는 장춘을 구한 중 이야기를 보자.

장춘은 신라의 가난한 집 아들이었다. 해상(海商)을 따라 다녔는데 오랫동안 소식이 없었다. 어머니 보개는 민장사에 가서 아들을 구해달

석굴암의 본존불과 덮개돌(신라, 경주)
본문의 이야기처럼 덮개돌이 세 조각으
로 갈라져 있다.

라고 이레 동안 기도를 드렸다. 장춘이 갑자기 모습을 나타냈다. 어찌
된 영문인지 묻자 이야기했다.

　　장춘 일행은 바다 한가운데서 풍랑을 만나 난파했다. 동료들은 모
두 죽고 장춘 혼자 널빤지에 의지해 떠내려가다가 천만다행으로 오나
라 해변에 도착할 수 있었다. 오나라 사람들이 장춘을 구해 농사를 짓
게 했다. 그런데 하루는 신라에서 온 것 같은 괴이한 중이 나타나 위로
의 말을 은근하게 건넸다. 장춘이 그 중과 동행하였는데, 깊은 개천을
만나자 장춘을 옆에 끼고 훌쩍 건너뛰었다. 장춘은 그 순간 정신이 혼
미해졌는데, 정신을 차리고 나니 고향에 와 있었다. 오후 4시경에 오나
라를 떠났는데, 고향에 왔을 때는 오후 8시경이었다.

읽어야
도움이 된다

9

고대의 사람들은 해가 사철의 변화를 일으키고 달이 바다의 움직임을 가른다는 것을 알고 있었다. 해와 달이 천지의 운명을 결정한다면, 별은 인간의 운명을 좌우한다고 생각했다. 별은 사람의 생사, 전쟁과 가뭄, 화재 등 재변을 알려주는 징조였다.

또한 징조는 여러 가지 신이한 존재들을 통해서 나타났다. 그 징조는 좋은 것일 수도 있고 나쁜 것일 수도 있었다. 이번 장에서는 징조를 알리고자 나타나는 신이한 영괴에 대해서 살펴보자.

위인의 탄생과 징조

———

김유신은 33천의 화신이라는 말이 『삼국유사』에 나온다. 당나라 고종이 신라 신문왕에게 사신을 보내 태종무열왕의 칭호에 대해 따졌다. 해동의 작은 나라 주제에 감히 태종이라는 이름을 쓴 것이 무례하다고 한 것이다. 그 외에도 태자와 같은 칭호를 쓰는 것도 참람하다고 질책했다. 이에 대해서 신문왕은 글을 보내 이렇게 말했다.

"비록 신라가 작은 나라이나 김유신과 같은 성스러운 신하를 얻어 삼국을 통일하였으므로 태종이라 칭한 것입니다."

당 고종이 신문왕의 글을 보고 문득 한가지 일을 생각해냈다. 태자 시절에 하늘에서 들린 소리를 기록한 일이 있었던 것이다. 그 글을 찾아보니 33천 중 하나가 신라에 내려가 유신이 되었다고 적혀 있었다. 당 고종이 문득 두려운 생각이 들어서 태종 칭호를 고치지 않아도 된다고 신라에 전했다.

김유신은 태어났을 때 등에 일곱 개의 점이 있었다. 이는 그가 칠요(七曜)의 정기를 받았다는 징조였다. 칠요는 해, 달, 금성, 목성, 수성, 화성, 토성을 가리킨다. 즉 태양계의 정기를 받아서 태어났다는 이야기이다. 33천은 불교에서 말하는 하늘의 숫자로 칠요와는 다소 다른 이야기인데, 김유신이 하늘로부터 점지 받은 인물이라는 의미는 동일하다고 하겠다.

신라의 자장법사도 별의 점지를 받고 태어났다. 자장법사는 호림공의 아들인데, 오래 자식을 가지지 못해 천수관음상에 빌었는데, 어느 날 부인이 별이 떨어져 품 안으로 들어오는 꿈을 꾸고 자장법사를 낳았다. 원효대사도 유성이 품속으로 들어오는 꿈을 꾸고 잉태되었다.

혜성과 징조

———

혜성은 별은 별이지만 길게 별꼬리를 가지고 있어서 고대에는 불길한 징조로 여겼다.

　진평왕 때 혜성이 심대성(왕을 상징함)을 침범하는 일이 있었다. 이때 왜군의 침입까지 있어서 걱정이 이만저만이 아니었다. 화랑 셋이 산에 놀러가려고 왔다가 어쩔 줄 몰라 했다. 그런데 융천사라는 중이 있어 노래를 지어 부르게 했다.

　　옛날 동해가에 건달바가 놀던 성을 바라보고,
　　왜군이 왔다고 봉화를 든 일이 있었네.
　　세 화랑이 산 구경 오신다고 들어서
　　달도 밝게 빛나는 가운데,
　　길을 밝히는 별을 바라보고
　　혜성이여 하고 아뢴 사람 있어라.
　　아아, 달은 저 아래로 떠가고 있으니,
　　보아라, 무슨 혜성이 있겠느냐.

　노래를 불러 재앙을 물리치는 일은 수로부인을 내놓으라고 노래를 부르는 것과 비슷하다. 이렇게 노래들을 부르자 혜성이 사라지고 왜군도 물러났다. 이런 흉조는 나라의 위기 때 더욱 확실하게 나타난다. 신라는 36대 혜공왕 때부터 망조가 들었는데 『삼국유사』에는 이때의 징조를 자세히 전하고 있다.

천구성(天狗星)이 동루의 남쪽에 떨어졌다. 천구성은 혜성을 가리키는 말이다. 이 천구성은 꼬리가 13자(약 4미터)에 불타오르는 붉은색이었다. 궁에 떨어지자 천지가 진동했다. 불길한 존재인 혜성이 궁에 떨어졌으니 위태로운 징조가 아닐 수 없다. 북궁의 정원에도 두 개의 별이 먼저 떨어지고 이어서 또 별 하나가 떨어졌는데 모두 땅속으로 들어갔다.

이 외에도 땅이 꺼지는 변괴가 있었다. 땅이 꺼지면서 연못이 생겨났는데, 그 안에 잉어 대여섯 마리가 점점 커졌고, 그에 따라 연못도 같이 커졌다. 호랑이가 궁성 안으로 들어왔다가 사라졌고, 각간 대공의 집에는 참새들이 셀 수없이 많이 모였다. 신라의 『안국병법』에는 이런 일이 생기면 천하에 커다란 변괴가 일어난다고 했는데 얼마 가지 않아 대공이 반란을 일으켰다. 그 반란을 시작으로 전국의 96각간이 서로 싸워 신라의 힘이 쇠약해졌다.

백제 멸망과 징조

백제가 멸망할 때도 많은 징조가 나왔다. 앞의 3부에서는 붉은말 이야기, 6부에서는 사슴처럼 큰 개와 흰여우 이야기를 이미 한 바 있다. 태자궁의 암탉이 참새와 교미를 하고, 사비 언덕에 큰 고기가 나와 죽었다. 그 고기를 먹은 사람들도 모두 죽었다. 우물은 핏빛으로 변하고 개구리 수만 마리가 몰려드는가 하면 왕도의 백성들은 뭔가에 홀린 듯이 두려움을 느끼곤 했다. 궁중의 회나무가 사람처럼 우는가 하면, 밤에는 귀신이 나와 궁의 남쪽 길에서 울부짖었다. 귀신은 궁으로 들어와 "백제는 망한다."라고 외친 뒤 땅속으로 사라졌다. 귀신이 사라진 땅을 파 보자 거북이 한 마리가 나왔는데, 등껍질에 "백제는 둥근 달이고, 신라 는 초승달"이라고 적혀 있었다.

무당이 "둥근 달은 기울어질 것이고 초승달은 앞으로 커질 것"이 라고 말했다가 죽임을 당했다. 다른 사람이 "둥근 달은 융성한 것이고 초승달은 미약한 것"이라고 아첨을 떨자 의자왕이 기뻐했다. 징조가 도 달해도 알아내지 못하면 소용이 없다. 고구려 멸망 때도 비슷한 이야기 가 있다는 것을 4부에서 말한 바 있다.

신라 21대 소지마립간 때 쥐와 까마귀가 벌인 일은 앞서 1장 '인물 사전' 4부에서 나온 바 있다. 소지왕은 연못에서 나온 편지에 적혀 있 는 대로 거문고 갑을 쏘아서 살아남을 수 있었다. 이는 애초에 그가 쥐 의 말에 귀를 기울였기 때문이고 또 봉투에 적힌 말에 대한 해석을 잘 받아들인 덕분이었다. 이처럼 소지마립간은 징조를 잘 해독해서 목숨 을 건질 수 있었다. 이후 정월대보름이 되면 찰밥을 지어 제사를 지내 며 오기일(烏忌日, 까마귀를 꺼리는 날)이라 하고 행동거지를 조심히 했다. 징 조를 보여주어도 의자왕처럼 받아들이지 못하면 소용이 없다.

불귀신과 징조

『삼국유사』에는 간단히 나오지만 흥미로운 징조 이야기가 있다. 바로 불을 일으키는 귀신인 지귀(志鬼)에 얽힌 이야기다.

지귀는 선덕여왕을 사랑했으나 맺어질 수 없는 처지였다. 선덕여왕은 지귀가 자신을 사모한다는 이야기를 듣고 지귀에게 영묘사에서 만나자는 언질을 주었다.

지귀는 기뻐하며 잠들지 못하다가 일찍 영묘사에 갔다. 여왕이 오기만을 기다리다 깜빡 잠이 들고 말았다. 선덕여왕은 영묘사에 와서 지귀가 자고 있는 것을 보더니 그의 가슴에 팔찌를 벗어 올려주고 떠났다. 지귀는 잠에서 깨어나 선덕여왕이 다녀갔다는 것을 알았다. 지귀의 가슴에서 열화가 뿜어져 나오더니 급기야 지귀는 불귀신이 되고 말았다.

하마터면 영묘사를 모두 태울 뻔 했는데, 이 일이 벌어지기 사흘 전에 괴승 혜공이 영묘사에 들려 이상한 일을 해놓았다. 혜공은 금당과 좌우 경루, 남문의 회랑 등에 새끼줄을 감아두었다. 그는 절에 있는 중들에게 단단히 이르기를, 사흘이 되기 전에는 절대 새끼줄을 풀지 말라 했다. 바로 그 사흘째에 지귀의 불이 일어났던 것이다. 하지만 혜공이 묶어놓은 새끼줄 너머로는 불이 번지지 못했다. 혜공이 징조를 읽고 미리 결계를 쳐놓은 것이다.

신기하고 희한한
보물

10

삼국유사에는 신기하고 희한한 보물들이 여럿 등장한다. 이미 앞서서 이야기한 것들도 있지만 소개되지 않았거나 보물에 초점을 맞추지 않았던 것들을 이야기해보고자 한다.

본성을 보는 학의 깃털

신효거사라는 사람이 공주에 살았다. 어머니가 고기반찬이 없으면 밥을 먹지 않아서 늘 사냥을 다녔다. 하루는 학 다섯 마리가 나는 것을 보고 활을 쏘았는데 깃털 하나만 떨어졌다. 그 깃털을 눈에 대고 사람을 바라보니 사람이 짐승으로 보이는 것이었다. 그날 고기를 구하지 못해 신효거사는 자신의 넓적다리를 베어 어머니에게 드렸다. 거사는 서라벌 즈음에 와서야 사람들이 짐승으로 보이지 않아서 그리로 이사했다. 그의 집에 다섯 명의 중이 찾아와 말했다.

"우리 가사에서 떨어진 한 폭은 어디 있는가?"

거사는 무슨 말인지 알아듣지 못했다. 중이 다시 말했다.

"그대가 눈에 대고 사람을 본 학의 깃털이 그것이다."

거사가 학의 깃털을 내주자 중이 가사에 가져다 대었는데 베로 변해서 딱 들어맞았다.

날아다니는 지팡이

밀본 법사가 육환장을 날려 늙은 여우를 잡은 이야기는 6부에서 한 바 있다. 이처럼 날아다니는 지팡이 이야기가 하나 더 있다.

신라 27대 선덕여왕 때 양지라는 스님이 있었다. 양지에게는 신비한 지팡이가 하나 있었다. 석장(錫杖)이라 부르는 중의 지팡이는 머리 부분에 주석으로 만든 큰 고리가 있어서 석장이라고 한다. 둥근 고리 안에 여섯 개의 작은 고리를 넣으면 육환장이라 부르는데, 걸을 때마다 소리가 나서 벌레나 작은 동물이 피해가도록 한 것이다. 양지스님이 석장에 포대를 걸치면 석장은 알아서 시주를 받으러 돌아다녔다. 포대가 가득 차면 절로 날아서 돌아왔다. 석장의 놀라운 능력 때문에 양지가 있는 절을 석장사라고 불렀다.

날아다니는 피리와 거문고

신라 31대 신문왕이 용으로부터 만파식적을 얻은 이야기는 4부에서 한 바 있다. 이 피리를 불면 적병이 물러갔으며, 병이 나았고, 가물면 비가 오고, 장마는 그치고, 바람이 잦아들며 물결은 평안해졌다.

만파식적 때문에 쳐들어올 수 없었던 일본은 금 1천 냥을 내면서 까지 구경만 하겠다고 했지만 신라는 금을 돌려보내고 은 3천 냥을 보내면서 보여주지 않았다. 그 후에 천존고에서 내전으로 옮겨 더욱 철저히 보관했다.

그보다 앞선 32대 효소왕 때의 일이다. 국선 부례랑이 북쪽 국경 부근에서 오랑캐에게 붙잡혀 가는 일이 벌어졌다. 다른 사람들은 손을 쓰지 못하고 그대로 돌아왔는데 낭도 안상이 홀로 부례랑을 뒤쫓았다. 그런데 이때 천존고에 상서로운 구름이 천존고를 뒤덮었다가 사라지는 일이 생겼다. 천존고를 살펴보니 만파식적과 현금(玄琴=거문고)이 사라졌다. 만파식적과 현금을 찾는 이에게는 1년간의 조세가 면제해주는 현상이 걸렸다. 그런데 두 달 후 뜻밖의 일이 벌어졌다. 부례랑의 부모가 백율사의 대비상(大悲像=관음보살상) 앞에서 천제에게 빌었는데 갑자기 향탁 위에 만파식적과 현금이 놓여 있었다. 그러더니 불상 뒤에서 부례랑과 안상이 나타났다. 부례랑은 자신이 겪은 신비한 이야기를 전해주었다.

부례랑은 잡혀간 뒤에 대도구라라는 집의 목동이 되어 대오라니 들판에서 짐승을 돌봐야 했다. 그런데 들판에 갑자기 용모가 단정한 스님이 나타났는데, 스님의 손에는 피리와 거문고가 들려 있었다. 스님이 물었다.

"그대는 고향 생각을 하시오?"

부례랑이 그 앞에 무릎을 꿇고 말했다.

"임금님과 부모님을 그리워함을 어찌 다 말로 할 수 있겠습니까?"

"그러면 나를 따라오시오."

스님은 부례랑을 해변으로 데리고 갔다. 그곳에서 부례랑을 찾고 있던 안상을 만났다. 스님은 피리를 두 쪽으로 가르더니 두 사람에게 한 쪽씩 주었다.

"이것을 타시오."

스님은 거문고에 올라탔다. 그러더니 세 사람은 공중으로 날아올라 순식간에 백률사까지 왔다. 효소왕은 백률사에 후한 상을 내렸다. 나라를 평안하게 하는 보물이 돌아왔지만 하늘에 또 이상한 징조가 나타났다.

혜성이 동쪽 하늘에 나타났다가 곧 서쪽 하늘에도 나타났다. 일관이 아뢰었다.

"만파식적과 현금이 벌인 상서로운 일에 관작을 봉하여 공을 기리지 않아서 생긴 재변입니다."

그리하여 만파식적을 만만파파식적으로 봉하였다. 그러자 혜성이 사라졌다.

애정을 받게 해주는 여의주

신라 궁궐 안에 우물이 하나 있는데 금광정이라고 했다. 33대 경덕왕 때 일이다. 가뭄이 들어 고승 대현이 궁궐에 들어와 향로를 들고 그 앞에 말 없이 서 있었는데, 우물물이 치솟아 올라 7장이나 올라갔다. 대현이 강론한 경이 『금광경』이어서 이 우물도 금광정이라고 부르게 되었다. 물길이 저절로 치솟아 올랐다는 것으로 보아 용을 불렀거나 했을 것이 분명하다.

38대 원성왕 때 고승을 불러 화엄경을 강론하게 했는데, 사미 묘정이 늘 금광정에 가서 바리때(절에서 쓰는 승려의 공양 그릇)를 씻었다. 우물 안에 자라가 한 마리 있어서 떴다 가라앉았다 하는 것을 보고 묘정이 늘 밥을 주며 귀여워했다. 강론이 끝나 돌아갈 때가 되었을 때 묘정이 장난삼아 자라에게 말했다.

"내가 네게 은혜를 베푼 지 오래되었구나. 너는 뭘로 보답할 생각이냐?"

그날부터 자라가 보이지 않다가 며칠 후에 나타나 구슬 한 개를 토해놓았다. 묘정은 자라가 자신에게 준 것이라 여기고 구슬을 허리띠 끝에 매달았다. 그날부터 희한한 변화가 일어났다. 우연히 원성왕과 부딪쳤는데, 원성왕이 묘정을 내전으로 불러들여 시중을 들게 하며 곁에서 잠시도 떼놓지 않으려 했다. 총애가 그렇게 깊을 수가 없었다. 당나라에 사신을 보낼 때 사신도 묘정을 좋아하여 함께 가기를 청했다. 사신을 따라 당나라로 갔더니 당나라 중신들은 물론 황제까지 묘정을 총애했다. 관상가가 이상하다고 말했다.

"저 중은 관상으로는 길한 곳이 하나도 없는데 모든 사람에게 신뢰와 존경을 받고 있으니 이상합니다. 분명히 특별한 물건을 가지고 있을 겁니다."

황제가 묘정의 몸수색을 명하니 그의 허리띠에서 구슬이 하나 발견되었다. 황제가 말했다.

"짐에게 네 개의 여의주가 있는데 지난해에 하나를 잃어버렸다. 그것을 오늘 찾았구나."

자라는 분명 용이거나 용의 아들쯤 되는 존재였을 것이다. 그가 당나라 황제의 여의주를 훔쳐서 묘정에게 준 것이었다. 구슬을 빼앗기자 더 이상 묘정을 좋아하는 사람이 없었다.

멀리까지 소리를 전하는 돌종

신라 42대 흥덕왕 때 서라벌 6부 중 모량리에 살던 손순에게 어린아이가 하나 있었는데 늘 늙은 어머니의 음식을 뺏어먹었다. 손순은 아내에게 아이를 묻어버리자고 말했다.

"아이는 다시 얻을 수 있지만 어머니는 다시 모실 수 없습니다. 아이가 매일 어머니의 음식을 빼앗아 먹으니 어머니가 얼마나 배가 고프겠습니까? 아이를 묻어버리고 어머니가 배불리 잡술 수 있도록 합시다."

이렇게 해서 아이를 데리고 산으로 가 구덩이를 팠다. 그런데 그 안에서 돌종을 발견했다. 숲속 나무에 걸어놓고 쳐보니 소리가 은은하면서도 들을 만했다. 아내가 말했다.

"이 이상한 물건을 얻은 것은 아이의 복이니 묻어서는 안 되겠습니다."

손순은 아이와 돌종을 지고 집으로 돌아왔다. 종을 집에 매달아 쳤는데, 이 소리가 궁궐까지 들렸다. 흥덕왕이 신하에게 말했다.

"서쪽 교외에서 이상한 종소리가 나는데, 맑고 멀리 들리니 보통 종이 아닐 것이다. 찾아보라."

신하가 손순의 일을 알아내어 보고했다. 흥덕왕은 손순의 효성을 높이 여겨 큰상을 내렸다. 손순은 왕이 내린 새집으로 이사하고 옛집은 절로 만들어 돌종을 걸었다. 돌종은 진성여왕 때 후백제에서 약탈해가서 행방을 모르게 되었다.

물의 신을 잠재운 석탑

금관가야의 왕비 허황옥이 아유타국을 떠나 동으로 가고자 했을 때의 일이다. 본래 허황옥의 부모인 아유타국의 왕과 왕비가 꿈에 상제를 만났는데, 상제가 이르길 가락국왕 수로에게 허황옥을 시집보내라 하였다. 이에 배를 마련해서 시종들과 함께 바닷길을 나서게 한 것이었다. 그러나 물의 신인 수신이 바다를 넘어가지 못하게 방해했다. 어쩔 수 없이 돌아오자 아유타왕은 석탑을 싣고 가라고 했다. 5층으로 된 석탑은 옅은 무늬의 돌로 만들어져 기묘한 조각이 되어 있었다. 석탑을 싣

파사석탑(가야, 경남 김해)
이 석탑은 허황후가 아유타국에서 가져
온 석탑으로 알려져 있으나, 진위 여부
는 확실치 않다. 탑의 성분 분석 결과,
외국에서 온 것으로 보이나 『삼국유사』
의 기사와 같은 석탑인지는 알 수 없다.
사진은 국립중앙박물관에서 전시할 때
의 모습이다.

고 바다로 나가자 수신이 더 이상 방해하지 못했다. 이 석탑은 금관가
야 8대 질지왕 때 왕후사를 세우고 그곳에 두었다. 석탑은 왜의 침략을
방지하였다고 한다.

비법을 지닌 문두루

명랑법사는 해룡(海龍)의 청을 받아 용궁에서 문두루비밀법(文豆婁秘密法)
을 익혔다. 문두루비밀법이란 부처의 95가지 도법 가운데 하나이다.
오방신(五方神)의 이름과 그 부하들의 이름을 지름이 77푼(약 23센티미터)인
둥근 원기둥 위에 새긴 것을 문두루라고 부른다. 새기는 재료는 금은진

보(金銀珍寶)가 제일 좋고 그다음으로는 전단목(栴檀木=향나무)이 좋고 그 외 잡향목이 나는 나무를 사용한다. 문두루를 만들어 비법을 시행하면 병든 이는 낫고, 겁에 질린 자는 편안해지고, 사악한 귀신은 제거된다. 문두루는 범어이고 중국에서는 신인(神印)이라고 썼다. 명랑법사의 종파가 신인종이다. 명랑법사는 용왕에게서 황금 천 냥을 받아왔고, 그 금으로 집에 금칠을 하고 절로 바꾸어 금광사(金光寺)라 불렀다.

나당전쟁 발발 전에 신라는 당나라가 신라를 병합할 음모를 가지고 있음을 알고 선수를 치고자 준비했다. 당나라 황제 고종은 당나라에 있던 신라 신하 김인문을 불러서 야단을 쳤다.

"너희가 우리 군사를 청해 고구려를 멸망시키더니 이제 우리를 해치려 드는 까닭이 뭐냐?"

옥에 가둔 뒤 크게 군사를 일으켜 신라를 공격하고자 했다. 의상법사가 김인문을 찾아가서 이런 사실을 알았다. 의상법사가 즉시 귀국하여 문무왕에게 이 사실을 알렸다. 문무왕이 신하들을 모아놓고 대책을 물었다. 각간 김천존이 말했다.

"명랑법사가 용궁에서 비법을 전수받아 왔다고 하니 불러서 대책을 물어보십시오."

명랑법사가 불려와 말했다.

"낭산 남쪽에 신유림(神遊林)이 있으니 이곳에 사천왕사를 세우시면 좋겠습니다."

이때 이미 당나라 배들이 몰려들고 있어서 절을 지을 시간이 없었다. 명랑이 대책을 냈다.

"비단을 사용해서 임시로 절을 만들면 됩니다."

채색 비단으로 사방을 막고 풀로 오방신의 상을 세웠다. 고승 열두 명을 불러와 명랑법사가 지휘하여 문두루비법을 행했다. 바다에 크게 풍랑이 일어 당나라 배들이 모두 침몰했다.

이후 절을 제대로 지어 사천왕사라고 했다. 아직 남아 있는 사천왕사 터에는 지름 20여 센티미터가 되는 열두 개의 초석 자리가 있는 네모난 건물지가 남아 있다. 이곳에서 문두루 비법을 행했을 것이다.

신인종의 승려들은 이후에도 비법을 전수하여 태조 왕건 때도 문두루비법으로 해적을 물리쳤다. 이러한 일을 가능하게 하는 신비로운 도장이 바로 문두루이다.

하늘의 부적, 천부인

천제 환인은 서자 환웅에게 천부인 세 개를 주어 인간 세상을 다스리게 했다. 천부인이 무엇인가에 대해서는 참 많은 말이 있지만 통치의 권한을 상징하는 물건인 것은 분명하다. 그리고 인(印)이란 도장을 가리키는 것이므로 천부인은 하늘의 권위를 증거하는 도장일 가능성이 제일 높다고 생각한다. 도장을 찍으면 그것이 곧 명령의 권위를 갖는데, 이것은 부적과 별반 다르지 않다. 부적은 귀신에게 명을 내리는 물건인데, 환웅이 데리고 온 무리 3천은 원래 귀신의 무리라는 것을 8부에서 말한 바 있다. 그들을 부리기 위한 하늘의 부적이 천부인이라는 도장이었을 것이다.

7개의 키워드로 읽는 세계기록유산 『삼국유사』

이상호

들어가며

2022년 11월, 『삼국유사』가 유네스코 세계기록유산 아시아·태평양 지역 목록 등재를 앞두고 있다. 비록 전 세계를 대상으로 하는 국제목록은 아니지만, 43개 나라가 회원으로 참여하고 있는 아시아·태평양 지역에서 『삼국유사』는 인류가 함께 보존해야 할 기록유산으로 등재될 예정이다.

　유네스코 세계기록유산 등재는 그것이 지역목록이건 국제목록이건 지난한 과정을 필요로 한다. 특히 유네스코 세계기록유산 프로그램은 분명한 지향점을 가지고 있어서 그에 맞는 기록유산만을 등재한다. 이 때문에 유네스코 세계기록유산 등재 과정은 『삼국유사』가 유네스코 세계기록유산 프로그램의 지향점과 얼마나 일치하는지 보여주는 데 초점이 맞추어지게 된다. 이 과정에서 우리가 일반적으로 알고 있는 『삼국유사』의 가치도 중요하지만, 세계적 관점에서 가지는 가치를 새롭게 설정하기도 한다.

　물론 『삼국유사』의 가치는 지금까지 이루어졌던 수많은 연구들에 의해 밝혀졌다. 다만 이러한 가치를 세계사적 관점이나, 세계적 중요성 차원에서 다루지는 않았다. 등재 추진 과정은 기존의 연구들을 기반으로 『삼국유사』의 가치를 세계적 관점에서 재검토하는 작업으로, 세계기록유산 프로그램이 지향하는 목적에 맞추어 『삼국유사』의 가치를 맞추려고 노력했다. 이 글은 이렇게 제출된 『삼국유사』이 세계기록유산

등재신청서의 내용을 7가지 정도의 키워드로 나누어 이해해보기 위한
목적에서 집필되었다.

1. 유네스코와 등재 유산 제도

많은 한국인들은 2019년 한국의 서원과 2021년 서해안 갯벌이 유네스
코 세계유산에 등재되었다는 소식을 접하고 뿌듯한 마음을 가졌다. 씨
름이 남북한 공동으로 유네스코 인류무형유산에 등재되었다는 소식도
들었고, 2017년에는 조선통신사기록물이 한·일 공동으로 유네스코 세
계기록유산에 등재되었다는 소식도 접했다. 세계유산이나 세계기록유
산에 관심이 없는 사람이라도, 위안부 할머니들의 기억을 담고 있는 기
록유산이 일본의 방해로 유네스코 세계기록유산에 등재되지 못하고
있다는 뉴스에는 구체적인 내용에 대한 이해를 떠나 많은 한국인들이
분노할 수밖에 없었다. 그러나 국내가 아닌 '세계가 인정했다'는 수식어
를 넘어 조금 더 관련 내용을 깊게 이해하려 하면, 유네스코가 진행하
고 있는 유산 프로그램들의 구조가 복잡하기 이를 데 없다는 사실에 맞
닥뜨리게 된다.

　　게다가 유네스코 등재 유산 프로그램에 대한 원론적인 의문도 있
다. 가장 대표적인 질문이 바로 "유네스코는 어떤 조직이기에 유산을
등재하고, 등재된 유산에 대해 '세계가 인정했다'라고 공인해주는 걸
까?"라는 의문에서 나온다. 이 질문을 조금만 바꾸어보면, "유네스코는

왜 이러한 유산을 등재하려 할까?"라는 의문이기도 하다. 좀 더 나아가 "우리 주위의 다양한 유산들 가운데 어떤 것이 유네스코가 인정할 만한 유산인지, 그리고 그렇게 유네스코로부터 인정을 받으려면 어떠한 절차를 거쳐야 하는 것일까?"라는 질문 역시 함께 떠오른다. 우선 이 질문들에 답을 해야 『삼국유사』가 세계기록유산에 등재되었다는 구체적 의미가 무엇인지 알 수 있을 것 같다. 이 질문에 답하기 위해 우리는 먼저 유네스코(UNESCO: United Nations Educational, Scientific and Cultural Organization)라는 국제기구에 대한 이해가 필요하다.

유네스코는 영문명에서도 잘 드러나듯, 교육(Educational)과 과학(Scientific), 그리고 문화(Cultural)를 중심으로 하는 국제기구이다. 유네스코의 창설은 두 차례의 세계대전을 거치면서 이루어졌다. 세계 많은 국가가 직간접적으로 영향을 받았고 엄청난 인적·물적 피해를 입을 수밖에 없었던 두 차례의 세계 전쟁은 세계인들로 하여금 인류의 평화에 대한 새로운 생각을 갖게 했다. 정치적 갈등에 대해 힘으로 중재하는 역할은 한계가 있으며, 따라서 인류가 함께 발전시켜왔던 지식과 도덕을 기반으로 한 결속이 필요하다는 데 인식을 함께했다. 유네스코 창설 이유이다.

문화와 과학은 지식의 핵심이자 인류 도덕의 기본이다. 그리고 이러한 가치를 전승하고 함께 공유하기 위해 보편적으로 행해져야 하는 것이 바로 교육이다. 차별과 소외 없는 보편적인 교육의 확대를 통해 인류의 지식과 도덕의 핵심 영역인 문화와 과학을 함께 공유하도록 함으로써, 지식과 도덕에 기반을 둔 인류의 발전을 모색해야 했다. 유네스코가 문화와 과학, 교육을 기반으로 하는 국제기구인 이유이다. 한국은 1950년 5차 유네스코 총회에서 정식 회원국이 되었다.

세계유산과 인류무형유산, 세계기록유산은 유네스코의 세 분야 업무 가운데 문화 분야의 핵심 사업이다. 문화 분야는 인류가 지금까지 이루어왔던 지적·도덕적 유산의 증거들을 보존하고, 그 의미를 다음 세대로 전승하는 데 목적을 두고 있다. 이를 위해서는 인류의 발전에 대한 다양한 기억과 증거, 그리고 그것이 전승되어온 다양한 유산들을 보존해야 한다. 이러한 보존은 보존처리와 보전시설의 확충이라는 의미를 넘어, 보존의 가치를 공유하기 위한 다양한 활동과 과거 유산의 현대적 의미를 만드는 활용까지 포함한다. 유네스코가 유산에 대한 등재 프로그램을 통해 보존 및 공유의 필요성을 세계인들과 공유하고, 그것의 보존 가치와 활용 가치를 전파하는 이유이다.

이와 같은 유네스코의 등재 유산 프로그램은 앞에서 본 것처럼, 세 개 분야로 나누어져 있다. 이렇게 분야를 나눈 이유는 각 유산이 가진 성격 때문이다. 세 분야는 '세계유산'(World Heritage)과 '인류무형유산'(Intangible Cultural Heritage), 그리고 '세계기록유산'(Memory of the World)이다. 우리에게 전승되는 다양한 유산은 그 성격에 따라 움직일 수 없는 유산도 있고, 사람의 행위와 기억 속에서만 전승되는 유산도 있으며, 인류의 기억을 담은 기록물 형태로 전승되는 유산도 있기 때문이다.

'세계유산' 프로그램은 옮길 수 없는 유산을 대상으로 한다. 건조물이나 기념물을 비롯해서 사람들이 생존을 위해 만들었던 삶의 터전, 유적지뿐만 아니라, 자연에 의해 형성되어 사람들이 보존해온 유산까지 포함한다. 이 가운데 사람에 의해 만들어진 유산을 '문화유산'으로,

자연에 의해 저절로 형성된 후 인류가 이를 보존해온 유산을 '자연유산'으로 나누고 있다. 그리고 이 두 영역이 합해진 유산을 '복합유산'으로 분류한다. 인류나 자연에 의해 이루어진 '탁월하면서 보편적인 가치를 가진 유산'들이 등재 대상이며, 이를 통해 인류는 이 유산을 문화적 발전의 증거물로 기억하고 공동 보존을 위해 노력한다. 한국은 2022년 현재 15종의 세계유산을 보유하고 있다.

인류무형유산은 눈에 보이지 않는 문화유산으로, 전통문화인 동시에 지금도 살아서 표현되는 문화를 의미한다. 이는 공동체와 집단이 자신들의 환경과 자연, 역사의 상호작용에 따라 끊임없이 만들어온 각종 지식과 기술, 공연예술, 문화적 표현 등이다. 이 때문에 무형유산은 사람(또는 사람으로 이루어진 공동체)을 통해 전수되는 특징을 가지며, 현재 시점에도 이를 전수하는 사람들에 의해 그 양상이 그대로 표현되거나 드러나야 한다. 전통문화인 동시에 지금도 살아서 표현되는 문화인 이유이다. 한국은 강릉 단오제를 비롯하여, 해녀 문화, 김치 담그는 문화 등을 포함해 21종을 등재했으며, 2022년 연말 '한국의 탈춤'이 등재되면 22종의 등재 유산을 갖게 된다.

이와 더불어 또 하나의 중요한 등재 유산 분야가 바로 기록유산이다. 기록유산은 인류의 중요한 기억을 담고 있는 유산으로, 인류가 반드시 기억해야 할 역사적 사실과 인류의 사상, 발견 및 성과의 진화를 그 내용으로 담고 있는 유산이다. 기록유산의 멸실과 훼손은 인류가 보존하고 전승해야 할 기억에 대한 멸실과 훼손을 의미하며, 이러한 이유에서 기록유산의 보존을 통해 인류의 중요한 기억을 전승하기 위한 프로그램을 운영하고 있다. 유네스코가 기록유산에 대해 '기록유산'(Documentary Heritage)이라는 용어를 사용하지 않고 '세계의 기억'(MoW: Memory of the World)이라는 용어를 사용하는 이유이다. 한국은 2022년 현재 국제목록에 16건, 그리고 아시아·태평양 지역 목록에 세 건이 등재되어 있으며, 2022년 연말 유네스코 세계기록유산 아시아·태평양 지역 총회에 『삼국유사』 포함한 세 종의 기록유산이 등재 후보로 올라 있다.

유네스코 등재 유산은 이렇게 세 분야로 나누어지는데, 등재 대상 유산을 선정하고 등재하는 과정 역시 각 유산의 성격과 특징에 따라 독립적으로 운영된다. 또한 그 층위나 분야 역시 각 유산의 성격에 따라 다르다. 예컨대 세계유산이 문화유산과 자연유산, 그리고 복합유산으로 나누어 등재 프로그램을 운영한다면, 인류무형유산은 '대표목록'과 '긴급보호목록'을 정해서 운영하고 있다. 이에 비해 기록유산은 세계에 영향을 미친 기록물과 특정 지역에 영향을 미친 기록물을 대상으로 각각 국제목록과 지역목록으로 등재하며, 국가 단위에서 세계기록유산위원회를 둘 것을 권고한다. 『삼국유사』는 바로 세계기록유산, 그 가운데에서도 2022년에는 아시아·태평양 '지역 목록' 등재를 앞두고 있다.

2. 세계기록유산

그렇다면 세계기록유산에 등재된다는 것은 어떠한 의미이며, 유네스코는 어떤 기록물을 세계기록유산으로 등재하고 있을까? 다시 말해 세계기록유산의 등재 기준은 무엇이며, 등재된 기록물은 어떠한 점을 인정받아 세계기록유산이 된 것일까?

기록은 인류 최고의 발명 가운데 하나이다. 특히 기록은 문명이나 문화발전의 핵심적 이유로, 과거 인류의 경험을 현존하는 인류가 기억으로 가지게 만드는 매개체이다. 이러한 이유에서 기록은 인류 기억의 저장소라고 말할 수 있다. 개인의 특정 기억은 기록을 통해 모두의 기억이 되고, 이 기록은 보존과 전승을 통해 인류의 기억이 되기 때문이다. 인류는 과거 기록을 통해 시행착오를 막고, 각 분야에서 이루어진 문화와 지식, 사상 및 기술의 발전과 성과를 현재의 경험으로 불러낼 수 있다. 그리고 이러한 기록을 바탕으로 그 위에 새로운 기록을 보태면서 지식과 기술, 문화의 확장을 가져왔다. 따라서 현재를 살아가는 우리 모두는 선대의 기록에 빚지고 있으며, 이러한 이유에서 우리는 기존 기록을 잘 보존하고 그 위에 새로운 기록을 더하여 후대에 넘겨주어야 할 의무를 가지고 있다.

그런데 우리의 역사를 돌이켜보면 기록에 대한 의도적·비의도적 파괴가 일상적으로 일어났다. 그리고 이 과정에서 많은 인류의 기억들이 사라졌다. 가장 오래된 기록물 파괴행위는 우리 모두가 잘 알고 있는 것처럼, 진시황제의 분서갱유(焚書坑儒)이다. 자신의 생각과 다르다는 이유로 수많은 기록이 불태워졌다. 현대사에서도 1914년 8월 25일 벨기에를 침공한 독일은 루뱅 카톨릭 대학교 도서관에 불을 질러 30만 권의 장서를 불태운 사건이 있었다. 인위적인 것뿐만 아니라, 자연재해나 전쟁과 같은 재난 역시 기록유산을 파괴하는 중요 원인이다. 특히 세계기록유산 프로그램을 촉진시켰던 것은 1992년 8월 25일 사라예보 보스니아 국립도서관 장서 150만 권이 소실된 사건이다. 당시 보스니아 내전으로 인해 장서가 모두 불에 탔는데, 15만 점이 넘는 희귀본과 필사본이 소실되면서 인류에 큰 충격을 주었다.

　세계유산이나 무형유산과 별도로 '기록유산에 대한 보존 노력의 필요성'이 만들어진 시점이다. 이와 같은 이유에서 유네스코는 1992년 세계기록유산 프로그램을 시작했고, 1995년부터 등재제도를 운영하기 시작했다. 세계기록유산의 대상은 인류의 중요한 기억을 담고 있는 정보나 또는 그 기억을 전달하는 매개물로 규정할 수 있다. 대체로 문자로 적힌 것을 의미하지만, 근래에는 기술 발전에 따라 영상이나 음성, 디지털 기록까지 포함한다. 문자로 기록된 책이나 필사 기록물, 포스트 등이 그 대상이 되며, 이미지나 기호로 기록된 것 역시 포함된다. 데생이나 지도, 악보, 설계도면 등도 기록유산의 대상이 되는 이유이다. 더불어 음악이나 영화, 음성 기록물, 사진 등과 같은 시청각 자료와 비석 등에 새겨진 비문, 디지털 정보 역시 여기에 포함된다. 유네스코는 이러한 기록들을 세계기록유산에 등재함으로써, 기록유산 자체를 보존하는 동시에 그 기록물이 가진 가치를 인류와 공유하려 한다. 2022년 현재 국제목록에는 432건의 세계기록유산이 등재되어 있다.

　그렇다면 이러한 기록물은 어떤 기준에 따라 등재할까? 사실 이 물음에 대한 답은 유네스코가 기록유산 제도를 운영하는 이유를 통해 충분히 짐작 가능하기 때문에 간략하게만 정리해보기로 한다. 우선 등재 대상이 되는 기록유산은 유산의 본질과 유래가 정확하게 밝혀진 진품이고, 그게 사라졌을 경우 다른 기록물로 대체할 수 없을 정도의 독창성을 가진 것이어야 한다. 이는 모든 유산이 갖는 기본적인 조건이다. 이러한 조건이 충족되면, 구체적으로 그 기록유산이 갖는 가치를 판단하게 되는데, 여기에서 가장 중요한 것은 '세계적 가치', 혹은 '세계적 중요성'이다. 이는 그 기록물이 갖는 역사적 중요성이나 기록물 자체가 갖는 형식, 스타일 등의 중요성이 세계적인지를 평가한다. 특히 이러한 중요성은 다른 기록유산과의 비교를 통해 그 가치가 증명될 수 있어야 한다.

세계적 중요성은 그 기록유산이 가진 세계적 가치를 증명하는 것으로, '자국의 역사적 맥락 속에서 중요한 게 아니라, 세계 역사의 흐름 속에서 어떠한 중요성을 갖는지'[1]를 통해 드러나야 한다. 이는 유네스코 세계기록유산은 국가나 지역의 경계를 넘어 인류 전체의 삶과 문화에 영향을 미친 기록물로, 이 기록물을 유실했을 때 인류는 그러한 영향이나 결과, 그 발전의 정도 등을 기억할 수 있는 중요한 증거들을 잃어버릴 정도의 유산이라는 의미이다.

이러한 이유에서 유네스코는 세계 역사의 맥락 속에서 그 기록유산이 어떠한 가치를 갖는지를 묻는다. 여기에 답하는 과정은 어떤 기록물이 가진 기존의 가치나 국내적 중요성을 넘어, 인류의 발전사에서 그 기록물이 어떠한 영향을 미쳤는지를 확인하는 작업을 의미한다. 이러한 사례는 한국에서 등재한 세계기록유산에서도 쉽게 발견된다. 예컨

---

1 서경호, 「세계기록유산 등재신청에서 '세계적 중요성'의 중요성」, 『유네스코 세계기록유산 제도 개편과 대응방안 모색을 위한 학술대회 자료집』(한국국학진흥원, 2021. 11. 5.), 42~43쪽 참조.

대 『동의보감』의 경우, 우리에게 동양의학의 집대성이나 수천 년 의학적 경험을 압축한 중요한 책이지만, 그것의 세계적 중요성은 세계 역사에서 '국가가 공공의료를 책임진다는 것을 천명한 최초의 기록물'이라는 점이 강조되었다. 『난중일기』 역시 한국인이 가장 존경하는 이순신 장군이 전쟁 기간에 쓴 일기여서 등재된 것이 아니라, 동아시아의 새로운 질서를 예고하는 임진왜란의 한복판에서 기록된 기록물이기 때문이다.[2] 다시 말해 동아시아 최초의 국제전과 이후 동아시아의 새로운 재편에 대한 기억이라는 의미이다. 『삼국유사』의 등재 추진 과정은 바로 이러한 세계사적 가치를 발굴하고 확인하는 과정이다.

'세계적 가치' 혹은 '세계적 중요성'은 특정 기록이 어떤 역사적 흐름 속에서 어디까지 영향을 미쳤는지에 따라 그 범위는 다를 수 있다. 이는 세계유산이나 인류무형유산과 달리, 기록유산만이 갖는 특징이다. 이 때문에 유네스코는 세계기록유산 프로그램의 경우, 세계적 중요성이 미친 영향의 범위에 따라 국제목록과 지역목록, 그리고 국가목록을 나누어 등재한다. 국제목록은 특정 기록물이 국가와 지역을 넘어, 전 세계의 변화나 발전에 영향을 미친 기록물을 대상으로 한다. 한국에서 흔히 말하는 '세계기록유산 16종'은 바로 국제목록에 등재된 기록물들이다.

이에 비해 어떤 기록물은 전 세계는 아니라 하더라도, 아시아·태평양 지역, 라틴 아메리카, 아프리카, 유럽 등과 같이 광역의 문화권이나 지역에 영향을 미치기도 한다. 이러한 기록물에 대해 유네스코는

---

2 서경호, 위의 글, 46쪽 참조.

'지역 목록' 등재를 권고하는데, 한국의 경우 아시아·태평양 지역에 속하므로 '유네스코 세계기록유산 아시아·태평양 지역 목록'(MOWCAP: Memory of the World Committee for Asis/Pacific)에 등재할 수 있다. 국제목록과 지역목록에 대해 유네스코는 그 기록물의 가치가 다른 게 아니라, 그 기록물이 미친 영향의 범위에 따라 나누어질 뿐이라는 점을 명확히 하고 있다. 따라서 지역목록에 등재하기 위해서도 그 지역의 역사적 흐름 속에서 어떤 영향을 미쳤는지를 증명해야 한다.

『삼국유사』의 2022년 유네스코 세계기록유산 등재 추진은 아시아·태평양 지역 목록을 목표로 하고 있다. 일단 아시아·태평양 지역에서 『삼국유사』가 가진 역사적 가치가 매우 크며, 적어도 아시아·태평양 지역의 47개 나라 사람들은 이 기록물을 함께 보존하고 그 가치를 공유해야 할 정도로 중요한 기록 유산이라는 사실을 인정받기 위한 시도이다. 따라서 만약 이번에 『삼국유사』가 등재된다면, 인류는 『삼국유사』가 가지고 있는 세계적 가치를 인정받았다는 의미를 갖는다. 이제 우리가 궁금한 것은 '세계적 가치를 인정받은 『삼국유사』는 어떤 기록물을 대상으로 하며, 어떤 세계적 가치를 보여주려 했는가?' 하는 점이다.

3. 등재 대상 『삼국유사』

도서관에서 『삼국유사』를 검색하면, 원서와 번역서, 연구서 등을 포함해서 수백 종 이상의 『삼국유사』가 있다. 그렇다면 이렇게 검색된 모든

『삼국유사』 관련 책들이 유네스코 세계기록유산 등재 대상일까?『삼국유사』에 대한 연구서는 제외한다고 해도,『삼국유사』를 한글로 번역한 책이나 다양한 해석을 기반으로 한 책들은 어떨까? 이 많은『삼국유사』 가운데 어떤 기록물을 유네스코 세계기록유산에 등재해야 할까?

세계기록유산에 등재하기 위한 대상 자료의 중요성은 재론할 필요가 없다. 기억을 담고 있는 기록물을 정확하게 정의하고, 이를 기반으로 그 기록유산의 완전성과 진본성을 증명해야 하기 때문이다. 특히 저자가 직접 자기 손으로 기록한 기록물이라면 이후 파생된 모든 기록물에 대한 원전적 가치를 갖는다. 더불어 저자가 쓴 원본이 가장 먼저 활자화 되거나 혹은 판각 등의 과정을 거쳐 간행된 경우라면, 그 역시 유사한 가치를 가진 것으로 판단한다.

『삼국유사』의 경우, 만약 저자 일연이 쓴 필사 원본이 있다면『삼국유사』 관련 모든 기록물의 원전적 가치는 일연이 직접 집필한 필사 원본에 있다. 그러나 필사 원본이 현존하지 않는 상태에서 우리는 이후 간행된 기록물을 확인해야 하며, 시기적으로 가장 빠른 간행물이 이후 간행된 모든『삼국유사』에 대한 원전으로서의 가치를 갖는다. 다양한 해석의 가능성이나 오탈자의 문제가 있을 경우 그에 대한 최종 판단은 시기적으로 가장 빠른 간행물을 통해 이루어지기 때문이다. 따라서 세계기록유산 등재 역시 모든『삼국유사』 전체를 대표할 수 있는 원전을 대상으로 하기 마련이다. 그렇다면『삼국유사』의 원전적 가치는 어떤 기록물에 두어야 할까? 이 물음에 답하기 위해 우리는 우선『삼국유사』의 저자 일연과『삼국유사』의 내용 및 판본에 대한 간단한 이해가 필요하다.

잘 알고 있는 것처럼, 『삼국유사』는 인각사(현재 경북 군위군 소재)에서 일연(一然, 1206~1289)에 의해 집필된 책으로, 1281년~1285년 사이에 집필이 완료되었을 것으로 추정된다. 『삼국유사』내의 기사 및 기타 자료, 그리고 일연의 생애 등을 중심으로 살펴봤을 때, 최초 『삼국유사』는 일연이 그의 말년에 인각사에 주석하고 있으면서 집필을 완료했을 것으로 본다.

일연은 아홉 살이 되던 1214년 해양(海陽, 광주광역시)의 무량사에서 불교에 입문한 이후, 열네 살이 되던 1219년 설악산 진전사에서 구족계를 받아 정식 승려가 되었다. 젊은 시기 승과에 장원급제하기도 했던 그는 젊은 시절 수양과 참선에 몰두하는 삶이었다. 특히 몽골의 침략으로 사회가 혼란해졌을 때 무주암에 거처를 옮긴 후 깨달음을 얻었다. 44세 되던 해인 1249년에는 팔만대장경 판각을 주관하던 정안의 초청을 받아 정림사에 머물렀는데, 이때 남해에 설치되어 있던 분사대장도감(팔만대장경을 단기간에 판각하기 위해 여러 지역에 분리해서 판각을 진행했던 도감소)의 대장경 조판 작업에 관여했을 것으로 추정된다.

이후 여러 사찰을 중건하거나 중수하고, 불일결사를 조직하여 보조국사 지눌이 진행했던 불교 결사 운동을 확산시키는 역할도 했다. 78세가 되던 해 국존에 책봉되었으며, 79세부터 인각사에 주석하면서 고려 최고의 고승으로 추앙받았다. 일연의 입적 이후 그의 일생을 기록한 「보각국사정조탑비」에 따르면 그는 평생을 통해 100여 권이 넘는 불교 관련 책을 저술했다고 한다. 아쉽게도 이 책들은 한 종도 전해지지 않고 있지만, 「보각국사정조탑비」목록에는 누락된 『삼국유사』만이 우리에게 전해지고 있다.

『삼국유사』에서 '유사(遺事)'는 약 100여 년 전에 간행된『삼국사기』를 염두에 둔 저술임을 보여준다. 『삼국사기』에서 빠진 내용을 기술했다'는 의미를 담아 '유사'라는 책명을 지은 것으로 알려져 있다. 그런데 『삼국사기』는 유교사관에 입각한 기전체 정사 기술인데 비해,『삼국유사』는 역사를 시간 흐름에 기반을 둔 전통적인 역사 서술 방식에 구애받지 않고 자유롭게 사건과 내용들을 기술하고 있다. 이는 단순히 빠진 내용을 기술한 것을 넘어, 정사 기술에서 제외되거나 중요하지 않다고 판단된 사건들을 다양한 기술 방법을 통해 보완했던 것으로 이해된다. 이러한 이유에서 정통 사서가 가진 가치관을 비판하고 그 결함을 시정하고자 하는 역사서로서의 의미를 가진 책으로 보는 견해도 있다.[3]

『삼국유사』는 옛 기준 5권으로 편제되어 있으며, 이 5권은 다시 9편의 내용들로 나누어져 있다. 고서를 엮을 때 통상 2~3권 분량을 1책으로 엮는 전통에 따라『삼국유사』역시 2책으로 구성되어 있다. 그래서 보통『삼국유사』는 5권 2책을 완질본이라고 말한다. 제1권은 왕력편과 기이편의 전반부이고, 권2는 기이편 후반부이다. 권3은 흥법편과 탑상편으로 구성되어 있으며, 권4는 신주편, 감통편 그리고 피은편이다. 마지막 권5는 효선편이다.

왕력편은 주로 왕의 즉위 및 사망연대, 왕과 왕비의 출신과 부계, 그리고 왕에 대한 주요 사건들이 간략하게 기술되어 있다. 기이편의 경

---

3 조동일, 「『삼국유사』의 기본 특징 비교고찰」, 『일연과 삼국유사』(신서원, 2007)

우, 전반부는 최초 고조선의 역사를 싣고 있으며, 이후 신라 태종 무열왕대까지 역사를 담고 있다. 후반부는 신라의 경우 무열왕대부터 그 이후 역사를 기술하고 있으며, 백제의 역사 및 후백제 견훤의 역사까지를 담고 있다. 금관가야의 역사를 다룬 가락국기가 여기에 포함되어 있다. 권3~권5는 주로 불교와 관련된 사항을 다루고 있다. 불교를 크게 일으킨 승려나 왕의 활동을 비롯하여, 유명한 탑과 불상의 조성연기, 이적 등을 다루고 있다. 더불어 유명한 고승들의 득도과정과 불교전파, 그리고 고승들의 신통력으로 악한 존재를 제압하거나 외침을 물리친 사례 등을 담고 있다. 또한 승려나 불교인들이 부처나 보살을 비롯하여 짐승까지 감통시킨 사례나 수양을 위해 은둔한 승려나 속인들의 이야기, 그리고 승려나 일반 사람들의 효행도 별도로 정리했다.

전반적으로 『삼국유사』는 고조선 이후 한반도의 역사와 불교 기반의 사람과 문화, 예술, 역사 등을 다루었다고 볼 수 있지만, 세부 내용들을 살펴보면 그렇게 간단하지 않다. 특히 고조선 역사를 최초로 설정한 점이나, 민중들의 삶을 중심으로 역사를 이해하고 있는 점, 신비한 이야기와 각종 설화를 기반으로 한민족을 하나로 엮으려는 노력 등은 『삼국유사』에서 매우 중요한 의미를 갖는 내용들이다. 이 때문에 『삼국유사』를 단순 역사서로 정의할 수 없다는 관점이 제기되어 있으며, 동시에 불교 교리를 전파하거나 경전에 대한 이해를 목적으로 하는 책도 아니라는 게 학계의 일반적 인식이다. 이러한 이유에서 『삼국유사』는 다양한 학문 분야의 연구 및 해석 대상이 되고 있으며, 현대에 와서도 새로운 재해석들이 이루어지고 있다.

그렇다면 이러한 내용을 담고 있는『삼국유사』가운데, 모든『삼국유사』에 대한 원전적 가치를 갖는 판본은 무엇일까? 아쉽게도『삼국유사』에 대한 집필과정이나 발간에 대한 기록이 전해지지 않아서 집필이 끝난 이후 발간에 대한 세부 내용들을 확인하기는 매우 어렵다. 따라서 지금까지 전해지고 있는 발간본을 중심으로 역으로 추정하여, 최초의 간행본을 찾아들어가는 방법밖에 없다. 우선 몇 가지 단서들을 가지고 추론할 때 일연 생전에 간행했을 가능성이나 1310년 대 일연의 제자였던 무극에 의해 간행되었을 가능성도 있는 것으로 보인다.[4] 고려시대에『삼국유사』가 초간되었을 가능성은 열려 있지만, 현재 우리에게 전해지고 있는 것은 없다. 현재 우리에게 전해지고 있는『삼국유사』가운데 가장 오래된 책은 조선 초기인 1394년에 목판으로 판각되어 간행된 책이다. 학계에는 이를 '조선초기본'(줄여서 '선초본')이라고 부른다.

『삼국유사』의 간행은 여기에서 끝나는 게 아니라 1512년 한 번 더 이루어졌다. 당시 조선 초기본은 목판까지 보존되었을 것으로 추정되는데, 이러한 내용은 당시 목판의 훼손이 심해 경주부윤 이계복이 그 판본을 기초로 새로 판각하여 간행했다는 기록을 통해 확인된다. 학계에서는 이를 '조선중기본' 또는 간행된 해의 이름을 따서 '임신본'(1512년 임신년)이라고 부른다. 따라서 현재 전해지고 있는『삼국유사』가운데 가장 오래된 것은 1394년 판본과 1512년 판본인데, 학계에는 이 두 판본이 이후 간행된 모든『삼국유사』에 대한 원전적 가치를 갖는 것으로 평

4　자세한 내용은 노중국, 『『삼국유사』: 판본선정과 세계 기록유산으로서의 가치」, 『삼국유사, 기록유산으로서의 가치』(한국국학진흥원, 2019), 18쪽 참조.

가한다.[5]

　이 두 판본은 모두 목판으로 판각해서 책을 간행한 목판본이다. 그러나 아쉽게도 원본의 성격을 갖는 목판은 현재 전해지지 않고 있다. 게다가 당시 이 목판을 가지고 다수의 『삼국유사』를 간행했을 가능성도 높지만, 현재 우리에게 전해지고 있는 간행본이 그렇게 많지는 않다. 특히 1394년 간행된 선초본 『삼국유사』는 완질인 5권 2책이 온전한 형태로 전해지지도 않고 있다. 워낙 오래된 판본이다 보니 소장처에서 도난당하거나 잃어버리는 경우도 있어, 우리에게 전해지는 판본은 거의 없다. 소장자인 석남 송석하(1904~1948)가 1940년부터 소장해서 석남본이라 이름 붙인 판본은 왕력과 권1로 구성된 1책인데 현재 행방이 묘연하다. 또한 조종업 교수가 소장했던 조종업본 역시 도난당한 것으로 알려져 있다.

　이 때문에 1394년 판각된 목판으로 간행된 책은 곽영대라는 인물이 소장하고 있는 곽영대본(국보 306호)과 부산 범어사(국보 306호-4)에서 소장하고 있는 범어사본, 그리고 파른 손보기 교수가 소장하고 있다가 연세대학교 박물관에 기증한 파른본(국보 306-43) 정도가 전부이다. 그리고 석남본의 권1과 곽영대본 권3과 권4, 권5를 1940년대에 필사한 판본이 고려대 중앙도서관에 남아 있다. 파른본은 왕력과 권1, 권2를 1책으로 묶은 것이며, 곽영대본은 권3~5까지의 3권을 1책으로 묶은 것이다. 파른본과 곽영대본을 합치면, 5권 2책의 완질이 되지만 각각 다른 소장처

5　이 두 판본에 대한 자세한 내용은 노중국, 위의 글을 참조. 판본 전체에 대한 설명은 노중국 위의 글을 중심으로 요약한 것임.

에서 별도로 전승되었다. 부산 범어사본은 권4와 권5가 1책으로 엮인 판본이다.

1512년 간행된 판본 역시 우리에게 많이 전승되고 있지 않다. 다행히도 이 판본 가운데 현재 서울대학교 규장각에서 보관하고 있는 규장각본(국제 제306-2호)은 5권 2책 완질로 전해지고 있어서, 초기 이 책이 발간되었을 당시의 원형을 확인할 수 있다. 전체적으로 결락도 거의 없고 인쇄상태 역시 좋다. 이와 더불어 5권 2책으로 전해지고 있는 완본은 순암 안정복이 소장한 것으로 알려진 순암본으로, 이 책은 현재 일본의 덴리(天理)대학 중앙도서관에서 귀중본으로 보관하고 있다. 이 외에도 조선 중기본은 일본으로 넘어간 판본이 두세 종 정도 되는데, 임

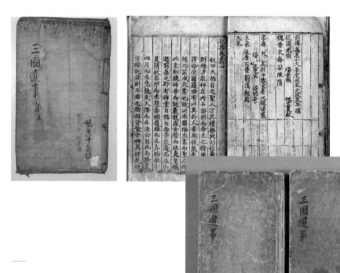

『삼국유사』.
왼쪽부터 범어사본(범어사), 파른본(연세대),
규장각본(서울대 규장각)

진왜란 때나 일제 강점기에 넘어갔을 것으로 추정된다. 이 외에 고려대학교 도서관에는 광문회본 1책과 만송문고본이 소장되어 있는데, 만송문고본은 중간 결락이 많고 광문회본은 권3~5까지를 1책으로 묶은 것만 남아 있다.

이미 앞에서 말했던 것처럼, 유네스코 세계기록유산 등재에서 모든 판본이 대상일 필요도 없고, 또 그럴 수도 없다. 『삼국유사』가 가진 세계적 중요성을 증명할 수 있는 완전한 판본으로, 진본성이 확인되면 된다. 1394년 판각된 목판으로 간행된 조선 초기본은 현재 완질이 남아 있지 않지만, 초기 간행 판본으로서의 중요성을 가지고 있다. 이 판본들은 국보로 지정된 유물들이 대부분이어서 이미 그 진본성은 확보된 상태이다. 이러한 이유에서 곽영대본과 파른본, 범어사본을 대상으로 할 수 있는데, 이 가운데 곽영대본은 개인 소장이어서 접근성과 보존성을 담보할 수 없다. 이러한 이유에서 유네스코 세계기록유산 등재 대상으로 조선 초기본은 연세대학교 박물관에 소장된 파른본과 부산 범어사에 소장된 범어사본을 대상으로 하게 되었다.

더불어 1512년 중기본의 경우 가장 완전한 상태의 판본을 서울대학교 규장각 한국학연구원에서 소장하고 있다. 이렇게 해서 『삼국유사』에 대한 세계기록유산 등재 추진은 전체 판본 가운데 조선 초기본의 경우 파른본과 범어사본을, 그리고 중기본은 규장각본을 대상으로 했다.

4. 몽골 충격기

『삼국유사』는 1394년에 간행된 판본과 1512년 간행된 판본이 어렵게 보존되어 현대로 전승되었다. 이러한 판본은 현재 우리가 알고 있는 모든 『삼국유사』에 대한 원전적 가치를 가진 기록물로, 그것이 어떠한 기록을 담고 있는가에 따라 기록유산 등재 추진의 범위와 가치가 달라진다. 지금부터 판본만큼 중요한 것은 『삼국유사』가 어떠한 기억과 내용을 담고 있는지, 그리고 그러한 기억이 세계인들이 동의할 정도로 중요한지를 확인하는 것이다.

특히 이 중요성은 이미 앞에서 말했던 것처럼, 그 기록물이 '세계의 역사적 흐름 속에서 어떠한 중요성을 갖는가?'에 답해야 한다. 따라서 『삼국유사』를 세계기록유산으로 등재하기 위해서 가장 먼저 검토해야 할 대목은 바로 그것이 집필되던 시기의 역사적 배경과 흐름이다. 모든 기록물은 그 시대를 배경으로 탄생할 수밖에 없으며, 이러한 이유에서 모든 기록물은 그 시대의 기억을 담고 있기 때문이다. 특정 기록물이 집필되던 시기에 대한 역사적 흐름에 대해 세계인들이 인식을 공유하고 있다면, 세계적 가치를 설득하는 것은 훨씬 쉬워진다.

그렇다면 『삼국유사』가 집필되던 1281년에서 1285년 사이, 다시 말해 13세기 세계는, 그리고 고려는 어떠한 역사적 흐름이 이루어지고 있었으며, 그러한 역사적 흐름이 『삼국유사』 집필과 어떻게 관계될까? 이 질문은 『삼국유사』 세계기록유산 추진 과정에서 가장 먼저 검토된 내용이었다.

    13세기, 동아시아를 비롯한 세계는 어떠한 역사적 상황에 처하고 있었을까? 여기에 대해 많은 학자들은 '몽골 충격기'로 기억한다. 13세기의 시작 시점인 1206년, 여러 부족으로 흩어져 있던 몽골이 칭기즈칸에 의해 통일되었다. 유목민족 특유의 빠른 진군 속도와 통일 과정을 통해 만들어진 숙련된 군사력은 몽골을 넘은 좀 더 넓은 세계를 향하게 했다. 많은 경우 하루 160킬로미터까지 진군하는 그들의 속도와 활에 능숙하고 뛰어난 마상무예를 보여주는 그들의 전투력은 그들을 맞는 모든 나라와 군대를 극도의 공포로 몰아넣었다. 통일 이후 몽골은 근 100여 년 동안 영향권을 넓혀나가면서, 당시로서 역사상 가장 광대한 영토를 가진 대제국을 건설했다.

    동쪽으로는 중국을 거쳐 고려와 일본, 러시아 사할린까지 침략했고, 서쪽으로는 파미르 고원 서쪽의 중앙아시아 일대를 거쳐 지금 유럽의 헝가리와 폴란드 오스트리아 영역까지 정복해 들어갔다.[6] 이 과정에서 1227년 실크로드 상의 중요한 국가였던 서하가 멸망했고, 1234년 중국 화북 지역을 차지하고 있었던 금 역시 멸망했다. 그 이전에 몽골은 이미 1218년 카라키타이와 1220년 호라즘을 멸망시켰으며, 이후 1236~1242년 연간에는 러시아까지 복속시켰다. 이후에도 그들은 진군을 멈추지 않고 1258년 바그다드에 수도를 둔 이슬람 제국까지 점령했다.

    이 와중에 칭기즈칸의 손자였던 쿠빌라이의 중국 쪽 정복 활동은 눈부시기까지 할 지경이었다. 1253년 티베트 고원의 토번을 복속 시킨

---

6 이 내용은 강종훈, 『삼국유사』 저술의 역사적 배경, 『삼국유사, 기록유산으로서의 가치』(한국국학진흥원, 2019), 112쪽 이하의 내용을 요약한 것임.

후, 1254년 지금의 중국 운남 지역에 해당하는 대리국을 멸망시켰고, 1257년에는 지금의 베트남 북부에 해당하는 대월에 대한 공격을 감행했다. 이후 1260년 몽골의 5대 대칸으로 즉위한 쿠빌라이는 1279년 한족 왕조였던 이름뿐인 남송을 완전히 멸망시켰고, 동남아시아 쪽으로 세력을 확장하여 1283년 베트남 중부 지역에 해당하는 참파 왕국과 미얀마 바간, 그리고 1293년에는 인도네시아에 해당하는 자바 왕국까지 복속시켰다.

이 시기, 고려 역시 몽골의 침략이 지속된 시기였다. 당시 고려는 속수무책으로 무너졌던 유럽을 비롯한 다른 여러 나라와 달리 끈질기게 저항했다. 1231년부터 1259년까지 고려는 몽골로부터 아홉 차례에 걸쳐 침략을 받았지만 쉽게 무너지지 않았다. 고려는 기존의 지배체제를 그대로 용인받는 선에서 굴복했고, 이후 우리 역사는 이 시기를 '원(몽골 제국이 세운 제국 이름) 간섭기'로 기억한다. 당시 고려의 끈질긴 저항이나 몽골이 고려의 기존 지배체제를 용인했던 이유 등에 대해서는 지금도 현대 학자들의 연구 대상이 되고 있다.

고려도 그러했지만, 당연히 몽골이 모든 나라를 순조롭게만 복속시킨 것은 아니었다. 특히 베트남은 쿠빌라이에 의해 1차 침략을 받은 이후, 2차와 3차 침략까지 받았지만, 그들 스스로의 힘으로 몽골의 침략을 물리쳤다. 이들은 동아시아에서 일본과 더불어 몽골에 복속되지 않은 소수의 나라가 되었다. 일본 역시 1274년과 1281년 고려와 몽골의 연합군들로부터 침략을 받았지만, 이른바 '신풍'(神風)의 도움으로 침략을 물리쳤다. 바닷길을 건너야 침략 가능한 그들의 지정학적 요건이 크게 작용했다.

이처럼 아시아와 유럽을 포괄하는 유라시아 역사에서 13세기는 몽골의 성장과 침략, 그리고 이로 인한 전쟁의 역사였다. 13세기 역사에서 몽골을 빼고 이야기하면 남는 게 거의 없을 정도이다. 몽골군의 압도적인 무력에 굴복한 나라이거나 우여곡절 끝에 이를 막아낸 나라이거나를 막론하고, 모두 몽골의 침략으로 엄청난 희생을 치렀다. 특히 유럽은 동양에 대한 매우 낮은 수준의 정보 속에서 낯선 동양으로부터 강력한 침략을 받았고, 이로 인한 충격은 지금까지도 유럽 전역에서 다양한 형태로 전해지고 있다. 이처럼 각 나라와 지역마다 조금씩 차이는 있지만, 13세기는 아시아를 비롯한 유럽 전체가 함께 기억하는 공통의 키워드는 바로 '몽골'이며, 이러한 이유에서 13세기를 '몽골 충격기'(Mongolian Shock)로 규정할 수 있다.[7]

『삼국유사』는 이러한 역사적 상황 속에서 기획되고 집필된 책이다. 실제 일연이 『삼국유사』의 집필을 시작한 것은 고려에 대한 몽골(원)의 간섭이 시작되던 시기이다. 『삼국유사』의 집필이 1281년에서 1285년 사이에 완료되었다는 점을 감안해서 시기를 역산해보면, 기획 및 집필의 착수는 무신정권기가 완전히 무너지던 시기 정도였을 것으로 추정된다. 이 시기 일연은 세계의 중심이었던 금과 송이 완전하게 무너지는 것을 목도했고, 몽골 침략의 전 과정을 몸으로 겪었다. 더불어 일연은 그 시기 고려를 이끄는 종교적 리더로서 현실의 문제를 타개하기 위

7 강종훈. 위의 글, 114쪽.

한 다양한 고민들을 했을 가능성이 높으며, 그것이『삼국유사』집필의 중요한 기반이자 배경이 되었을 것이다.

　이러한 관점에서 보면, 13세기 말 집필이 완료된『삼국유사』는 13세기 몽골 충격기의 영향을 고스란히 받을 수밖에 없다. 특히 몽골의 고려 침략기에 가장 왕성한 시기를 보냈고, 몽골의 침략에 맞서기 위해 팔만대장경 출간 과정에까지 참여했던 일연의 입장에서는 그의 의도와 상관없이 몽골의 침략이 보여준 새로운 문제의식이나 세계관을 담을 수밖에 없었을 것이다. 이 지점이 바로『삼국유사』의 중요한 집필 배경이 되며, 이를 중심으로 세계사적 흐름 속에서『삼국유사』가 어떠한 가치와 기억을 담고 있는지를 살펴볼 필요가 있다.

　이제 우리는 이러한 역사적 배경을 기반으로『삼국유사』이 구체적인 내용들 가운데 '세계적 중요성'이나 '세계사적 가치'를 증명할 수 있는 내용들을 확인할 필요가 있다. '몽골 충격기'는 단순한 전쟁의 참상을 넘어, 이를 극복하기 위한 고민과 새로운 사유의 유입이 다양하게『삼국유사』속에 반영되었었을 가능성이 높기 때문이다. 여기에는 인류가 반드시 기억해야 할 변화의 과정을 담고 있을 수도 있고, 새로운 사유의 전환이나 의미 체계의 변화가 포함될 수도 있다. 세계기록유산 등재 과정은『삼국유사』전체의 내용을 분석하고 그 가치를 증명하는 방식이 아니라, 이와 같은 세계 역사의 흐름 속에서 우리가 함께 기억해야 할 변화의 과정이나 결과, 사유체계의 전환 등을 찾아서 확인하는 작업이다.

5. 하나의 민족, 그리고 민족지

국가로서의 '대한민국'을 떠올리면서 '하나의 대한민국'에 대한 근거로 우리는 흔히 하나의 민족, 또는 '한민족'을 든다. 분단 이후 북한과의 통일에 대한 당위 역시 '같은 겨레' '같은 민족'에서 찾는다. '백의민족'이나 '배달의 민족' 역시 '같은 민족'의 내용과 정체성을 설명할 때 흔히 사용되는 말이다. 그러나 역사에 대한 인식이 조금이라도 있는 사람이라면 다음과 같은 질문은 매우 자연스럽기까지 하다. 멀리 가지 않더라도, 한반도에서 고구려, 백제, 신라가 서로 패권을 차지하기 위해 싸울 때, 그들은 스스로를 하나의 민족이라고 생각했을까? 한반도에서 살았던 사람들은 언제부터 스스로 '하나의 민족'이라고 생각했으며, 그렇게 된 이유는 무엇일까?

후삼국이 왕건에 의해 고려로 완전하게 통일된 시기는 후백제의 신검과 일리천 전투에서 승리한 936년이다. 통일된 신라가 다시 견훤에 의해 후백제 건국을 통해 갈라졌던 892년 이후, 45년 만에 다시 고려로 통일되었다. 그러나 이처럼 무력을 통한 통일이 서로를 '하나의 나라 백성'으로 인식하게 하지는 않았다. 이는 역사를 좀 더 거슬러 확인해볼 때 더욱 분명해진다.

676년 나당 전쟁을 끝으로, 이른바 통일신라가 시작되었다. 그리고 892년 다시 후삼국으로 갈라질 때까지 220여 년 가깝게 하나의 국가를 형성했다. 그러나 이러한 오랜 통일의 시간이 지났음에도 불구하고, 통일신라는 견훤이 백제의 후예를 자임하고, 궁예가 고구려의 후예라고 천명하면서 갈라졌다. 그들은 여전히 그들 스스로를 '하나의 국가 백성'으로 인식하지 않았음을 잘 보여주는 대목이다. 사실 엄밀하게 따져보면 삼국으로 통일되기 전까지, 이들은 하나의 나라라는 생각을 해본 적도 없었고, 그래야 할 이유도 없었다. 삼국으로 나누어서 출범한 국가 간 영토 분쟁도 있었고, 정벌을 통한 제국의 완성을 꿈꾸기는 했겠지만, 그들 스스로 하나의 민족이나 하나의 국민이기 때문에 통일을 해야 한다는 생각을 하지는 않았다.

이러한 인식은 후삼국이 고려로 통일된 이후에도 달라질 이유가 없었다. 고려의 건국이 기본적으로 지역 호족을 중심으로 한 연합체 성격이기도 했지만, 그것보다는 이미 몇백 년에서 몇천 년 가까이 유지되어온 지역 연고 의식과 그에 따른 고대 국가 백성으로서의 정체성은 무력에 의한 강제 병합에 의해 쉽게 변화될 수 있는 게 아니었다. 얼마 전까지도 지역을 중심으로 한 연고주의가 한국인들의 고질병 가운데 하나로 인식되었다는 점을 감안해보면, 그 시기 지역을 중심으로 한 국가 연고주의가 얼마나 심했을지는 충분히 짐작 가능하다. 오랫동안 각기 다른 국가의 국민으로 살아왔던 지역 연고주의는 강한 '삼국분립' 의식으로 작용했다.

이러한 의식은 936년 고려 통일 이후 약 300여 년도 더 지난 1200년대 후반까지도 '하나 된 고려'를 만들지 못하는 요인이 되었다. 그들은 여전히 고려에 복속된 신라, 백제의 유민들이었고, 이 때문에 작은 갈등도 결국은 그들이 가진 유민의식에 따라 큰 사건으로 증폭되곤 했다. 이들을 하나의 공동체로 묶을 수 있는 근거도 없었고, 함께 만들어온 역사적 기억도 없었기 때문이다.

1202년에는 '신라의 부흥'을 외치며 경상도 일대에서 이비·패자의 난이 발발했고, 1217년에는 '고구려 부흥'을 기치로 평양에서 최광수를 우두머리로 하는 반란이 일어났다. 1237년에는 '백제의 부흥'의 기치를 걸고 전라도 담양 등지에서 이연년 형제를 중심으로 한 난이 발생하기도 했다. 물론 반란의 이유는 조금씩 다르겠지만, 그들이 지향했던 최종 목표는 그들이 연고를 두고 있었던 옛 국가의 회복이자 부흥이었다. 대부분의 반란이 옛 국가의 회복이었다는 사실을 통해 우리는 그들의 의식이 여전히 고려 이전 그들이 소속되었던 국가와 지역에 의해 나누어져 있었다는 사실을 알 수 있다.

이러한 상황을 일거에 바꾼 것이 바로 외부에서 상상할 수 없는 충격으로 들이 닥친 몽골의 침입이었다. 몽골의 침략 속에서 30년 가까운 시간 동안 고려의 전 국토는 유린당했고, 많은 군인들은 전쟁에서 목숨을 잃었으며, 민중들과 여성들은 갖은 약탈에 노출되어야 했다. 상상할 수 없는 인적·물적 피해를 물론 이거니와, 결국은 더 이상 회복 불가능한 상태에서 몽골에 굴복하는 수모를 겪어야 했다. 몽골 침략 이전까지 그들의 전쟁은 주로 한반도 내에 국가들 사이에 일어난 것이어서, 그들을 더욱 분열시키는 원인이 되었다. 그러나 몽골의 침입은 한반도 외부로부터 밀려온 든 강력한 충격으로, 세 나라의 통일을 통해 이룬 고려도 감당할 수 없는 힘이었다.

당연히 고려를 침략했던 몽골은 '하나의 고려'를 상대했다. 몽골 입장에서 고려인들을 신라 유민 따로, 백제 유민 따로, 고려 유민 따로 나눌 수도 없었고, 그럴 필요도 없었다. 이제 고려 백성들은 고구려, 백제, 신라의 유민을 넘어, 하나의 고려 백성으로서 몽골과 맞서야 하는 상황에 처했다. '단일한 고려인'으로서 맞서야 할 공동의 적이 생겼던 것이다. 이제 고려인들은 몽골과 맞서 싸우기 위해 서로를 하나로 만들어줄 당위가 필요했다.

일연의『삼국유사』는 이러한 시대적 배경 속에서 집필되었다. 일연은 이러한 요구에 답할 필요성을 가졌을 터였고, 역사는 이러한 필요에 답할 최적의 대상이었다. 동일한 뿌리라는 인식, 동일한 역사를 공유하고 있다는 의식은 고려인들을 하나로 만드는 중요한 이념적 틀이 될 수 있었다. 단군의 탄생은 이러한 측면에서 제기된 것으로 이해된다. 비록 현대적 시각에서 보면 단군의 탄생과 국가 건립으로 이어지는 과정은 신화에 불과한 것일 수 있지만, 일연은 이를 통해 고려는 이미 하나였고, 당시에도 하나여야만 하는 이유를 보여주려 했다.

단군을 기반으로 하는 '하나의 공동체'인 '민족'에 대한 이념은 이러한 민족을 중심으로 '하나의 국가가 형성되었다'는 생각을 갖게 했다. 국가라는 공동체의 당위를 동일 민족에 찾는 것, 이것을 우리는 '민족지'(ethnography)라고 부른다. 이러한 개념은 민족의 우월성을 드러내기 위한 이유로도 많이 차용되어 부정적 인식으로 발전할 수도 있지만, '하나의 국가'에 대한 새로운 이념의 설정이기도 했다.

국가 설립의 당위는 역사의 발전에 따라 다양하게 변해왔다. '하나의 국가'여야 할 이유를 초기에는 주로 혈연, 그리고 혈연에 기반을 둔 성(姓) 또는 지역을 기반으로 하는 연고에서 찾았다. 그러나 영토의 확장과 다양한 국가들이 하나로 합해지는 과정에서 이러한 정도의 공동체 의식은 '하나의 국가'를 만들기에 충분하지 않았다. 새로운 이념적 모델을 필요로 할 수밖에 없는데, 일연은 『삼국유사』를 통해 '민족'을 기반으로 하는 국가 이념이 이 시기 이미 존재하고 있었거나 혹은 존재하기 시작했음을 증언하고 있다. 물론 이러한 이념이 몽골 침략기에 새로 만들어졌다는 사실을 말하는 것은 결코 아니다. 여기에서 중요한 것은 그러한 이념을 증언하는 기록물로서 『삼국유사』가 가진 가치이다.

6. 주체적 역사관

많은 한국인들에게 '한국의 역사'가 얼마나 되는지 물으면, 으레 '반만년'이라고 대답한다. 한국인들의 단일한 역사가 반만년, 즉 5천 년 가까이 된다는 말이다. 이는 알게 모르게 단군 왕검이 고조선을 건국한 시기를 기준으로, 그 이후를 모두 한국의 역사로 규정하기 때문이다. 고조선 건국 시기를 대략 기원전 2300여 년 전(단기는 기원전 2333년으로 규정)으로 보면, 한반도에서 이루어졌던 4천 300여 년의 역사를 말하는 것이다.

물론 이 기간 동안 한반도에서는 증명된 역사 시기만으로도 삼국 시대를 거쳐, 고려와 조선이라는 왕조 변화를 겪었다. 그런데 우리는 언제부터 고조선을 '우리 역사'로 규정하고, 그 이후의 모든 역사를 고조선 후예들의 역사로 규정하고 있을까? 앞장에서 생각해보았던 것처럼, 만약 고구려, 백제, 신라 사람들에게 그들의 역사를 묻는다면 어떠한 대답을 들을 수 있을까? 그들 역시 고구려와 신라, 백제는 원래 하나의 역사인데 세 개의 나라로 나누어져 있는 것이라고 생각했을까? 아니면 그들은 자신들의 왕조를 개창했던 그 시기부터 그들의 역사로 규정했을까?

이 물음은 지금 한국인들이 너무나 쉽게 생각하고 있는 '우리의 역사'에 대한 질문이다. 즉 '우리'는 어떻게 규정되고, 언제부터 그렇게 규정되었는가 하는 문제이다. 물론 이러한 인식은 이미 앞에서 보았던 것처럼 한반도에 살았던 사람들이 '우리'를 언제부터 '하나의 동일한 공동체'로 인식했는지에 대한 문제이기도 하다. 삼국으로 갈라진 역사도 중국이나 일본과 구분되는 '우리만의 역사'이고, 통일 신라와 발해 역사 역시 '우리의 역사'로 인식하기 위해서는 동일한 원류를 설정하고 이로부터 우리의 역사를 설정해야 하기 때문이다. 이 지점에서 몽골 충격기, 그리고 이 과정에서 집필된 『삼국유사』는 또 하나의 중요한 역사적 발전사가 이루어졌음을 보여준다.

앞에서 기술했던 것처럼, 몽골의 충격은 그 이전까지 고구려, 백제, 신라의 유민이었던 고려의 백성들을 '하나 된 고려'로 만들었다. 단군을 중심으로 '하나의 민족'으로서 이민족의 침입에 대항해야 하는 필요 때문이었다. 이와 같은 몽골의 충격은 단일한 힘으로 항쟁해야 할 필요를 만들면서, 동시에 국가의 이념과 역사에 대한 새로운 인식을 만드는 계기가 되었다. 특히 이 과정에서 그들은 몽골의 성장을 눈여겨보았다.

진시황이 최초로 중국을 통일한 이후, 동아시아 내에서 중국은 강력한 대제국을 형성했다. 이후 중국은 지속적인 분열과 갈등의 역사 속에서도 동아시아의 중심이었고, 중원은 그 상징적 공간이 되었다. 이러한 과정에서 오랜 분열을 종식시키고 중국을 통일시킨 당나라는 동아시아 대제국의 상징이자 문화의 중심으로까지 부상했다. 특히 인도에서 발흥한 불교문화는 동아시아 전체에 영향을 주었는데, 그 중심에는 당나라 시기 정착된 중국불교가 있었다. 이러한 유산은 그대로 송으로 전승되면서, 강력한 힘과 문화를 지닌 중국이 동아시아의 중심에 설 수밖에 없었다.

이러한 영향은 동아시아 주변 국가들로 하여금 중국 중심의 세계관을 가지게 했고, 중국과의 관계 속에서 각 나라 역사를 인식할 수밖에 없었다. 그러나 몽골의 충격은 이러한 생각을 근본적으로 바꾸는 계기가 되었다. 물론 여진족을 중심으로 일어났던 금나라가 송을 남쪽으로 밀어내고 금나라를 세웠지만, 이 시기까지 중원에 대한 이상이 깨어진 것은 아니었다. 그러나 몽골의 침략은 상황이 달랐다. 그야말로 지방 변두리의 작은 부족에 불과했던 몽골의 한 부족이 몽골의 통일을 넘어 중원을 복속시키고 세계적인 대제국으로 부상했다. 이 과정에서 금과 송은 쉽게 무너졌고, 동아시아 대부분의 국가들 역시 몽골에 복속되었다. 더 이상 중원이 세계의 중심이 아니었다.

이와 같은 상황은 당연히 중국 중심의 세계관으로부터 벗어나는 계기가 되었다. 더불어 몽골처럼 하나의 단합된 힘을 모아 낼 수 있다면 어디든 제2, 제3의 몽골이 될 수 있다는 의식을 가능케 했다. 의식의 전환을 통해 그 시선을 자기중심으로 돌리는 계기를 만들었다. 몽골 역시 그들을 하나로 묶을 수 있는 정신과 의식을 기반으로 하나의 통합된 힘을 만들고, 이를 기반으로 세계를 제패했다는 인식의 발로였다. 이는 다시 말해 우리 역시 스스로 주체적인 정신과 의식을 만들고 이를 기반으로 단합된 힘을 모으게 되면 몽골처럼 강한 나라를 만들 수 있다는 인식을 가능케 했다. 여기에는 '민족'을 하나로 묶을 수 있는 힘인 '역사'가 존재한다.

이러한 변화는 몽골의 침략을 물리쳤던 나라들에서 먼저 일어나기 시작했다. 대표적이 나라는 3차에 걸친 몽골의 침략을 스스로의 힘으로 물리쳤던 베트남이다. 그들은 월남을 중심으로 한 자신들의 새로운 역사를 기술하기 시작했고, 이는 『대월사기』라는 베트남 역사로 남았다. 현재 그 원본은 전해지지 않고 있지만, 몽골 충격에 따른 새로운 역사관의 전환을 볼 수 있는 기록물로 알려져 있다. 이러한 인식은 역사서 집필로 드러나지 않았지만, 그 나라만의 주체적 정신으로 남은 경우도 있다. 여몽 연합군이 일본을 침략할 때 그들을 막아 주었던 '신풍'이 대표적인 사례이다.

『삼국유사』 역시 이러한 역사관의 전환을 보여주는 기록이다. 『삼국유사』의 저자 일연은 단군을 중심으로 '하나의 민족'을 설정했을 뿐만 아니라, 이를 기반으로 단군이 세운 고조선의 역사부터 '고려의 주체적 역사'로 설정했다. 중국과의 관계와 영향의 역사가 아니라, 우리 스스로 균열과 갈등, 그리고 발전의 역사를 이루어왔다는 게 요지이다. 『삼국유사』는 이러한 관점에서 서서 단군 이후 한반도에서 이루어진 모든 역사를 '주체적인 고려만의 역사'로 설정하면서 중국 중심의 세계관으로부터 탈피하고 있다. 몽골 충격기 자국 중심의 주체적 역사관으로 변화하는 상황을 증언하고 있다는 의미이다.

몽골 충격기 중국 중심의 세계관으로부터 탈피하여 자국 중심의 주체적 역사관으로의 이행을 보여주는 중요한 기록물로는『삼국유사』와『대월사기』가 있으며, 일본에서는 이러한 생각들이 '신풍 의식'으로 남았다. 그러나『대월사기』는 현재 전해지지 않고 있으며, 신풍 의식은 기록유산이 아닌 '의식'이나 문화적 '관념'으로 남아 있다. 따라서 몽골 충격기 동아시아 사회가 자국 중심의 주체적 역사관으로 이행되고 있음을 증언하는 현전하는 기록은『삼국유사』밖에 없다. 이와 같은 역사관은 앞에서 본 것처럼 '하나의 민족'에 대한 근거로도 작용하지만, 동시에 중국으로부터 분리된 한반도 중심의 주체적 역사에 대한 기술이기도 하다. 한국인들이 한국의 역사를 반만년으로 규정하는 이유이다.

7. 남은 가치들

세계기록유산 등재 과정은『삼국유사』에 대한 기본 지식이 거의 없는 심사위원들을 대상으로 특정 기록물이 인류 발전의 중요한 기억을 담고 있다는 사실을 증명하는 과정이다. 이 때문에 특정 기록유산이 많은 가치를 가지고 있다고 해도, 세계인들이 받아들일 만한 논리에 집중하는 경향이 있다. 집중과 선택은 어쩔 수 없는 조건 속에서 만들어진다. 따라서 등재 신청서에는『삼국유사』가 가진 모든 가치를 다 담지는 못한다. 여러 가지 내용을 제시하는 것보다 논리적으로 설득 가능한 부분에 집중함으로써 심사위원들을 설득하는 게 효율적이기 때문이다.『삼국유사』가 가진 많은 가치에도 불구하고 몽골 충격기를 중심으로 '민족지에 대한 증언'과 '주체적 역사관'에 집중했던 이유이다.

이러한 이유에서『삼국유사』가 가진 많은 중요한 가치 역시 등재신청서에서는 언급되지 못했다.『삼국유사』에는 우리말의 원형을 담고 있는 향가나 당시 한반도의 다양한 해외 교섭 상황, 금관가야에 대한 기술 등도 포함되어 있다. 이러한 기록 역시 기록유산으로서 중요한 가치를 가지고 있다. 특히 향가는 한문으로는 표현할 수 없는 우리말의 성격을 잘 드러내고 있으며, 이러한 필요성은 이후 한글 창제의 이유가 된 것으로 보는 견해도 있다. 고대 한국어의 원형을 기억해낼 수 있다는 데에서도 그 의미가 크며, 이는 그 언어에 맞는 문자가 왜 필요한지를 보여주었다.

더불어『삼국유사』는 금관가야에 대한 가장 상세한 기록을 가지고 있다. 이는 근래 가야 고분군 세계유산 등재와 관계되어 중요한 증거물로서 의미를 가지고 있다. 또한 금관가야를 중심으로 한 다양한 국제관계 등을 통해 고대 국제관계의 다양한 단초들을 확인할 수 있다는 점에서도『삼국유사』는 의미가 크다. 신이(神異), 민담, 설화 등을 중심으로 역사를 기술했던 사상적 가치 역시 중요하다. 일연이라는 인물과 불교라는 종교적 관점 역시『삼국유사』를 바라보는 중요한 가치 가운데 하나였다. 특히 고려 말이라는 시대적 배경 속에서 여성과 일반 민중을 중심으로 미시사 중심의 기술 방식 역시『삼국유사』의 가치를 검토할 때 반드시 언급해야 할 대목들이다.

이와 같은 다양한 가치들을 기록유산 등재 과정에서 일일이 거론한다는 것은 무리가 있다. 그러나 이러한 가치들이 사장되거나 무시될 수 있는 것도 아니다. 등재의 효율성을 위해 언급을 하지 않은 것과 그것이 가진 가치는 별개이기 때문이다. 세계기록유산 등재가 세계인들이 함께 공유할 수 있는 역사적 배경을 중심으로『삼국유사』가 가진 가치를 증명하는 것으로『삼국유사』의 가치 전체를 대변했다면, 등재 이후는 모든 가치들을 함께 공유하고 활용하기 위한 노력들이 필요하다. 이는 마치『삼국유사』가 가진 진본성과 완전성을 증명하기 위해 대표적인 판본을 중심으로 등재를 진행했지만, 등재된 이후 이 기록물은 『삼국유사』라는 이름을 가진 모든 판본들을 대표하는 것과 같다.

세계기록유산 프로그램은 인류의 중요 기억을 담고 있는 기록에 대한 보존을 목적으로 한다. 따라서 우리에게는 등재 이후『삼국유사』라는 중요한 기록유산이 존재한다는 사실을 공유하고 누구나 그 내용에 접근할 수 있도록 하는 일이 더 중요하다. 유네스코 세계기록유산 등재는 그것이 끝이 아니라, 새로운 시작인 이유이다. 등재 유산에 대한 홍보와 많은 사람들이 이를 공유하고 그 내용을 이해할 수 있도록 하는 '새로운 시작'이 이루어져야 한다는 의미이다. 등재는『삼국유사』 및 기록유산 전문가들의 협업을 통해 가능했지만, 등재 이후는 더 많은 사람들이 함께 협업하면서 그 가치를 공유해야 하는 이유이다.

참고문헌

고운기, 『스토리텔링 삼국유사』, 현암사, 2016

김재용·이종주, 『왜 우리 신화인가』, 동아시아, 1999

노중국, 『백제 정치사연구』, 일조각, 1988

신동준 역, 『시경』, (사)올재. 2016

이종욱, 『신라상대왕위계승연구』, 영남대학교출판부, 1980

정구복, 『인물로 보는 삼국사』, 시아, 2006

정진원, 『삼국유사, 여인과 걷다』, 맑은소리맑은나라, 2016

최광식, 『삼국유사 읽기』, 세창출판사, 2021

강혜진, 「『삼국유사(三國遺事)』「원광서학(圓光西學)」에 나타난 신(神)·불(佛) 관계 연구」.
　　　『Jounal of Culture』 50, 2020

길기태, 「백제의 법화사상과 혜현구정」, 신라문화제학술발표논문집, 2010

김기호, 「죽음 앞의 원효와 숭고의 서사, 사복불언」, 『국어국문학』 195, 2021

김선주, 「신라의 알영 전승 의미와 시조묘」, 『역사와 현실』 76, 2010

김수태, 「신라의 삼국통일과 김유신」, 『영남학』 80, 2022

김승희, 「웅녀 '신화' 다시 읽기 - 페미니즘적 독해」, 안숙원 외 공저, 『한국여성문학비평
　　　론』, 개문사, 1995

김양훈, 「3세기 포상팔국전쟁 이후 남부가야제국 동향」, 『지역과 역사』 46, 2020

김연민, 「신라 문무왕대 명랑의 밀교사상과 의미」, 『한국학논총』 30, 2008

김은희, 「강은교, 김승희 시의 여성 신화적 이미지 연구」, 이화여대 국문과 석사논문,
　　　2007

김재희, 「유라시아 곰 신앙과 단군신화의 쑥과 마늘을 통해본 웅녀의 재해석」,
　　　『한국민속학』 67, 2018

김헌선, 「동북아시아 곰신화 비교와 곰의례 연구」, 『한국의 민속과 문화』 10, 2005

라정숙, 「『삼국유사』를 통해본 신라와 고려의 관음신앙」, 『역사와 현실』 71, 2009

문명대, 「신라 신인종(神印宗)의 연구-신라 밀교와 통일신라 사회-」, 『진단학보』 41, 1976

박미선, 「신라 진지왕 폐위에 관한 재검토」, 『온지논총』 55, 2018

서영대, 「갈반지 소고」, 『종교학연구』 2, 1979

신연우, 「『삼국유사』 「신라시조 혁거세왕」 기사 '오릉' 신화의 '지상적' 의미」, 『열상고전연구』 54, 2016

신형식, 「김유신 가문의 성립과 활동」, 『이화사학연구』 13·14, 1983

신형식, 「신라의 숙위외교」, 『고대한중관계사의 연구』, 삼지원, 1987

이도학, 「백제 무왕의 계보와 집권 기반」, 『백제문화』 34, 2005

이종욱, 「혁거세신화를 통해본 서라벌소국의 형성」, 『한국고대사탐구』 24, 2016

이혜란, 「야래자(夜來者)설화의 설화권역 구분 및 특성」, 『어문론총』 84, 2020

이희관, 「신라상대 지증왕계의 왕위계승과 박씨왕비족」, 『동아연구』 20, 1990

조희정, 「변화와 성장의 서사로 「단군신화」 읽기」, 『문학교육학』 47, 2015

천관우, 「삼국의 국가형성」(상) 『한국학보』 2, 1970

황인덕, 「부여 호암산 범바위 이름의 역사성과 후대적 변화」, 『우리말글』 27, 2003